Career Creation
人間キャリア創造論

野本 茂・李 艶 編著
Shigeru Nomoto　Yan Li

富 章・塚本五二郎 著
Akira Tomi　Itsujiro Tsukamoto

本書『人間 キャリア創造論』の公刊に当たって

　今、日本社会は閉塞感、停滞感、行き詰まり感に覆われているようだ。それを打開する理念、ビジョン、ミッション、成長戦略もしくは発展モデルはどういうものであるべきか。折しも、2000年代に入り、厚生労働省、文部科学省、経済産業省、内閣府等において、キャリア教育、そしてそれに関わる「人間力」・「社会人基礎力」研究会が相次いで設けられ、その報告書が公表された。学界においても、2004年には「日本キャリアデザイン学会」が設立され、また、2005年には「日本進路指導学会」が「日本キャリア教育学会」に改称された。さらに、大学では、従来の「就職課」が「キャリアセンター」に相次いで"衣替え"されている。

　キーワードは"キャリア(career)"であり、それは言うまでもなく「人間」の生き方そのものを、閉塞感に苛まれる日本人の生き方そのものを見直さざるをえないということを意味しているのだろう。どのような「新しい社会」を目指すにしろ、基本は"人づくり"であり、「教育」である。今日的には公的な躾(マナー)教育、基礎学力(読み・書き・算数・基本ITスキル等)、専門教育(専門知識・専門資格等)、そしてキャリア教育である。本書は、こうした「キャリアの時代」ともいうべき今日、キャリア論を踏まえ、今日的人間、企業等社会的組織、そして両者の関係性を理論付け、自律的キャリア創造人、その育成に務めるキャリア教育およびその教育手法を概説、推奨したものである。

　キャリア教育の意義・内容を十分にご理解いただき、次世代を担うべく自らキャリアを創造しなければならない学生の皆さん、キャリア教育に携わる方々等、広くお読みいただければ幸いである。

平成 22 年 3 月吉日

学校法人　聖ペトロ学園（4月より「聖泉学園」に改称）
(聖泉大学・聖泉短期大学部)
理事長（元旧労働省事務次官）

清 水　傳 雄

本書『人間 キャリア創造論』に寄せて

　学校の教育現場では、不登校、引きこもり、オタク、学級崩壊、校内暴力、ニート（NEET）の増加傾向に見られるように、心理的問題を抱えるなどして、うまく社会化できない子供たちに悩んでいる。
　また、国内市場の成熟化、急激な円高、デフレ不況など厳しい経営環境にある企業の職場では、団塊の世代の退職に伴う技能・人脈の継承、若者の早期離職、若者の人材育成に悩んでいる。
　もはや、経済規模が右肩上がりで、安定した雇用が生まれ、終身雇用制を維持できる時代ではなくなり、子供たちや若者に将来の夢や仕事に興味や関心を持たせることが難しい社会・経済環境になっている。
　本書は、これらの問題に象徴される日本社会の閉塞感・停滞感を打破すべく生まれてきたキャリア概念とその展開に焦点を当てている。
　近年、キャリア、キャリアデザイン、キャリア発達、キャリア形成、キャリア開発等々、いろいろな言葉が生まれて使われるようになり、それらの言葉の定義、心理学、教育学、経営学等でのキャリアに対する見方・考え方の整理が必要になってきていると思うのである。
　また、家庭教育、小・中・高・大学、そして企業等社会的組織を通じて「望ましい職業感・勤労観を育て、社会的、職業的自律を図る」ためのキャリア教育の理論・手法も必要であろう。
　こうした必要性に応え、キャリア概念の整理、キャリア研究の発展、キャリア教育の実践に、本書が活用していただけるのではないか、と考える次第である。

平成22年3月吉日

聖泉大学人間学部
人間キャリア創造学科教授
（元西武百貨店代表取締役専務）
井戸　和男

はじめに

　人文科学あるいは社会科学を学び、それらの問題を学習・研究する人にとって、基本的問題は"人間とは何か"であろう。人間の生きた証・足跡は、これまで履歴あるいは経歴といわれてきた。この履歴、経歴といわれてきた分野で、近年、"キャリア(Career)"という言葉がよく使われるようになった。たとえば、大学では、「キャリアセンター」を設置するところが多くなった。2004年には、「日本キャリアデザイン学会」が設立された。また、日本進路指導学会は2005年4月から、「日本キャリア教育学会」に名称を改めた。その会則第2章「目的と事業」第3条には、「本会は、キャリア教育、進路指導、職業指導およびキャリア・カウンセリング等に関わる研究と実践の充実・向上を図る」とあり、「キャリア教育」、「キャリア・カウンセリング」といった、いわばキャリア用語が使われている。こうしたキャリア用語の使われ方の多様化傾向は、何を意味するのか。

　これまでも、このキャリアというカタカナ語は、「キャリア・ウーマン(career woman)」、「キャリア組」等、一般に使われてきた。しかし、近年のキャリアという言葉の使われる状況はこれまでと違い、多様で広範だ。こうしたキャリア概念の多様で広範な使われ方をみることによって、現代の人間と社会との関係性もみえてくるのではないか。実際、近年、日本人のキャリアに関連して不可解な問題が生じている。すなわち、人間の生涯(ライフキャリア)における重大な転機である学歴(学生キャリア)から職歴(職業キャリア)への移行は、すべての人が社会参加の過程(socialization)として踏まなければならないことであるが、それが"中断している"あるいは"ロスしている"ともいうべき「社会的不適応」の状況が顕著にみられるようになった。事象としては、積極的にあるいは確りと社会との関係を構築しようとしないニート、フリーター、引きこもり、オタク等の現象である。

　戦後、日本の高度経済成長を担い、また1960～70年代の公害問題、1985

年のプラザ合意以降の円高、1990年代初頭のバブル経済崩壊等、激動の時代を生き抜いてきた旧世代の人々は、これらの事態に直面して、これまでのパラダイム(paradigm: ものの見方・考え方の模範)とは、"何かが違う"、"何が起こっているのか"と日本社会の将来に不安を抱かざるをえない。さらに、2008年9月、アメリカでのリーマンショックを機に世界大不況が起こり、日本の企業も派遣労働者を大量解雇し、若年労働のあり方が改めて社会問題化した。いわゆる「派遣切り」である。

　グローバリゼーションが進展し、各国経済は"唯我独尊"では在りえない。BRICs (Brazil, Russia, India, China's) 等の台頭が著しい今日、国際競争力がまさに問題である。日本人の生き方、ライフスタイル、そしてキャリアについて思い巡らす時、上述のような諸問題は「非常事態」として捉えられなければならないであろう。本文で詳述するが、今日、キャリアの外形的発達は、根源的にはその内面的発達状態から、経済・産業・企業の内在的要請から、そして世界の多くの社会動向からますます大きな影響を受けるようになった。したがって、こうしたキャリアを巡る諸問題の解明については、人間学、教育学、心理学(応用心理学:職業心理学、産業心理学、経営心理学等)、経営学、社会学等からの学際的アプローチでなければ明らかにできないであろう。本書は、上記で掲げたキャリアに関する諸問題を扱う。すなわち、本書の扱う問題の要点を整理すれば、

1．そもそも、近年、問題視されている「キャリア(career)」概念とは何か？
2．キャリアの動態的な言語表現である「キャリア創造(career creation)」概念とは何か？
3．なぜ、近年、「キャリア」が盛んにいわれ、一般的に、多面的に使われるようになったのか？
4．「キャリア創造」にかかる課題の解決に向けて、それをどのように分

析できるのか、すなわちキャリアの開発・支援・助言・相談を行う際の学理的体系・理論的裏付けとなる「キャリア研究」はこれまでどのように行われてきたのか？

5．「キャリア教育」とは何か？

6．家庭、小・中・高・大学等の学校、企業等社会的組織における「キャリア教育」に共通して、全体的に繋げて（共通言語として）使おうと提唱されている「人間力」、「社会人基礎力」とは何か？

7．キャリア創造のための「人間力」、「社会人基礎力」を付けるためには、どのような手法があるのか？

本書の叙述は、筆者らが浅学の徒であり、先達が労力をかけて研究した成果（インターネット上の情報を含む公表された多くの文献・資料）によっていることはいうまでもない。詳細に出所を明示しなければならないが、疎漏があるかもしれない。論述上の不備も気がかりである。併せてご叱正いただければ幸甚である。経済産業省の「社会人基礎力研究会」中間報告（2006年。巻末に資料として掲げているので、一読して欲しい）には、社会人基礎力の一つとして、「前に踏み出す力」が規定されている。今日の日本人は、新しい社会を創るべく、それを"より佳い"ものにしようという意識を強く持って、自ら積極的に社会との関係性を築く、すなわち「自律的キャリア創造人」となって、キャリア創造の"第一歩"を踏み出さなければならない。筆者らの"第一歩"が本書である。

　　　　　　　　　　　　　2010年3月吉日、湖と城のまち―彦根にて

　　　　　　　　　　　　　　　　　　　野　本　　茂
　　　　　　　　　　　　　　　　　　　李　　　　艶

聖泉大学

各章の諸問題 —本書の構成—

　本書では、「はじめに」で述べたように、今日、人生の履歴あるいは経歴にかかる諸問題がキャリア概念によって新たに捉え直され、多面的に使われるようになってきた、という認識から、それらキャリアの諸問題を2部6章に編集し論じる。

(第1部 キャリアの時代)
　第1部は、なぜ今キャリア、そしてキャリア創造なのか、という問題である。

(第1章 キャリア論)
　そこで、まず、キャリアとは何か、キャリア創造とは何か等、キャリア諸概念を吟味する。そうして、なぜ今、キャリア、そしてキャリア創造が問題視されるようになったのか、考察する。

(第2章 職業キャリアの危機)
　一つは、職業キャリアを巡る世界経済・産業・企業の構造的変化であり、それへの不安の高まりである。

(第3章 若者の社会的不適応とキャリア創造)
　二つは、キャリア転機(career turningpoint)の問題、すなわち、ライフキャリア(life career)における重大な転機である学生キャリア(academic career)から職業キャリア(professional career)への移行は、すべての人が社会参加の過程(社会化：socialization)として踏まなければならないことであるが、それが"中断している"、あるいは"ロスしている"ともいうべき「社会的不適応」の状況が顕著にみられるようになってきたからではないか、という問題である。

(第2部 キャリア創造人)

　上述の「キャリアの時代」はまた、「キャリア創造の時代」ともいえる。つまり、その必要性がいわれる時代であるとともに、諸問題の解決・克服に向けて新たな試みが行われる時代でもある。したがって、どのようなキャリア創造の試み、すなわちその理論的支柱となるキャリアに関する研究がどのように行われてきたのか、キャリア創造のための教育はどのようなものか、何を目的に行われるのか、そしてその手法としてはどのようなものがあるのかが改めて問題とされるべきであろう。

(第4章 キャリア研究の系譜とキャリア創造学)

　そこでまず、キャリアの開発・支援・助言・相談を行う際の学理的体系・理論的裏付け（理論的支柱）となるキャリアに関する研究は、これまでどのように行われてきたのかを振り返る。

(第5章 キャリア教育)

　そして、キャリア創造のための教育はどのようなものか、何を目的に行われるのか、キャリア教育への取り組みの問題を考える。すなわち、キャリアに関連して、「人間力」、そして「社会人基礎力」という概念が提唱されているが、それらの概念とは何か、なぜ、「人間力」、「社会人基礎力」なのか、という問題である。

(第6章 自律的キャリア創造人とその教育手法)

「人間力」という概念は、人財育成の基本的ビジョンとして、多方面で提唱されている。さらに、経済産業省は「社会人基礎力」を提唱している。そこでは、どのようないわば"キャリア創造人像"が想定されているのか、さらにはそうした人財を育むためには、どのような教育手法が適当なのか、を述べる。

　巻末には、上記の関係資料を掲げた。時に、参照していただきたい。

人間 キャリア創造論　目次
Career Creation / Contents

本書『人間 キャリア創造論』の公刊に当たって

本書『人間 キャリア創造論』に寄せて

はじめに

各章の諸問題 ―本書の構成―

第1部　キャリアの時代
第1章　キャリア論
　要旨 …………………………………………………………………… 14
　Key words
　1．まえがき ………………………………………………………… 15
　2．キャリア概念 …………………………………………………… 16
　　―「キャリア」とは何か？　What is "Career"？―
　3．キャリア創造の概念 …………………………………………… 21
　　―「キャリア創造」とは何か？　What is "Career Creation"？―
　4．結び ……………………………………………………………… 27
　　コラム1　長寿のライフキャリア　32

第2章　職業キャリアの危機
　　　　―なぜ、キャリア、キャリア創造なのか？　その1―
　要旨 …………………………………………………………………… 36
　Key words
　1．まえがき ………………………………………………………… 37
　2．雇用のダイバーシティ化と不安定性 ………………………… 38
　3．終身雇用制度の崩壊と職業キャリアの不安定性 …………… 46
　4．結び ……………………………………………………………… 48
　　コラム2　日本的経営と職人的キャリア　51

第3章　若者の社会的不適応とキャリア創造
―なぜ、キャリア、キャリア創造なのか？ その2―

要旨 ……………………………………………………………………… 54
Key words
1．まえがき ……………………………………………………………… 55
2．人間発達のプロセスと若者の社会的不適応 ……………………… 56
3．学校キャリアから職業キャリアへ ………………………………… 64
4．若者の職業キャリアの中断 ………………………………………… 71
　―若者はなぜ3年で辞めるのか？―
5．結び …………………………………………………………………… 76

コラム3 近江商人の一生　80

第2部　キャリア創造人

第4章　キャリア研究の系譜とキャリア創造学

要旨 ……………………………………………………………………… 84
Key words
1．まえがき ……………………………………………………………… 85
2．キャリア発達過程 …………………………………………………… 86
3．キャリア選択行動 …………………………………………………… 90
4．自律的キャリア発達のプロセス …………………………………… 92
5．仕事と生活の関係 …………………………………………………… 98
6．結び …………………………………………………………………… 103

［特別寄稿1］成人の仕事・職業（労働）価値観の国際比較 ……… 109
［特別寄稿2］Career creation in Russia and Belalus ……………… 115

第5章　キャリア教育
―キャリア教育とは何か。なぜ、キャリア教育なのか？―

要旨 ……………………………………………………………………… 120
Key words
1．まえがき ……………………………………………………………… 121
2．キャリア教育概念とその意義 ……………………………………… 122
3．キャリア教育は何を育むのか ……………………………………… 125
　―なぜ、「人間力」、そして「社会人基礎力」なのか？―
4．結び …………………………………………………………………… 132

コラム4 中国学生の就職事情　137

第6章　自律的キャリア創造 人とその教育手法

　要旨 ……………………………………………………………… 140
　Key words
　1．まえがき ……………………………………………………… 141
　2．社会人基礎力を育むキャリア教育手法 …………………… 142
　　(1) 前に踏み出す力 …………………………………………… 142
　　　＊ボランティア活動／＊インターンシップ／＊公的資格取得／＊就職活動
　　(2) 考え抜く力 ………………………………………………… 147
　　　＊卒業研究／＊プレゼンテーション／＊アイディア・チェックリスト法
　　(3) チームで働く力 …………………………………………… 150
　　　＊ブレインストーミング法／＊KJ法／＊PERT法／＊ビジネスゲーム
　3．結び …………………………………………………………… 155

　コラム5 自殺者統計　158

おわりに

謝辞

本書・各章の監修者（校閲者）・執筆者一覧

［資料］

　資料1　キャリア形成の現状と支援政策の展開―個人の能力・個性がいき …… 164
　　　　　いきと発揮される社会を目指して―（「キャリア形成を支援する労
　　　　　働市場政策研究会」報告書）（抜粋）
　　　　　　　　　　　　　　　厚生労働省発表　平成14年7月31日

　資料2　人間力戦略ビジョン　新しい時代を切り拓くたくましい日本人の …… 170
　　　　　育成～画一から自立と創造へ～
　　　　　　　　　　　　　　　平成14年8月30日　文部科学大臣　遠山敦子

　資料3　人間力戦略研究会報告書　若者に夢と目標を抱かせ、意欲を高め …… 175
　　　　　る～信頼と連携の社会システム～（抜粋）
　　　　　　　　　　　　　　　平成15年4月10日　人間力戦略研究会

　資料4　社会人基礎力に関する研究会―「中間取りまとめ」―（抜粋） …… 191
　　　　　　　　　　　　　　　平成18年1月20日

　資料5　日本標準産業分類（平成19年11月改定） …………………………… 208

　資料6　マイキャリアプラン・シート（例） ………………………………… 218

第1部
キャリアの時代

第1章 キャリア論

要旨

　キャリアという言葉は、中世ラテン語の「車道」を起源とし、英語で、競馬場や競技場におけるコースやそのトラック（行路、足跡）を意味するものであった。そこから、人がたどる行路やその足跡、経歴、遍歴なども意味するようになり、このほか、特別な訓練を要する職業や生涯の仕事、職業上の出世や成功をも表すようになった。

　この概念は、日本語では「経歴」と同義として、社会進出する女性が増えれば、特筆的に「キャリアウーマン」・「キャリアガール」、国家公務員の特別昇進予定者を区別して呼称するために「キャリア組」等と、特定の人の職業キャリアを呼称するために使われてきた。経営用語としては人事労務管理の中で、「キャリア・デベロップメント・プログラム（CDP：Career Development Program）」が1960年代に導入された。

　しかし今日、キャリアはより広い分野で多様に使われるようになった。大学では1990年代、「キャリアセンター」を設置するところが多くなり、2004年には「日本キャリアデザイン学会」が設立され、2005年には「日本進路指導学会」が「日本キャリア教育学会」に名称を改めた等である。

　この近年の日本において多用されるようになったキャリア概念とは、「個人の生涯を通じての社会的役割の連鎖であり、社会的役割を果たしていくための能力の蓄積過程」である。雇用の海外移転等ますます不確実性の高まる日本社会にあって、厚生労働省、文部科学省、経済産業省、企業、大学等は、キャリア概念の展開を図りながら、様々な取り組みを始めた。まさに、"キャリアの時代（era of career）"といってよいだろう。

key words
キャリア　キャリア形成　キャリアデザイン　キャリア開発　キャリア発達
キャリアアップ　キャリアプラトー　キャリア創造

1. まえがき

　今、日本人の（生涯にわたる）生き方・働き方が、問われている。
- 日本の若者は社会にうまく適応できない。
- 大企業といえどもリストラ（リストラクチャリング：restructuring）される。
- せっかく正規職員・正社員として就職しても、3年以内に離職してしまう。
- 高齢化が急速に進んでいるが、年金基金あるいは制度は破綻しそうだ。
- 派遣社員は契約期間未了なのに、解雇される、

等々が問題視されている。こうした事態に直面する旧世代の日本人は、"なぜ、そうなってきたのか"、不安に駆られている。
　これらに並行して、これまで「経歴」として考えられてきた事柄が、キャリアというカタカナ語で語られることが多くなり、それを冠するあるいは含む合成語が次々と生まれて、用いられるようになった。
- キャリアデザイン（career design）
- キャリア開発（career development）
- キャリア発達（career development）
- キャリア教育（career education）
- キャリアカウンセラー（career counseler）
- キャリアアンカー（career anker）[注1]

等々の言葉である。
　日本でも、キャリアという言葉は、社会進出する女性が増えれば、特筆的に「キャリアウーマン」、「キャリアガール」、国家公務員の特別昇進予定者を区別して呼称するためには「キャリア組」等と、特定の人あるいは層を呼称するために使われてきた。経営用語としては、企業の人事労務管理の中で、キャリア・デベロップメント・プログラム[注2]が1960年代に導入された。
　しかし近年、キャリアという言葉は、より広範な分野で、より多様に使われ始めている。この傾向は何を意味するのであろうか。

このキャリアあるいはその合成語の多面的な使用、そしてそれらの意味合い、意味関連、動態あるいは状況をみることは、逆に、そうしたことを要請している社会の新たな内実をも浮き上がらせることができるのではないか。
　まず本章では、改めてキャリアとは何か、から考察していこう。

2. キャリア概念
―「キャリア」とは何か　What is "Career"？―

　言葉の解釈・意味付けは、取り上げる問題、各人の主張や立場、用いられる場面等によって多様化するものであろう。そして、時代の変遷とともに変化する。本書で取り上げるキャリアという言葉も、同様であろう。
　キャリアとは何か。まず「キャリア形成を支援する労働市場政策研究会報告書」(平成14年7月31日付、厚生労働省職業能力開発局発表)の定義を掲げてみよう（巻末に「資料１」として所載）。語源から明らかにしているので長文になるが、それも含めて引用する。

　「『キャリア』(career〔kəríər〕)は中世ラテン語の『車道』を起源とし、英語で、競馬場や競技場におけるコースやそのトラック（行路、足跡）を意味するものであった。そこから、人がたどる行路やその足跡、経歴、遍歴なども意味するようになり、このほか、特別な訓練を要する職業や生涯の仕事、職業上の出世や成功をも表すようになった。このように、経歴、遍歴、生涯と結びつけて『キャリア』という言葉が使われることが多くなっており、人の一生における経歴一般は頭にライフをつけて『ライフキャリア』(life career)と呼び、そのうち職業を切り口として捉えた場合の人の一生・経歴・履歴の特定部分を『職業キャリア』(professional/occupational/vocational career)と呼んで区別することがある。
　なお、遺伝子の保有者、伝染病の保菌者などを指す『キャリア』(carrier〔kəríər〕)は、運ぶ(carry)からの派生語であり、違う語源の単語である。
　『キャリア』とは、一般に『経歴』、『経験』、『発展』、さらには、『関連した職務の連鎖』等と表現され、時間的持続性ないし継続性を持った概念として捉えられる。『職業能力』との関連で考えると、『職業能力』は『キャリア』を積んだ結果として蓄積されたものであるのに対し、『キャリア』は職業経験を通して、『職業能力』を蓄積していく過程の概念であるとも言える」。

次に、文部科学省の「キャリア教育の推進に関する総合的調査研究協力者会議　中間まとめ～児童生徒一人一人の勤労観，職業観を育てるために～」平成15年7月10日付)の定義を掲げてみよう。

　「『個々人が生涯にわたって遂行する様々な立場や役割の連鎖』として、また、そうした連鎖の中で行われる『自己と働くこととの関係付けや人生における働くことへの価値付けの過程及びその累積』」。

　キャリア概念を吟味するには、欧米文献の古典的な原義は欠かせない。キャリアの原義とは何か、まずスーパー(1980)の定義を掲げてみよう。

　「キャリアとは『生涯過程を通して、ある人によって演じられる諸役割の組み合わせと連続』」("A career is defined as the combination and sequence of roles played by a person during of a life-time")。

　このスーパーの定義は、キャリアとは生涯キャリア(life career)であって、「人生を構成する一連の出来事。自己発達の全体の中で、労働への個人の関与として表現される職業と、人生の他の役割の連鎖。青年期から引退期に至る報酬、無報酬の一連の地位。それには学生、雇用者、年金生活者などの役割や、副業、家族、市民の役割も含まれる(注3)」ものであり、広義である。

　次に、ホール(1976)の定義を掲げてみよう。「キャリア開発」の代表的な研究者であるホールによると、キャリアの使われ方には、以下に示すような4つのパターンがあるという。
　① 昇進や昇格によって地位が上昇すること(advancement)：
　　　例えば、「今度の異動でキャリアがアップした」。
　② 医師、弁護士、教授、聖職者などの伝統的な専門職業(profession)：
　　　例えば、「彼はキャリアとして弁護士を選んだ」。
　③ ある人が経験した仕事(職業)の一系列(a lifelong sequence of jobs)：
　　　例えば、「私はビジネスマンとしてキャリアを歩んだ」。
　④ 職業に関連した、生涯を通じて経験するあらゆる役割や地位の系列
　　　(a lifelong sequence of role-related experience)：

例えば、「私は大学で、助教から教授まで仕事をしていた」。

　そして、キャリアを次のように定義する。

　「キャリアとは、『個人の生涯を通じて、仕事にかかわる諸経験や諸活動に関連した態度や行動の、個人的に知覚された連鎖』」[注4]（"The career is the individually perceived sequence of attitudes and behaviors associated with work-related experiences and activities over the span of the person's life."）。

　さらに、マクダニエルズ（1978）は、ライフスタイルの一概念という解釈をしており、「個人が生涯にわたって様々な仕事や活動に関わってきた様相」である、としている。

　加えて、レイノールとエンティン（Raynor & Entin, 1982）は、キャリアを「現象学的な概念であると同時に、行動に関する概念である」とし、「個々人が行うこととその人の自己についての見方とを結びつける概念である。ある人のキャリアとは、その人が長期間にわたって抱く自己についての感覚から成り立っており、それは個人の行為とその結果を通じて明確化される。キャリアは、人が自分の社会環境の文脈の中で自己（具体的には、個人の将来計画、過去の成功・失敗経験、現在身についている能力や特性などについて）の捉え方を規定する」としている。

　このようにキャリアの定義を調べていくと、1970年代以降、研究が進むに伴い、その解釈や定義も多様化してきたことが分かる。定義の解説の具体的な表現はそれぞれ多少の違いがあり、キャリアは非常に多義な言葉であると判断されがちであるが、その多様性は、実はキャリアのもつ多面性を意味するものであって、キャリア概念そのものが変化したとか、多義的であるわけではないと考えられる。

　こうした多様な定義の中にも、キャリア概念の不可決な要素として、
　① 人と環境との相互作用の結果
　② 時間的流れ

③ 空間的広がり
　④ 個別性

の4つを摘出することができよう。

　ところで、キャリア概念の多様性はまた、キャリアの捉え方として、それを展開していく個人の側からみるか、その個人を支援する側からみるか、あるいはその機会を提供する環境（経営）の側からみるか、の3つのアプローチの違いによって生まれるともいえる。
　個人の視点に立つキャリアの見方とは、個人が自分の人生の主要な時間帯の中で、
　① どういう目的をもって
　② どういう仕事をするのか、そのためには
　③ どういう計画をたてて
　④ どういう努力を行わなければならないか
という視点に立つ立場である。つまり、この視点では、自らのキャリアについて自分で判断し、自分で選択していく主体的な個人像が浮かび上がってくる。
　2つ目の個人を支援する側の視点とは、教育の側ともいえ、その主体は家庭、学校、行政機関等である。前掲のように、文部科学省では、2004年に公表した「キャリア教育の推進に関する総合的調査協力者会議報告書」の中で、キャリアについて、次のように述べている。

　　「キャリアは『個人』と『働く』との関係の上に成り立つ概念であり、個人から独立して存在し得ないということである。…個々人が生涯にわたって遂行するさまざまな立場や役割の連鎖およびその過程における自己と働くこととの関係付けや価値付けの累積」である。

　その後、この報告書は、2004年以降全国の小学校、中学校、高等学校、および高等教育機関で取り組まれるキャリア教育の指針となった。
　さらに3つ目の「経営の視点」からみると、個人のキャリアは、組織が目標を達成するために必要な一つの資源として捉えられる。組織が雇用する

従業員はすべて会社の経営資源（人的資源：人財。human resource, human capital）であり、人財はさまざまなキャリアを有しているので、これを活用・展開することによって組織の目標を達成しようというのがこの視点である。ここには当然のことながら、

　① 組織のニーズに合った個人を受け入れ　　　　　…（採用）
　② 仕事を行う上での必要な知識・技能を身につけさせ　…（教育・訓練）
　③ キャリアパス(注5)を用意し　　　　　　　　　…（配属）
　④ 仕事ぶりを評価・フィード・バックし　　　　　…（人事考課）
　⑤ 組織内の権限の階段を昇らせ　　　　　　　　…（昇進・昇格）
　⑥ 有能な人財の退職を防ぐ　　　　　　　　　　…（定着管理）

といった、組織の人事管理が関係してくる。

　つまりこの視点では、主体的に自らのキャリアを形成する個人というよりも、環境（経営の要請）によって活用され、形式的にも実質的にも陶冶されていく受動的な個人像が浮かび上がってくる。

　これまでにみられたキャリア概念を活用した人事管理施策としては、ＣＤＰ（Career Development Program：キャリア・デベロップメント・プログラム、以前「経歴管理制度」と訳されたこともあった）がある。このＣＤＰは、アメリカ陸軍文官の人事管理を改善するため、1955年の第２次フーバー委員会人事部会勧告案にもとづいて、アメリカ陸軍文官に対して実施されたのが始まりである。その後、アメリカの民間企業にも導入され、日本でも注目され、企業に導入された。つまり、産業界では早くから、キャリア概念がこの制度とともに導入されていたわけである。

　なぜＣＤＰはアメリカで、さらにわが国に導入されたのか、高宮（1970）を参照しよう。

　「企業の場合についてみてみよう。その理由の１は、技術革新の進展が急激で大幅なことである。その結果、製品機種・製造方法・販売方法などにおいて変革が連鎖反応的に起こり、これを消化しこれに対処する技術者および事務官の機動的・計画的人事配置が必要となった。その２は、最近企業に導入される人材は、特定の専門をもち、それをさらに伸ばしたいという願望をもつ。別言すれば、自分で自分の仕事を選択したいと考え、自分の個人的仕事の目標をもち自己責任において主体的に

自己能力を高めたいとの自己啓発意欲をもつ。上記のことを『キャリア概念』をもつということができる。そして、企業はこの個々人のもつキャリア目的を放置することはできず、これと企業目的とを調整しなければならない。その3は、従来の人事管理制度の包蔵していた欠陥、とくに採用・配置・異動・昇進等配置管理を貫くポリシー、ルールおよび管理の裏づけとなるべき情報的資料の欠如に気づき、これを是正しようということである」[注6]。

3. キャリア創造の概念
―「キャリア創造」とは何か？　What is "Career Creation"？―

　前節で多面的に使われるようになったキャリア概念を改めて吟味したが、本節では、その派生語のいくつかの概念を考察して、本書の主題である「キャリア創造」とは何か、明らかにしよう。
　前述のように、キャリアという言葉とともに、その動態を表す「キャリア形成」、「キャリアデザイン」も教育機関等で広く使われるようになった[注7]。
　まず、キャリア形成であるが、語義は、「関連した職務経験の連鎖を通して職業能力を形成していくこと」{厚生労働省（2002年）[注8]}とされている。
　本書では、前述のように「個々人が生涯にわたって遂行するさまざまな立場や役割の連鎖およびその過程における自己と働くこととの関係付けや価値付けの累積」（文部科学省の定義）のように、職業キャリアに限らず、それに向けての準備段階である学生キャリア等を含めて、広義にキャリアを捉えていることから、キャリア形成とは「個々人が社会との関係性を持ち、社会的な役割を累積していくことであり、そのための能力を蓄積していく進行のプロセス」と表現したい。

　「キャリア発達」の諸段階は、「キャリアステージ（career stage）」といわれる。個人の成長や発達には、その年齢に相応しい発達課題がある。
　前出のスーパー（Super,D.E）は、こうしたキャリアステージを次のような5つの段階で捉えている。

① 成長段階　　　　　　　　　　… 0〜14歳
② 探索段階　　　　　　　　　　… 15〜24歳
③ 試行期を経て確立段階へ　　　… 25〜44歳
④ 維持段階　　　　　　　　　　… 45〜64歳
⑤ 下降段階　　　　　　　　　　… 65歳　以上

　また、シャイン (Schein, E. H., 1978) は、次のような9つの段階でキャリアステージを捉えている。

① 成長・空想・探索期　　　　　… 0〜21歳
② 仕事世界へのエントリー期　　… 16〜25歳
③ 基礎訓練期　　　　　　　　　… 17〜30歳
④ キャリア初期　　　　　　　　… 25〜45歳
⑤ キャリア中期　　　　　　　　… 35〜45歳
⑥ キャリア中期の危機　　　　　… 35〜45歳
⑦ キャリア後期　　　　　　　　… 40〜定年
⑧ 衰えおよび離脱　　　　　　　… 40〜定年
⑨ 引退　　　　　　　　　　　　…　定年以降

　ところで、上述のように、キャリア発達は、「社会的役割を果たすための能力を蓄積すること」との含意があるが、その能力を育むことが「キャリア教育」である。

　日本では、1999年の中央教育審議会の答申で初めてその必要性が指摘された。ニート (NEET) やフリーターなどの増加が社会問題化したことから、2003年に文部科学相ら関係大臣によって「若者自立・挑戦プラン」がまとめられ、学校から職場への円滑な移行のために、キャリア教育が大きな柱と位置づけられた。

　現在は小・中・高校の総合学習や各教科に関連付ける形で実施され、大学でも盛んに行われるようになった。2007年改正の学校教育法でも義務教育の目標として「職業についての基礎的な知識と技能、勤労を重んずる態度及び個性に応じて将来の進路を選択する能力を養うこと」と明記された（キャリ

ア教育については、第5章で詳述)。

　次に、「キャリアデザイン」の概念を吟味してみよう。
　キャリア発達の過程で、より質の高い生き方への選択をしなければならないことがある。つまり、自己の適性や能力を見つめ直し、自己と社会との関係性を分析し直して、自己のキャリアを設計・再設計しなければならないことがある。この設計・再設計がキャリアデザインである。換言すれば、キャリアデザインとは、自己の能力開発やキャリア発達についての計画を作り、自分自身が社会との関係の中で何を大切(価値観)にし、どんな能力をもとに、何をしたいのか、将来の社会的活躍の姿を明らかにしていくことである。さらにいえば、個人として、将来的に目指すキャリア目標を設定して、達成できるように計画やその過程を決めることであり、自分の能力や性格、ライフスタイル(life style)をいったん棚卸しした上で、ありたい姿・目標などを考えることである、といえる。したがって、この概念は、人の一生(ライフキャリア)の様々な局面に関わるものである。
　後述(第2章)するが、キャリアデザインという発想は、終身雇用制が常識ではなくなり、個人が他律的にキャリアを委ねる時代が終焉してしまった、ということから生まれてきた。しかも、近年、経済や社会の変化のスピードが劇的に速くなってきており、一度たてたままではなく、数年毎に見直す必要のあるものであることは留意されなければならない。
　加えて、「キャリアプラン(career plan)」について付言しておこう。この言葉もキャリアデザインと同義に、キャリアの企画、設計、再設計にかかる意味合いで用いられる。すなわち、将来の目標やゴールを決めて、そのためにはどのような能力が必要かを考え、それを習得するためにはどのような機会を得て、どのように研鑽を積めばよいのか等、実現するための計画をたてることをいう。

　さらに、前述の経営学で使われてきた「キャリア開発(career development)」の概念について、吟味しておかなければならない。すなわち、心理学で使われてきた「キャリア発達」との異同である。第2部でキャリアに関する研究

の系譜とその教育・教育手法について論じるが、本節で前以って、「キャリア開発」と「キャリア発達」という言葉がどのような意味関連で使われてきたのか、明らかにしておきたい。

㈶社会経済生産性本部 HRD（Human Resources Development）コンサルタントの大山雅嗣氏は、「キャリア開発」という言葉の意味合いについて、次のようにいう。

> 「『キャリア開発』という言葉であるが、それ以外に類似の言葉として『キャリアデザイン』、『キャリア形成』等がある。本稿(注9)ではそれらを代表する概念として「キャリア開発」を採用した。採用の理由は、『開発』が『Development』の訳語であり、現在では『キャリア開発研修』や『キャリア開発プログラム』というように、企業や学校で一般的に使われているということ。二つ目の理由は、言葉の持つイメージが、『形成』や『デザイン』に比べて、動態的な、ダイナミックなものであるということである」。

「キャリア開発」が「キャリアデザイン」、「キャリア形成」と類似語であるという。問題は、それらの用語と「キャリア発達」の〝使われ方・見方〟の異同である。
　大山氏は同じ論文で、この点に関し、次のように指摘している。

> 「キャリア開発の『開発』は『Development』の訳語である。この『Development』を『発達』と訳す場合がある。『キャリア開発』という言葉は主に経営学、経済学を背景にした言葉であり、主に企業で使われている。英語の語源が『De＝剥がす Velop＝包む』ということから、転じてキャリア開発の定義を『個人が保有している内的資源（能力、価値観、動機・欲求など）が顕在化する』ととらえることにする。『Development』の別の訳語として『現象』もあり、こちらのほうをイメージするとわかりやすいかもしれない。
> 『キャリア発達』は、心理学や教育学を背景にしている言葉であり、『個人がライフサイクルの各発達段階の課題に対処し、次の発達段階に向けて発達・成長する』ととらえることができる。ライフサイクルとは人生を課題とその対処の連続ととらえ、人は次々にたち現れる課題に対処することをとおして、生涯を通じて発達・成

長するという考え方である。
　これは生涯発達心理学の三つの基本仮説が背景としてある。その三つとは、①人間は生涯発達する、②安定期と成長期がある、③段階に応じて発達課題があるということである。
　発達課題とは、例えば青年期では『自分とは何か』の問いに答えることであり、中年期の発達課題は『次の世代を育てる』ことがあげられる。また人生の局面で遭遇する様々な問題も『発達課題』としてとらえることができるだろう。例えば、仕事の領域でいえば、女性の場合は『結婚、出産、育児』という課題があるだろうし、新しい仕事につく場合は、『適応する』という課題がある」。

　キャリアを動態的な現象として捉えようとする時、「キャリア開発」は経営学、経済学を背景として考えられ、「キャリア発達」は教育学、心理学を背景として考えられてきた、ということは注意されなければならない。つまり、前者の見方・捉え方は「経済・経営」の視点からの人間とそのキャリアのそれであって、キャリアそのものを家庭生活、学校あるいは地域社会活動等との関連において捉えてこなかった、あるいは捉えるべき社会的状況になかった、ということではないか。

　さて、問題は「キャリア創造(career creation)」である。すなわち、キャリア形成あるいはキャリア開発、キャリアデザイン、キャリアプラン等、キャリアの動態的概念がある（一般的に使用されている）にもかかわらず、あえてあまり使用されていない（筆者らの一応の調べでは、例えばネット検索してみてもほとんど"ヒット"しない）この言葉を用いる必要があるのかという問題である。
　換言すれば、「キャリア創造」は固有の意味を持ちえるかどうか、である。結論からいおう。筆者らは、固有の意義を持ちえる概念と考える。
「創造(creation)」とはいうまでもなく、これまでにはない新しいアイディア(idea)により、"モノ"や"コト"をつくり出すことである。人間のキャリアについて考えれば、その不連続の"節目"においては、まさに「創造」が必要である。特に、「キャリア・プラトー(career plateau)(注10)の克服」の"節目"では強調されるべきである。繰り返しになるが、ニート(NEET)、オタク、

引きこもり、フリーター等若者が社会との関係を確りと持てない今日の日本においては、特に強調されなければならない。

さらに、今後の日本人のライフキャリアを考えれば、"人生100年"を想定しなければならない。そこでは、キャリア・プラトーの時期もあるだろう。まさにその"足踏み"状態を克服し、新しいキャリアを創造していかなければならないであろう。

「キャリア創造」とは、例えば、
- 不登校の生徒が立ち直り、学校で友達とも仲良く勉学し始めた。
- 引きこもりの生徒が一人だけでアニメ、漫画、ゲーム等の特殊な趣味に傾注した生活から、学校のスポーツクラブでも活動するようになった。
- 自由気ままに5年もアルバイトをして生計を立ててきた、いわゆるフリーターであったが、次世代型農業に従事しようと、地方の農業法人に就職した。
- 勤めていた会社が倒産した。介護の勉強をして介護福祉士の資格を取り、福祉の道で生きることとした。
- 営業の仕事をしてきたが、体力が衰え、総務に変わった。
- 結婚をし、子供が生まれた。育児休暇を取り、復帰後はパートに変わった、といった"ケース(case)"である。

今日、既定のキャリアの"歩み"（順調に志向されている学生キャリアあるいは順調に形成されている職業キャリアの途中）において、"足踏み"状態に陥った場合、それを克服することは、キャリア創造として捉えられるべきであろう。

後に詳述するように、今日の日本人は、グローバリゼーション、ICT (Information and Communications Technology) 化等、産業構造の転換や技術革新等が急激に進展する中、キャリア・プラトーに陥った場合、改めて主体的に自身の希望や適性・能力に応じて生涯を通じたキャリア創造を行わなければならない宿命を背負っている。繰り返しになるが、新たに、あるいは改めて自身のキャリアを振り返り、その適性・能力・希望と社会のニーズと

を照合し、具体的なキャリア発達の方向性を明確にしていくことが必要な時代であり、それは今日的経済社会からの内在的要請である。

そして、これまでのキャリアから高次のキャリアに飛躍することは、「キャリアアップ」といわれるべきであろう。ここで"高次"とは、自己の社会観、人生観、価値観、ビジョン、ミッション、生きがい、働きがい、自己の適性、人間力（後述）、社会化能力（「社会人基礎力」として後述）に照らして、新たな段階に向かうことである。

4. 結び

本章では、キャリアとは何か、改めてキャリア概念の諸説を吟味し、それから派生して広く使われるようになってきたキャリア形成、キャリアデザイン等、キャリア諸概念のうちの動態的な用語の意味合い、意味関連を考察した。そして、本書の主題であるキャリア創造のそれらについて考察した。本章を結ぶに当たって、それらは次章以下の考察の基礎概念となるので、繰り返しになるが、まとめをしておきたい。

まず、キャリア概念であるが、次のようにまとめることができる。

① 「キャリア」というカタカナ語（外来語）は、個人的な概念である。
② 日本では、家族生活、学校生活（学歴）とは別の職業生活における段階の意味で使われてきた。
③ 企業の人事管理用語としては、1960年代に主体的な自己啓発意欲を持つ、すなわち社員の内発的キャリア志向を制度として取り入れ、働く人々に活き活きとして貢献してもらうために、キャリア・デベロップメント・プログラム（career development program）がアメリカから導入された。
④ しかし近年、キャリア概念は、一般的に、多面的に広く用いられるようになった。
⑤ また、キャリアの意味内容も拡張され、「仕事（職業生活）を中心とした人生全体の関わり合い」、「仕事と人生の生き方」というような

捉え方(個人の職業活動や社会的活動を変化や連続性,人間形成や発達の視点から、仕事、コミュニティ、家族、友達など複合的な視点から把握する)がなされるようになった。

⑥ これまで、学校キャリア、職業キャリア、定年後のキャリア(second senior career)と、個別に捉えられてきた「人生の経歴」が、人生キャリア(life career)として一貫して、つながりを持って捉えられ始めた。

⑦ そして、人生におけるキャリア発達上の挫折、頓挫、中断等の「キャリア・プラトー(career plateau)」状態を克服、あるいは「キャリア発達課題」を解決して、社会との関係を創り出し、その役割を果たすことができるようにすることが「キャリア創造(career creation)」である。この言葉あるいは概念は、引きこもり、不登校、ニート、オタク、フリーター、若者の早期離職者等のように円滑に社会化ができない若者の増大に悩む今日的日本社会にあって、重要視されるべきものと考えられる。

筆者らも大学において、これからの新しい時代を担う若者の教育に当たっている。高等学校で不登校状態にあった若者、知識詰め込みとペーパーテスト対策の勉強に明け暮れてきた若者に、「問題を見つけて果敢に解決する」、「相手の状況、心を分かってコミュニケーションする」、「相手に物事をプレゼンテーションする」といった意欲・技術力が不足していることを痛感している。グローバリゼーションが進展するこれからの社会にあって、「指示待ち」人間が通用するはずがない。こうした若者の状況の克服に向けて、筆者らもキャリア創造に取り組んでいる。

そして、ここに、本書でいう「人間 キャリア創造論」とは、職業キャリアを含め、人間の生涯にわたるキャリアの内面的、外形的発達課題、あるいはキャリア・プラトー等のキャリア創造に関する諸問題を研究し、その克服法を考究することを課題とする学問である。

［注記］
1．キャリアを選択する際に最も大切な他に譲れない価値観や欲求のこと。
2．個人の適性、希望等を考慮しながら、教育研修や配属を組み合わせ、長期的に従業員を育成していくプログラム（pp.22～23に詳述）。
3．実践経営学会編、横澤利昌・平野文彦・室本誠二・中垣昇・深澤郁喜編集責任『実践経営辞典』の項目「キャリア・ステージ（career stage）」（浅見浩子）、pp.170-171。
4．日本経営学会編『21世紀の企業経営［経営学論集第69集］』、西川清之稿「人的資源管理とキャリア・マネジメント— T.G.Gutteridge の所論を中心に—」、千倉書房、1999、p.219。
5．キャリアパス：career pass, 昇進を含めた配置異動のルートと異動の際の基準・条件のこと。「キャリア・パターン（career pattern）」ともいう。ある職位、職務に就任するために必要な業務経験の順序とそれぞれの習熟程度（業績、行動内容、能力要件）または担当期間を決め、これら所定の仕事を所定の期間担当しても所定の程度に遂行できるようにならない場合は、その職位、職務につけないようにするもの。各人が自己の努力目標を設定あるいは自己評価をする際の尺度になり、自己啓発意欲を刺激するとされる。
6．溝井正人解説「経歴管理制度」、高宮晋編『新版・体系経営学辞典』（ダイヤモンド社、1970）、p.893。
7．2004年「日本キャリアデザイン学会」が設立されたが、その設立趣意書の中に、「生涯学習社会とキャリアデザインの必要性」と題して、次のように、新キャリア観の模索の必要性を説いている。

「今日、社会を構成する諸分野の急速な変化とその影響に伴い、家庭、学校、職場、地域、ひろく一般社会における、従来からの生き方のモデルの不適合が顕著になってきている。多様な生き方、働き方が容認され、広がる一方で、新しい選択肢、多くの選択肢を前にとまどい、選び方に迷い、また間違った選び方によって自分の能力、適性、意欲を生かせず、キャリアの発達に問題をかかえ、人生の設計図が描けずに悩む人々も多い。

こうしたキャリアをめぐる混乱を整理し、社会において現在生じているさまざまな問題を解決するためには、個人の側でも、またそういう個人を受け入れたり支援したりする組織や機関、ひろくコミュニティの側でも、従来の古いキャリア観を再点検し、新しい時代に対応したキャリア観を模索し、そのために必要な知識を得て、健全なキャリアの設計、再設計を行う姿勢を持ち、見識を深めることが必要である」。
8．2002年7月31日に厚生労働省から発表された「キャリア形成の現状と支援政策の展開—個人の能力・個性がいきいきと発揮される社会を目指して—」（「キャリア形成を支援する労働市場政策研究会」報告書）には、「キャリア形成」について、次のように解説している。

「経済社会環境が急激に変化し続け、予測のつかない不透明な時代となり、労働者、個人は1回限りの職業人生を、他人まかせ、組織まかせにして、大過なく過ごせる状況ではなくなってきた。すなわち、自分の職業人生を、どう構想し実行していくか、また、現在の変化にどう対応すべきか、各人自ら答えを出さなければならない状況となってきている。この意味において、『キャリア』（関連した職業経験の連鎖）や『キャリア形成』といった言葉が、労働者の職業生活を論ずるキーワードとなりつつある。（中略）。『キャリア』とは、一般に『経歴』、

『経験』、『発展』、さらには、『関連した職務の連鎖』等と表現され、時間的持続性ないし継続性を持った概念として捉えられる。『キャリア形成』とは、このような『キャリア』の概念を前提として、個人が職業能力を作り上げていくこと、すなわち、『関連した職務経験の連鎖を通して職業能力を形成していくこと』と捉えることが適当と考えられる」。

9．大山雅嗣稿「キャリア開発支援の展開～キャリア・コンサルティング序論」、Bulletin of the Research Institute of Commerce、Vol.38　No1、May 2006。

10．キャリアの中期に、一時的に進歩が足踏み、もしくは安定する状態。足踏み、安定してしまうと、次の段階に進めなくなるので、自己のイメージを軌道修正しながら自分のアイデンティティを探求することで、この状態から脱却する必要がある。そして、新たな飛躍ができると考えられている。

[参考文献]

1．Arthur, M.B., Hall, D.T., & Lawrence, B.S. 1989 Generating new directions in career theory: The case for a trans disciplinary approach in M.B. Arthur, D.T. Hall, & B.S. Lawrence (Eds), Handbook of career theory, Cambridge England: Cambridge University Press. 7-25.

2．Super, D.E. 1951 Vocational development: Implementing a self-concept. Occupations. 30. 88-92.

3．Super, D.E. 1953 A theory of vocational development. American Psychologist, 8, 185-190

4．Super, D.E., & Bachrach, P.B. 1957 Scientific careers and vocational development theory. New York: Teachers College Press.

5．Super, D.E. 1980, A life-plan, life-space approach to career development. Journal of Vocational Behavior, 16, 282-296.

6．Super, D.E. 1981 A developmental theory: Implementing a self-concept. In D.H Montross & C.J. Shinkman (Eds). Career development in the 1980s: Theory and practice. Springfield, I.L.: Charler C.Thomas. pp.28-42.

7．Super, D.E. 1990 A life-span, life-space approach to career development. In D.Brown & L.Brook (Eds), Career choice and development applying contemporary theories to practice.San Francisco: Josses-Bass. pp.197-261.

8．Hall, D.T. 1976 Careers in organizations. Pacific Palisades. CA: Goodyear. Herr, E.L., & Cramer, S. 1996 Career guidance and counseling through the life span: Systematic approach. N.Y.: Harpner Collins.

9．McDaniels, C. 1978 The practice of career guidance and counseling. UBFORM, 7, 1-2, 7-8

10．Raynor, J.O. & Entin, E.E. 1982 Motivation, Career striving and ageing. New York: Hemisphere.

11．Schein, E.H. 1978 Career dynamics: Matching individual organizational needs. Reading,

MA：Addison-Wesley.
　　シャイン，E.H. 二村敏子・三善勝代訳　『キャリア・ダイナミクス―キャリアとは、生涯を通じての人間の生き方・表現である』、白桃書房、1991年。
12. 日本キャリア教育学会編『キャリア教育概説』、東洋館出版社、2008年。
13. 溝井正人解説「経歴管理制度」、高宮晋編『新版・体系経営学辞典』(ダイヤモンド社、1970)、p.893参照。
14. 厚生労働省『平成16年度労働経済白書』。
15. 厚生労働省『厚生労働白書』(平成10年度版から平成19年度版)。

# 長寿のライフキャリア

　世界の多くの国は、"長寿社会"を標榜している。それは、健康で安心して暮らせる社会であり、世界最高の"長寿社会"は日本にみることができる。WHO（World Health Organization；世界保健機関）の「世界保健報告（2006年度版）」によれば、2004年末時点の日本の平均寿命は82歳（男女計）であった。世界一の長寿であり、性別では女性の86歳は単独で世界一であり、男性は79歳でアイスランド、サンマリノと同列であった。平均寿命が80歳以上の国は、WHO加盟国192カ国のうち16カ国に過ぎず、内訳は、表Ⅰ-コ-1の通りである。

表Ⅰ-コ-1　平均寿命80歳以上の国の一覧（2004年）

年齢	国　　名
82歳	日本　モナコ　サンマリノ
81歳	アイスランド　イタリア　オーストラリア　スイス　スェーデン
80歳	アンゴラ　イスラエル　カナダ　シンガポール　スペイン　ニュージーランド　ノルウェー　フランス

出所：WHO（世界保健機関）「世界保健報告（2006年版）」

表Ⅰ-コ-2　60歳以上の高齢者の人口全体に占める比率20％以上の国（2004年）

年齢	国　　名
25％台	日本　イタリア　サンマリノ
24％台	ドイツ
23％台	スウェーデン
22％台	ギリシャ　オーストリア　ブルガリア　ポルトガル
21％台	クロアチア　エストニア　スイス　アンゴラ　スペイン　ウクライナ　イギリス

出所：WHO（世界保健機関）「世界保健報告（2006年版）」

一方、平均寿命が50歳未満の国は27カ国でほとんどがアフリカ諸国であった。また、60歳以上が人口全体に占める高齢者比率は、日本が25.6％で首位であり、20％を超える国は、表Ⅰ-コ-2の通りである。キャリアの今日性を考えてみると、その一つに"長寿"化がある。ところで、上表には、世界最高のGDP (Gross Domestic Product)、軍事力、外交力等を誇る超大国アメリカがない。

　2007～2008年、アメリカの行き過ぎた金融資本主義が崩壊した。それは直ぐに世界の実体経済に波及し、めぐり巡って各国の需要は急激な落ち込みに見舞われた。日本では、まず輸出が減った。アジアの加工組立産業がアメリカの需要が減退するとみて、日本からの資材の輸入を減らしたことが主因であった。いかに、世界の実体経済がアメリカの巨大市場に依存していたかが分かる。アメリカは戦後、圧倒的な経済力を誇り、冷戦終結後は唯一の超大国となった。アメリカン・ウェイ・オブ・ライフ (American Way of Life) は世界の人々の憧れであり、道標であった。

　しかし半面において、アメリカ型の社会は、「機会は均等だが、結果は個人の才能と努力次第」である。大農場経営者、大会社のトップマネジメント、ウォール街の証券会社ディーラー、一流スポーツ選手、ハリウッドのトップスターは莫大な所得を得ているが、一方において、貧困層の窮乏も著しく、その実、"ユートピア社会"ではなかった。

　例えば、国民にとって医療サービスはまさに"ライフライン"であり、日本は「国民皆健康保険」である。どこでもいつでも医療サービスが安価に受けられる。

　しかし、アメリカの医療保険未加入者の数は2007年の時点で4,700万人、この数は毎年増え続け、2010年までには5,200万人を超えると予想されている（堤未果著『ルポ 貧困大国アメリカ』岩波新書、2008年、p.91）。公的医療保険制度はある。「メディケア（高齢者医療保険制度）」と、政府と州が半分ずつ負担する「メディケイド（低所得者医療扶助）」である。両者とも、高すぎる医療費と保険会社が支配するアメリカ医療システムの中で連邦政府と州政府の予算を圧迫している。すなわち、前者の受給者数（2005年）は4,230

万人、2000年対比6.6％増であり、連邦政府の支出額は2,946億ドルとなった。一方、後者の受給者数（同2005年）は5,340万人、2000年からの急激な貧困層の増加に伴い50.4％もの増加率となり、連邦政府の支出額は、1,980億ドルに達した(Office of Management and Budget, 2006)。

　2008年末、「世界の市場」として、発展途上国に巨大な市場を提供してきたアメリカは、弱体化したGM、フォード、クライスラー等の大企業がもはや手厚い社会保障費を払えず、人々は将来不安に駆られ、消費は急激に冷え込んでいる。"市場メカニズム""民主主義""自由平等"を信奉するアメリカ、そして日本。活き活きと自律的に"自己責任"の原則のもとに生きる、かつ健康で安心して暮らせる社会づくりは、なかなか難しい。

第2章　職業キャリアの危機
―なぜ、キャリア、キャリア創造なのか？　その1―

要旨

　前章で述べたように、近年、厚生労働省、経済産業省、文部科学省、内閣府、学会、労働団体等において、キャリア形成、キャリア開発、キャリア発達、キャリアデザイン、キャリアプラトー等、キャリアを冠する、あるいは含む言葉がよく見聞きされるようになった。そして、これまで「職歴」といわれてきた「仕事上の社会的役割の連鎖」が職業キャリア[注1]という言葉で捉え直されている。

　この事象の背景には、1992年のバブル経済崩壊以降、①雇用のダイバーシティ化[注2]が進んだこと、②正社員といえども、終身雇用が保障されなくなってきたことがあり、職業キャリアへの不安の高まりがある。

　グローバリゼーションの進展によって、日本企業は新興国の安価な商品との競争に勝たなければならなくなった。メガ・コンピティション（mega-competition）[注3]を勝ち抜くためには、リストラクチャリング（restructuring：資産の再構築）を果敢に行い、賃金コストも抑制せざるをえない。また、商品のライフサイクルも技術革新の高進により短縮化し、先進国の成熟市場、発展途上国の新興市場で受容される新たな商品の開発・マーケティングには、革新的なアイディア・技術とその開発・市場化のスピードが要請される。グローバリゼーションの進展は一方において、先進国に新たなグローバル・スタンダードの創出を迫る。それは社会の変革を迫り、それとともに、日本人の生き方・働き方も見直さざるをえない。換言すれば、今日の日本産業・企業は構造的変革期にあり、それは雇用者に対してもキャリア創造を要請する。

key words
グローバリゼーション　メガ・コンピティション　雇用のダイバーシティ化　終身雇用制度の終焉　キャリア創造

1. まえがき

　なぜ近年、キャリアが広く多面的に使われるようになったのか。一つに、職業キャリアに対する不安の高まりがあるのではないか。

　職業キャリアとは、「人が職業の準備をし、職業を選択し、職業の遂行能力を高める中で、経済的な報酬や社会的な評価を獲得するとともに、自己実現をしていく過程（経時的な変化・遍歴）」をいう。人間のライフ・キャリアのうち、職業を切り口として捉えたときに浮かび上がってくる側面（職業に関連したキャリアの準備・形成・展開・終焉の一連の過程）を取り出したものである。「職業経歴」とか「職業遍歴」などとも呼ばれる[注4]。

　近年、なぜ、この職業キャリアが問題視されるようになったのか。

　1992年バブル経済崩壊以降、一つは、雇用のダイバーシティ化が進んだこと、二つは、正規職員あるいは正社員といえども雇用あるいは安定的な職位が保障されなくなったことがその背景にあるのではないか。

　このいわば、職業キャリアの危機の問題をみるには、まず、人間が属する組織（多くは「企業」あるいは「会社」）の状況、広くは産業界・経済社会側の状況が動態的かつ構造的に捉えられなければならないであろう。

　換言すれば、企業を取り巻く環境に、そしてそれに適応する企業に構造的な変革が起こっており、それがキャリアへの不安、不確実性を増大させ、「『キャリア』の多用化とその創造」となって現象化しているのではないか、という問題である。

　そこで、本章では、これら雇用の多様化（キャリアのダイバーシティ化）と職業キャリアの不安定性・不確実性の内実について考察してみよう。

2. 雇用のダイバーシティ化と不安定性

　前述のように、職業キャリアが近年、強調されるようになった根因は、1990年初頭のバブル経済崩壊、その後のいわゆる「失われた10年[注5]」を通じて、さらにその後のグローバリゼーションの進展の中で、① 雇用のダイバーシティ化が進んだこと、② 正規職員あるいは正社員といえども、雇用が保障されなくなったことがその背景にあると考えられる。
　そこでまず、そもそも日本人がどのような職業についているのかを知り、その実態をみよう。
　データとしては、総務省の「労働力調査[注6]」がある。この調査は就業状況、失業者、失業率を把握するため、毎月、実施され、公表されている。そこで、本書執筆直近の2009年7月末時点における日本人の労働（就業等）状況をみよう。
　労働力人口は6,628万人であり、就業者は6,270万人、完全失業者は358万人（千単位の四捨五入の関係で以下、359万人で表示）および非労働力人口は4,421万人となっている（表Ⅰ-2-1参照）。
　「15歳以上」の人口のうち、主婦や学生、高齢者ら仕事に就いておらず、就職活動もしていない個人を「非労働力人口」というが、2009年4-6月平均では4,371万人に達する。
　この「非労働力」人口4,371万人を年齢別にみると、「15～24歳」が703万人、「55～64歳」が561万人、「65歳以上」が2,294万人となっており、若者と高齢者の層に偏りがみられる。通学も職業訓練もしないニートもこの中に含まれる。
　就職希望者のうち約半数が15～34歳である（表Ⅰ-2-2参照。ただし、このデータは、2009年7月末現在ではなく、2009年4-6月平均）。
　無業の個人が就職活動を始めれば「労働力人口」は増える。ただ、職がなければ、失業率は上がる（2009年7月末5.7％）。学生や高齢者ら仕事を探していない人口は3,833万人。うち65歳以上が6割弱を占めている。
　こうした労働力基礎データからも、すなわち、ニートが増え、失業率が高止まりし、非労働高齢者が増え続ける状況からも、なぜ若者キャリアの、そ

して職業キャリアの、さらにはセカンド・シニアキャリアの研究や諸方策が厚生労働省、経済産業省、内閣府、文部科学省等において進められてきたのかを窺い知ることができる。

表Ⅰ－2－1 日本の労働力（2009年7月末現在）

就業状態	男女計 実数(構成比：％)	男 実数(構成比：％)	女 実数(構成比：％)
労働力人口(注A)	6,628 (100.0)	3,848 (58.1)	2,781 (42.0)
(15～64歳)	6,039 (91.1)	3,483 (52.5)	2,556 (38.6)
就業者(注B)	6,270 (94.6)	3,623 (54.7)	2,646 (39.9)
(15～64歳)	5,696 (85.9)	3,272 (49.4)	2,424 (36.6)
自営業主	601 (9.1)	447 (6.7)	154 (2.3)
家族従業者	199 (3.0)	35 (0.5)	163 (2.5)
雇用者	5,444 (82.1)	3,127 (47.2)	2,317 (35.0)
完全失業者(注C)	359 (5.4)	225 (3.4)	134 (2.0)
(15～64歳)	343 (5.2)	211 (3.2)	132 (2.0)
非労働力人口(注D)	4,421 (66.7)	1,492 (22.5)	2,929 (44.2)
(15～64歳)	2,120 (32.0)	621 (9.4)	1,499 (22.6)

出所：総務省「労働力調査」

A：就業者と完全失業者の計。就業している者と、就業していないが、就職活動はしている者（完全失業者）の合計。例えばアルバイトをしている学生、パートで働いている主婦を含む。
B：調査週間中、賃金、給料、諸手当、営業収益、手数料、内職収入など収入（現物収入を含む。）になる仕事を少しでもした人。
C：就業しておらず、かつ就職活動している失業者。
D：就業しておらず、かつ就業の意思のない者「いわゆる専業主婦などの家事、学生（専門学校・専修学校も含む）、定年退職をした高齢者など」の合計。なおニートもここに含まれる。

表Ⅰ－2－2 非労働力人口の年齢別構成（2009年4－6月平均）

年齢区分	人口（万人）（％）
15～24歳	703 (16.1)
25～34歳	262 (6.0)
35～44歳	313 (7.2)
45～54歳	237 (5.2)
55～64歳	561 (12.8)
65歳以上	2,294 (52.5)
総計	4,370 (100.0)

出所：総務省「労働力調査」

さて、労働力人口(2009年7月末)のうち、「雇用者」は5,444万人、82.1％を占めている。ここで、「雇用者」とは、「会社，団体，官公庁又は自営業主や個人家庭に雇われて給料，賃金を得ている者及び会社，団体の役員」であるが、この雇用者はどのような産業(会社)で雇われているのかをみよう(表Ⅰ-2-3参照)。

雇用者が従事している産業は、2005年の統計で「小売」が13.5％、「卸売」が7.8％であり、両者で21.3％を占めている。また、「建設」が8.0％、「情報通信産業」が6.8％と多い。一方、「鉄鋼」、「電気機械」、「輸送機械」は3者合わせても4.4％とウェイトは小さく、漸減の傾向にある(表Ⅰ-2-3参照)。

さらに、2008年7月末と2009年7月末の、すなわち2008年9月のリーマン・ショック後の急激な世界的な金融信用収縮、その後の実体経済の落ち込みをはさんでの期間の「産業別就業者」をみよう(表Ⅰ-2-4参照)。

「金融投機資本主義の崩壊」とも呼ぶべきアメリカ発バブル経済崩壊、そしてそれに連動しての世界的実体経済の大不況下にもかかわらず、雇用については、ほとんど影響を受けていない内需向け産業と直撃的な影響を受け、販売が急減、在庫が急増、早急に生産を縮小し、雇用調整にまで入らざるをえなかった産業がみて取れる。また、内需向け産業であっても、増減する産業があり、日本経済の質的な構造変化が起こっていることが窺われる。

表Ⅰ-2-3　雇用者の基準年別・業種別構成　(単位：万人・％)

業　種	1995(構成比％)	2000(構成比％)	2005(構成比％)
鉄　　　鋼	40 (0.7)	33 (0.6)	30 (0.5)
電気機械(除情報通信機器)	149 (2.7)	135 (2.4)	112 (2.0)
輸　送　機　械	1,058 (1.9)	96 (1.7)	108 (1.9)
建設(除電気通信施設建設)	548 (10.0)	525 (9.4)	450 (8.0)
卸　　　売	474 (8.7)	491 (10.0)	442 (7.8)
小　　　売	695 (12.7)	732 (13.2)	758 (13.5)
運　　　輸	320 (5.9)	304 (8.8)	288 (5.1)
情報通信産業	364 (6.7)	409 (7.4)	378 (6.8)
全　産　業	5,461 (100.0)	5,559 (100.0)	5,598 (100.0)

出所：総務省「労働力調査」

具体的には、雇用者1,000万人を超える「主たる業種」は、1,065万人の「卸売業・小売業」と1,039万人の「製造業」であるが、前者は世界的大不況にもかかわらず、減少していない。ところが、後者は実数で106万人、率で9.3％も減少しているのである。「建設業」（23万人減）、「公務」（18万人減）は単年度のみの事象ではなく、バブル経済崩壊後の継続的な公共事業、公的コストの絞込み、また、「医療・福祉」（36万人増）は、その根底に高齢化がある。これら産業構成の変化、延いては職種の増減は、当該産業に従事する人々の職業キャリアを不安定なものとする。

表Ⅰ－2－4　雇用者の2008.7～2009.7対比業種別増減　（単位：万人）

主たる業種	実　数	対前年同月増減	対前年同月増減率
農業・林業	258	－4	－1.5
建　設　業	520	－23	－4.2
製　造　業	1,039	－106	－9.3
情報通信業	189	3	1.6
運輸業・郵便業	347	3	0.9
卸売業・小売業	1,065	0	0.0
学術研究・専門・技術サービス業	191	－2	－1.0
宿泊業・飲食サービス業	380	13	3.5
生活関連サービス業・娯楽業	250	－2	－0.8
教育・学習支援業	280	6	2.2
医　療・福　祉	622	36	6.1
サービス業(他に分類されないもの)	461	－29	－5.9
公　　務	213	－18	－7.8

出所：総務省「労働力調査」

次に、これら雇用者の雇用形態は、どのように変化してきているのかをみよう。まず、「社員区分」を示そう（図Ⅰ－2－1参照）。

社員は、大きく「直用社員」と「非直用社員」に分かれる。前者はまた、「正社員」と「非正社員」に分かれる。「正社員」はさらに、「総合職」、「一般職」、「技術職」、「専任職」あるいは「専門職」等に分かれる。

1985年の男女雇用機会均等法の制定を機に、いわゆる「コース別人事管理」あるいは「人事管理の複線化」の導入が進んだ。将来の幹部候補（基幹業務）か、補助的業務を担当するかの仕事内容によって「総合職」か、「一般職」

かを選択する。

図Ⅰ-2-1　社員区分（内部労働市場の構造）

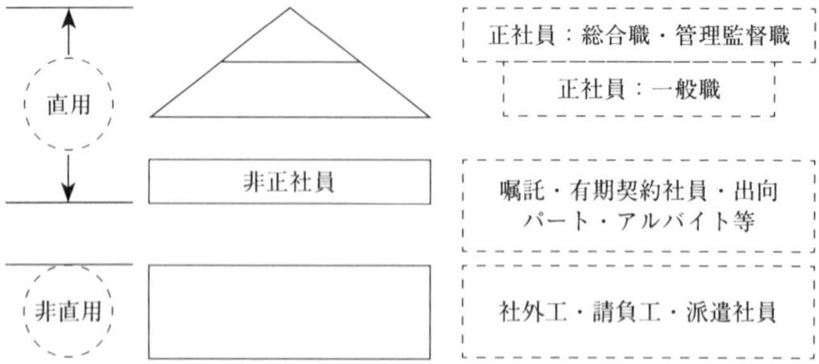

出所：佐野陽子著『ヒューマン・リソース・マネジメント』（日本労働研究機構、1994年）

「総合職」は、世界のどこへでも転勤することを条件とするが、住居の移転を伴う転勤のない一般職と異なり、家庭の事情等で転勤の難しい「総合職」のために、転勤の範囲を一定のエリア内とする「エリア総合職」もある。嘱託、有期契約社員、出向社員、パート、アルバイト等は、期間あるいは時間を限定して働く直用社員である。雇用者に対する企業側の処遇は、「社員区分」によって明らかに異なる。すなわち、企業は「社員区分」によって、それぞれ処遇も異なる人事管理（ヒューマン・リソース・マネジメント、HRM：Human Resource Management）を行っている。

正社員には正社員用の、将来組織の中枢、上層を担う幹部候補生用の処遇と教育訓練プログラムが用意され、非正社員にはそれなりの処遇が用意されている。

1991年のバブル経済崩壊後、日本企業は「過剰債務」、「過剰人員」、「過剰設備」の圧縮に努め、社員についても、「派遣社員」、「パート」、「アルバイト」等の非直用社員の比率を高めてきた。総務庁によると、2007年平均の正規従業員（正社員）数は、3,441万人、非正規従業員数は、1,732万人で、全体の33.5％を占めている（図Ⅰ-2-2参照）。

図Ⅰ-2-2　社員の正規・非正規社員比率

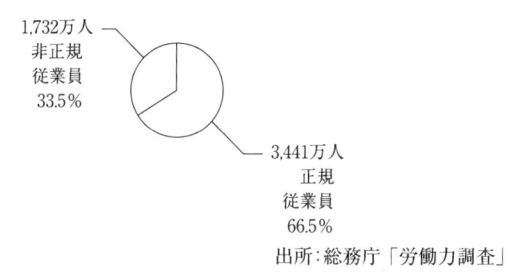

1,732万人
非正規
従業員
33.5%

3,441万人
正規
従業員
66.5%

出所：総務庁「労働力調査」

　この非正規社員比率の増大現象はまた、「労働力のダイバーシティ」といわれる。非正規社員は、多様な雇用形態によって構成されているからである。中村（2000年）は、次のようにいう。

　「…国内労働力のダイバーシティは、住民の文化的異質性の増大、若年労働力不足と高齢化、雇用機会均等法のような法的規制の出現、といった要因から生じている。日本でも国内労働市場がいろいろな意味で変質転換過程にあるが、そのひとつが労働力のダイバーシティ現象である。日本企業の職場も正規常用の従業員だけでなく、派遣労働者、契約社員、季節労働者、パートタイマー、アルバイト、外国人（子会社からの出向者、熟練労働者等）、さらには通信通勤・在宅・サテライト労働等のさまざまな種類から成る混成職場になりつつあることである。正規常用者とそれらの周辺労働力との効率的調整や管理の問題は新たな人的資源管理（ＨＲＭ）の課題である[注7]」。

　それでは、なぜ雇用のダイバーシティ化が進むのであろうか。
　結論からいえば、グローバリゼーションの影響を受けて、日本企業は内外市場での競争力を強めるため、非常なるコスト削減に取り組まざるをえず、雇用も"聖域扱い"にしてはいられなくなったからである。

　そもそも、藻利重隆経営学説（1971）の企業の構造的理解によれば、企業の構造は、対外的・対社会的存在構造と企業の対内的存在構造に分かれる。後者はさらに、経営技術的構造と経営社会的構造に分かれる。教授はこれらの構造およびそれらの相関について、次のように説明している。

「企業の生活能力は経済社会における企業そのものの社会的存在構造のうちに、これを把握せざるをえないであろう。ところで、企業の社会的存在構造は、分れて二つとなる。その第一は企業の対外的・対社会的存在構造であり、第二は企業の対内的存在構造である。前者は企業の生活境遇(Lebenslage)とよばれ、後者は企業の生活態様(Lebensstand)と称せられる。この両者が密接な内面的関連をもっていることはいうまでもない。けだし、生活境遇の変化は、生活態様の変化を要請するであろうし、また、生活境遇の改善は、自律的には、生活態様の改善を通してのみ可能だからである。そして、自律的な企業維持活動が、企業の生活態様の合理的形成を介して、生活境遇をも改善しようとするものであることはいうまでもないであろう。そこで、企業維持活動は、生活境遇の変化に適応しながら、その生活態様を改善し、後者を介して逆に生活境遇の改善をも志向することとなる。したがって、企業維持活動の中心的問題が生活態様の合理化に見出されることは、自ずから明らかであろう。
　ところで、生活態様をとりあげる場合に、われわれは、それがさらに二重の構造において存立するものであることを注意しなければならない。その第一は、人間労働力と物的生産力との生産機能的な組織構造としての経営技術的構造であり、第二は、人間労働力の所有者としての従業者の結合関係をなす経営社会的構造である。前者は端的に商品生産に結びつく生産諸力の機能的構造をなすのであるが、これに対して、後者は、これをその根底において支える非機能的な構造であり、従業者の生産意欲・勤労意欲の母胎をなし、根源をなすものである。ところで、生活態様をとりあげる場合に、われわれは、それがさらに二重の構造において存立するものであることを注意しなければならない[注8]」(図Ⅰ-2-3「企業の構造的理解」参照)。

　近年の企業の「生活境遇」の大きな変化として、グローバリゼーションの進展があり、企業は根本的にその「生活態様」の改善を迫られるようになった。内外の多様なマーケットでは急激に商品ライフサイクルが短縮化(表Ⅰ-2-5参照)し、それに対応するためには、機に応じた生産─マーケティングの革新が要る。研究開発、技術開発には、莫大な資金が要る。
　たとえば、デジタル家電・携帯電話・パソコン・音響・ゲーム等の電子機器製品の生産については、垂直統合型企業戦略(基幹部品の開発から組み立てまで自社で手掛け、高機能機で価格競争に巻き込まれない全社的戦略をいう)を採ってきたが、グローバル・マーケットにあって欧米・台湾・韓国・中国等の企業の「激安製品」が主流になれば、EMS[注9]等を活用する水平

展開型企業戦略を採らざるをえない。

　中国、タイ、インドネシア、マレーシア、ベトナム、バングラデシュ、ミャンマー、インド等新興国の低賃金労働者を雇い、加工され、組み立てられる安価な商品に対抗するためには、国内においても、派遣社員、請負社員、パート、季節労働者、期間工等の非直用社員や非正社員をより前向きに使用せざるをえなくなった。

　こうして、将来の生活に危惧がもたれる労働者の増大によって、キャリアが盛んにいわれるようになってきたのである。

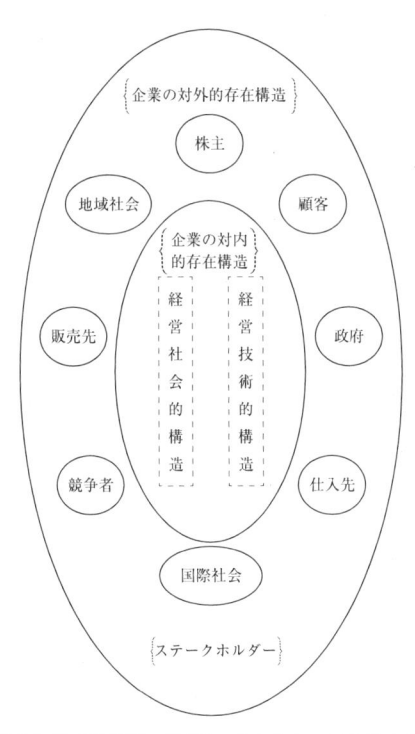

図Ⅰ-2-3　企業の構造的理解

（企業の対外的存在構造）

- 株主
- 顧客
- 地域社会
- 販売先
- 競争者
- 政府
- 仕入先
- 国際社会

企業の対内的存在構造
- 経営社会的構造
- 経営技術的構造

｛ステークホルダー｝

出所：藻利重隆著『経営学の基礎』、森山書店、1971年を参照し作成。

第2章　職業キャリアの危機　　45

表Ⅰ-2-5 新商品開発の短サイクル　　　　　　　(年)

	利益の得られる期間	市場に導入されるまで	研究開発期間
1970〜1979年	10.2	1.5	3.9
1980〜1989年	6.5	1.2	3.4
1990年〜	3.2	0.9	2.6

出所：科学技術庁科学技術政策研究所「研究開発関連政策が及ぼす経済効果の定量的評価方法に関する調査」(1999年)

3. 終身雇用制度の崩壊と職業キャリアの不安定性

　従来、日本企業は、「職業上必要な知識・技術は企業に入ってからの教育訓練で習得する」こととして、採用管理を行ってきた。つまり、将来自社の事業展開に必要な労働の調達である学卒者の採用は、その潜在的能力や性格・意欲を重視、偏差値や学歴、成績、勤怠度を基準に行ってきた。
　必要な職務遂行能力は研修体系表に基づき、計画的に向上が図られる。教育訓練の方法は、OJT (On the Job Training: 職場内研修)、Off-JT (Off the Job Training: 職場外研修―集合研修) および自己啓発であった。そうして、年齢とともに職務遂行能力は向上することを前提に職能資格制度を運用してきた。これまでの労働者の職業キャリアのあり方は、大企業を中心に、長期の比較的安定した雇用が保障される中で、異動、配置転換、昇進・昇格、能力開発等職業生活のあり方も基本的に企業任せであり、労働者は、ピラミッド型の組織内で、昇進・昇格していくことが当然の目標とされてきた(図Ⅰ-2-4、図Ⅰ-2-5参照)。
　他方、学校教育も安定性の高い大企業への採用を目標に、成績・学校による選別がなされ、社会もこうした一律かつ集団的な教育・就職システムや企業内システムを当然のものとしてきた。
　しかし、グローバリゼーション等の労働者、個人を巡る環境変化は、こうした教育・労働を通じて支配してきたシステムを根底から揺るがしている。この結果、職業キャリアは流動的なものとなり、働く人々の不安は募る。
　ある意味では、現在は、過度に集団的なシステムからより個人に配慮する

新たなシステムの構築へ向けての転換期に当たっている。こうした状況を個人のキャリアという視点で捉え直し、整理せざるをえない状況になってきたのである。

図Ⅰ-2-4 キャリア・ステージ例(資格)

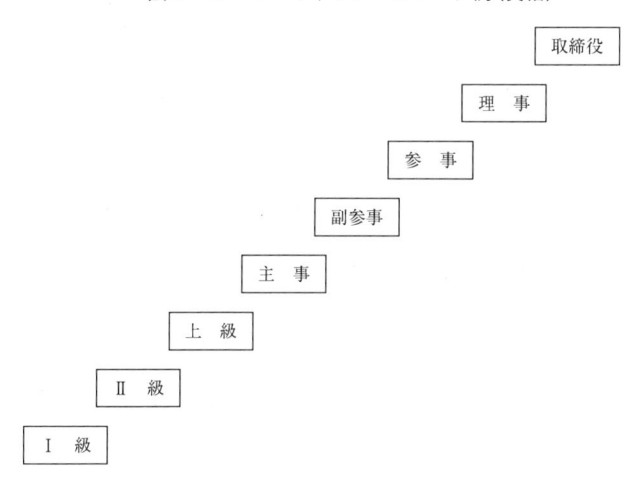

取締役
理事
参事
副参事
主事
上級
Ⅱ級
Ⅰ級

図Ⅰ-2-5 キャリア・ステージ例(職位)

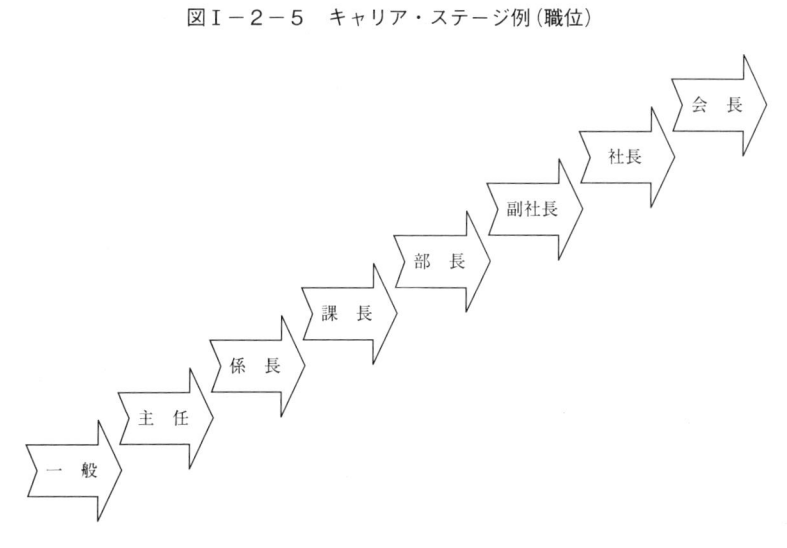

一般 → 主任 → 係長 → 課長 → 部長 → 副社長 → 社長 → 会長

4. 結び

　近年、キャリアに対する関心が高まり、まさにキャリアの時代といってもよいであろう。このキャリアに対する関心の高まりの背景には経済社会の変化があり、その根源はグローバリゼーションの進展にある。

　従来の雇用者のキャリアのあり方は、大企業を中心に、長期の比較的安定した雇用が保障される中、異動、配置転換、昇進・昇格、教育訓練など、基本的に「企業任せ」であった。雇用者のキャリア発達とは、受動的な、ピラミット型の組織内で昇進・昇格していくことであった。

　その職業上に必要な知識・技能は、入社してから、会社の教育研修・訓練を受け習得された。企業側は学卒者の採用に当たって、潜在的能力や性格・意欲を重視し、偏差値や学歴、成績、勤怠度によって採用、評価を行ってきた。他方、学校教育も安定性の高い大手企業への採用を高めることを目標に、成績・学校による切り分けがなされ、社会もこうした一律かつ集団的な教育・就職システムや企業内システムを当然なものとしてきた。

　しかし、グローバリゼーションが進展し、メガ・コンピティションの中にあって日本企業はもはや、年功序列昇進・昇格、年功賃金・終身雇用制度を維持することができなくなった。つまり、業界の再編、事業のリストラクチャリング、事業破綻、生産拠点の移転の変更等に伴い、従来型の雇用慣行を変えざるをえなくなった。また、派遣社員、アルバイト等非正規従業員の拡大、キャリア採用（中途採用）と人財育成の変化、成果主義の導入による関係者の短期指向、組織のフラット化、裁量労働制、フレックス勤務、ワークシェアリング制の導入等組織・仕事の進め方に大きな変化をもたらしている。経営のスピードが重視されつつあり、組織のスリム化、フラット化が進み、企業の部門や職場では、機動性の高いプロジェクト制、チーム制等が採用され、固定的なポストや資格の概念が薄れてきている。

　キャリア発達はポストや資格での上昇を意味するのではなく、どんな能力をどのように活用し、どれぐらいの実績を上げるのかも意味することになった。
　日本は、少子高齢化が進み、規模が大きくならない、成長しない経済社会

となり、もはや基本的に、終身雇用制を維持できない社会となりつつある。これまで、終身雇用制の仕組みを基本に社会システムを設計してきたが、正社員といえどもリストラ対象になり始め、正規社員＝安定雇用ではなくなった。リストラされた人に対する十分なセーフティーネットが整備されておらず、2008年9月の"リーマン・ショック"時の"派遣切り"のようなしわ寄せが続くことが予見されている。リストラの対象にならなかったとしても、正規社員だから給料が上がる、出世する、という時代ではなくなってきている。

[注記]
1. professional/occupational/vocational career：職業上のキャリア。
2. diversity: 相違（difference）。不同（unlikeness）、変化（variety）。本書では、多様性の意。
3. メガコンピティション：megacompetition、世界中の企業が国境や業界を越えて地球的規模で競争を行う状態。大競争。今日の企業間競争はまさに全世界的に行われ、"世界大の競争"あるいは"メガコンピティション"と言われている。15世紀末に始まる大航海時代に対応するイメージがもとになる用語のように思われる。経済競争は一国内、特定産業内にとどまらず、境界を定めず（ボーダレスに）拡大する傾向を表現している。既成の競争相手だけでなく、まったく無関係に思われた産業に属する企業が、まったく新しい発想で参入してくる。多国籍化した企業を中心に世界各地からユニークですぐれた商品やサービスを提供してくる。マーケティングや経営手法も違う。政府の保護政策のもとで温室的経営になじんできた日本企業は、メガコンピティションの激しい波に翻弄されている。しかも、国際基準の適用という未経験のルールで競争しなければならない。日本的経営や産業政策の構造的見直しが叫ばれている理由がここにある。
4. 独立行政法人雇用・能力開発機構 HP（http://www.ehdo.go.jp/index.html）、「キャリア成形について　法政大学・諏訪康雄教授講演」。
5. 筆者らの見解では、1992年2月〜2002年1月。株高、不動産価格の高騰に「酔いしれた」わゆるバブル経済崩壊後、日本経済は規模が大きくならない、成長しない期間が続いた。バブル経済の後始末、後遺症に苦しんだのである。
6. 国民の就業状況、失業者、失業率を世帯、個人の側から調査。
   調査方法：無作為抽出により選定される約4万世帯に住む15歳以上の世帯員（約10万人）。
   調査対象：毎月末日から1週間前までの就業状態等について調査票に記入してもらう。
   調査内容：就業の形態（正社員か、アルバイトか等）、就業時間（含む残業時間）、転職についてなど。
   調査時期：調査開始は1946年9月。統計法による指定統計への指定は1950年4月。なお、2002年に別途承認統計として行われていた労働力調査特別調査と統合された。
7. 小椋康宏編『日本経営学基礎シリーズ5　経営教育論』、学文社、2000年、p.42。

8．藻利重隆著『経営学の基礎』、森山書店、1971年。
9．EMS　Electronics Manufacturing Service。製造業の経営効率を高めるために生まれたビジネスモデルで、電子機器製造における設計、製造に加えて、開発や物流管理までを請け負う受託製造サービス。他メーカーから受注した電子機器の受託生産を専門に行う企業のこと。

［参考文献］

1．日本経営学会編『世界の中の日本企業』［経営学論集第64集］、千倉書房、1994年。
2．日本経営教育学会編『大競争時代の日本の経営』、学文社、1998年。
3．今野浩一郎著『人事管理入門』、日本経済新聞社、1996年。
4．小椋康宏編『経営教育論』、学文社、2000年。
5．林周二著『日本型の情報社会』、東京大学出版会、1987年。
6．奥田健二著『日本型経営の未来』、TBSブリタニカ、1990年。
7．西川潤著『世界経済入門』、岩波書店、1991年。
8．経済企画省総合計画局編『21世紀のサラリーマン社会—激動する日本の労働市場—』、東洋経済新報社、1985年。
9．藻利重隆著『経営学の基礎』、森山書店、1971年
10．村井健祐編著『応用心理学の現在』、北樹出版、2001年。
11．日本キャリア教育学会編『キャリア教育概説』、東洋館出版社、2008年。

column2 日本的経営と職人的キャリア

　日本には他国に比べて、長寿企業あるいは老舗企業が格段に多い。東京商工リサーチの調査（2009年8月12日発表）によると、創業100年を超える長寿企業が全国で2万1,066社に上るという。日本最古の企業は飛鳥時代に設立された寺社建築の金剛組（大阪市）で、1,431年の歴史を誇る。金剛組をはじめ、1,000年を超える企業は8社あった。

　日本経済は、100年に1度の危機に見舞われ、企業倒産も増えているが、東京商工リサーチでは「生き残ってきた企業は身の丈にあった経営や従業員重視など日本型経営の長所がみられる」と分析している。

　創業100年を超える企業（各種法人など含む）は、調査対象の209万6,963社の1％だった。このうち明治以降の創業が81.9％を占めた。地区別では近畿が多く、業種別では卸売業・小売業が9,960社で最多だった。

　最古の金剛組は西暦578（敏達天皇6）年の創業で、聖徳太子が四天王寺建立のため百済から招いた宮大工が始祖という。平成18年に倒産したが、現在は大手建設会社の傘下で再出発している。2番目に古いのは「いけばな」で知られる西暦587（用明2）年創業の池坊華道会（京都市）。705（慶雲2）年創業の旅館経営の西山温泉慶雲館（山梨県）、城崎温泉で旅館を経営する717（養老1）年創業の古まん（兵庫県）が続いた。

　東京商工リサーチは「100年超の長寿企業は家訓や社是に生き残っていくノウハウを持っており、倒産しない理由について今後も調べていきたい。」という。

　今日、日本企業あるいは日本人はグローバリゼーションの波により、まさにグローバルに活動するようになった。世界各地にあって、「日本流・日本式」の遺伝子が残せるのだろうか、通用するのだろうか。短期的な成功ではなく、長期に生き残っていけるであろうか。

　　　　　　　　　長寿企業ベスト10
(1) 金剛組（大阪市）　　　／木造建築工事／ 1431年／
(2) 池坊華道会（京都市）　／生花・茶道教授／ 1422年／
(3) 西山温泉慶雲館（山梨県早川町）／旅館・ホテル／ 1304年／
(4) 古まん（兵庫県豊岡市）／旅館・ホテル／ 1292年／
(5) 善吾楼（石川県小松市）／旅館・ホテル／ 1291年／
(6) 源田紙業（京都市）　　／袋物製造／ 1238年／
(7) 田中伊雅（京都市）　　／宗教用具製造／ 1121年／
(8) ホテル佐勘（仙台市）　／旅館・ホテル／ 1009年／
(9) 朱宮神仏具店（甲府市）／宗教用具小売り／ 985年／
(10) 夏油温泉（岩手県北上市）／旅館・ホテル／ 875年／
　　　　　　　　（2009.8.12　東京商工リサーチ発表。）

第3章　若者の社会的不適応とキャリア創造
―なぜ、キャリア、キャリア創造なのか？　その2―

要旨

　近年、いわば若者の「キャリア発達の中断」ともいえるような問題が生じている。すなわち、ライフキャリアにおける重大な転機である学生キャリアから職業キャリアへのキャリア移行は、すべての人が社会参加の過程（社会化：socialization）として踏破しなければならないことであるが、それが中断、あるいは"ロス[注1]"する状況（社会的不適応）がみられるようになった。引きこもり、不登校、ニート、オタク、フリーター、若者の早期離職等のような事態である。これらの問題の根因は、家庭教育、学校教育、そして社会教育（企業の社員教育等の社会的組織での教育）がそれぞれに個別的で、新しい時代への社会的要請に沿うべき理念、ビジョン・ミッション、戦略・戦術・方法・手法が欠如し、"シームレス（Seamless）"ではないことにある。

　旧世代の人々は、これらの事態に直面して、日本社会の将来に不安を抱き、危機感を持つ。若者の「社会的不適応」は、家庭教育、学校教育に、そして社会に多くの問題があることを示している。

　近年、文部科学省、厚生労働省、大学・学会等は、なぜそうしたことが起こるのかを問題視し、キャリア形成、キャリア発達、キャリア開発、キャリアデザイン、キャリア教育等のキャリア概念でこれらの現象を分析し、これらの深刻な諸問題に対策を取り始めた。

　こうした中、「人間生涯の内的発達プロセス」と「人間生涯の社会的役割の連鎖」との相関研究（キャリア創造上、克服しなければならない発達課題とその克服方法に関する研究）の重要度は増している。

key words
キャリアの中断・ロス　発達課題　人間と社会との関係性　若者の社会的不適応

1. まえがき

　なぜ、キャリアなのか、キャリア創造なのか、の問題にアプローチする視点は、若者側の状況にも向けられるべきであろう。
　今日的な日本人のライフキャリアを鳥瞰する時、すなわち「生まれ出で親に育てられる時期」、「学校に通う時期」、「社会人として職業キャリアを歩む時期」の"繋がり"の現状をみる時、家庭、学校、そして企業等社会的組織へ、という「社会的役割の繋がり」がシームレスになっていない、と感じずにはいられない。換言すれば、ライフキャリアにおける重大な転機である学校キャリアから職業キャリアへのキャリア移行は、すべての人が社会参加の過程として踏破しなければならないことであるが、それが"中断"あるいは"挫折"している状況（社会的不適応）が顕著にみられるようになった。心理的問題を抱え、あまりにも社会化の未熟な子供を受け入れた学校は、不登校、学級崩壊、生活指導に苦しみ、企業は忍耐力のない学卒者の早期離職に悩んでいる。若者が悩み苦しみ、内的発達を遂げることも"心理的キャリア発達（psychological career development）"からみれば、大事なことである。しかし、適切な時期に「社会参加」の過程が自律的かつ意欲的に踏まれなければ、社会にとってもロス（loss: 損失）である。それを円滑に行うためには、まず社会的不適応の状況、すなわち、キャリア未発達の実態を明らかにしていかなければならないことは、明白であろう。
　この「社会的不適応」の状態とは、具体的には、引きこもり、不登校、ニート、オタク、フリーター、若者の早期離職等のような「社会との関係性」が"断たれている"あるいは"極めて薄い"ことをいう。旧世代の人々は、これらの事態に直面して、日本社会の将来に不安を覚える。"何が起こっているのか"、"なぜそうしたことが起こるのか"、問題視せざるをえない。こうした事態に直面してクローズアップ（close up）されてきた概念が、キャリア教育、キャリア支援（career support）、キャリア・カウンセリング（career counseling）(注2)等に外ならない。これらキャリア概念を要請した若者側の問題を考察することにより、なぜ、今、キャリアなのか、キャリア創造なのか、の問題を考えてみよう。

2. 人間発達のプロセスと若者の社会的不適応

　前述のように、不登校、引きこもり、ニート、フリーター、また新入社員の早期離職が増えている。これらの事象は、キャリア創造の視点からいえば、キャリアの挫折、機会の逸失、あるいは職業能力蓄積過程における中断の状態と考えられる。

　少子高齢化が進み、グローバリゼーション（globalization）、ICT（Information Communication Technology）化、環境破壊等が進展する今後の経済社会を担うべき若者の減少が心配されている中、こうした状況は深刻な問題として捉えられなければならない。これらの問題の原因は何か、は若者の側に、また社会の側にもあろうが、ここでは、前者の若者のキャリア発達の未熟を現代社会の人間が年齢を重ねる毎に、どのように成長、発達していくのかを素描することにより考えてみる。

　人間の発達段階区分としては諸説がある。一般には、「幼年期0〜4歳」、「少年期5〜14歳」、「青年期15〜24歳」、「壮年期25〜44歳」、「中年期45〜64歳」、「高年期65歳〜」という区分が採られている。本章では、主に学校キャリアを問題にしていることから、学校種別を考慮して下記のように一応の区分を示す（論述上、適宜に年齢区分を変更することがある）。

- 「Ⅰ．乳児期〜Ⅲ．学童期」は、年齢が「0歳〜12歳未満」までで、保育園（厚生労働省所管）・幼稚園（文部科学省所管）・小学校の生活において"社会との関係性"が磨かれる時期である。
- 「Ⅳ．少年期」は、年齢が「12歳〜18歳未満」の時期をいう。中学校・高等学校において、今ではごく一部の生徒となったが、企業、そして大多数は専門学校・短期大学・大学という社会との関係性を模索する時期といえる。
- 「Ⅴ．青年期」は、年齢が「18歳〜25歳未満」の時期をいう。約半数（2008年度52％）が、大学に進学し、卒業後には企業等の社会的組織（家業を継ぐ「自営」を含む）に就職する。一部の学生はさらに大学院に

進学する。そして社会人としての生活がスタートとして"間もない"時期で、後述するキャリアの転機─若者の早期離職─が問題となる時期に当たる。

- 「Ⅵ．壮年期」は、年齢が「25歳〜45歳未満」をいう。企業等の社会的組織にあって仕事にかかる知識・技術を深め、磨き、管理職(manager)を目ざす時期であり、「初級管理者(lower manager)」、「中間管理者(middle manager)」を担う年代である。また結婚をし、家庭を築く時期である。子供を養い、自分の子供に対する家庭教育を行う時期である。
- 「Ⅶ．中年期」は、年齢が「45歳〜65歳未満」をいう。企業等の社会的組織にあってその中枢を担い、また役員(executive, top management, officer, supervisor)に昇進できるかどうか、の人間の全人的な見識、管理能力、戦略策定能力、これまでの実績等が総合的に問われる責任の重い時期である。また、一組織に留まらず、業界団体の役員等社会的な務めも果たす。
- 「Ⅷ．高年期」は、年齢が「65歳〜」をいう。「定年」で退職し、"第二の人生(second senior career, advanced career)"を模索する余生の時期である。

Ⅰ．乳児期（0歳〜1歳未満）
Ⅱ．幼児期（1歳〜6歳未満）
Ⅲ．学童期（6歳〜12歳未満）
Ⅳ．少年期（12歳〜18歳未満）
Ⅴ．青年期（18歳〜25歳未満）
Ⅵ．壮年期（25歳〜45歳未満）
Ⅶ．中年期（45歳〜65歳未満）
Ⅷ．高年期（65歳〜　　　　）

さて、前述のようにキャリア発達課題、すなわち特に引きこもり、不登校、ニート、オタク、フリーター等のようなキャリア移行での新たなキャリア創

造上問題となる事態を分析する場合、上述のような外形的発達とともに、内面的キャリア発達の状況をみなければならない。

　人間は、この世に生まれ出て家族の一員となるが、他の動物と同じに一人では生きられない。上述のように、「乳児期（0〜1歳未満）」から「幼児期（1〜6歳未満）」を経て「学童期（6〜12歳未満）」までは、「幼少期」といわれるが、この家庭生活（家庭教育）と学校生活（学校教育）が併行する時期にあって、なぜ「不登校」や「引きこもり」といったことが起こるのか。

　人間の発達段階のそれぞれの時期には、その時期に見合った知識や態度、行動の型を身に付けていかなければ、「社会的不適応」の状態になる。本書の問題意識からは、「キャリア発達に、支障をきたしている、頓挫している、挫折している、あるいは中断している」という状態である。

　幼少期には幼少期なりの、青少年期には青少年期なりの課題があり、それを適切な時期に克服しておかなければ、それ以後の心身の発達にとって重要な影響がある。もし、その課題の達成が十分でなければ、次の時期での適応が困難となるような課題は、「発達課題（developmental task）」といわれる。

　以下に、各人間発達ステージの発達課題を箇条書きしておこう(注3)。

(1) 乳児期
　① 母親の愛情に包まれ、母親との基本的信頼感が確立される。
　② 母親との交流を通じて、愛情欲求、依存欲求が満たされる。

(2) 幼児期
　① 歩行能力、言語応答力が発達する。
　②「離乳」が始まることにより、「自律性」が養われる。
　③「トイレのトレーニング」により、自力で「排便」、「排尿」ができるようになる。
　④ 自我が芽生える。

　この幼児期には、通例、親の「躾(注4)」が始まり、一層の自律感の発達を促す。

親の躾が厳しすぎると、「劣等感」、「嫌悪感」、「欲求不満」を、弟や妹ができると「嫉妬心」を抱くことがある。3～6歳になると、両親と子供との関係のなかで「愛情」や「敵意」を体験しながら、「一体感」を強め、両親への愛情を深める。親からの「愛情欠乏」は、思春期以後の将来において様々な「問題行動」や「葛藤」として表れることがある。

(3) 学童期
① この6～12歳までの学童期には、学校での集団生活を体験することにより、親離れがすすみ、生活の行動範囲が広くなる。
② 多様な考え方や価値観をもつことができ、様々な性格が基礎づけられる。
③ 親、兄弟、友人、教師から正当な愛情を受けていると、他の人に対しても愛情を与えることができるようになる。

保育園は0歳児からあるが、一般的に学校教育は6歳児から始まる｛早生まれ(1/1～4/1)の子供は6歳になる年に、遅生まれの子供(4/2～12/31)は7歳になる年の4月入学になる｝。小学校は日本では6年間であり、親、兄弟、友人、先生等周囲から十分な愛情が得られず「劣等感」を抱いたり、いじめられたり、不登校に陥ったりすることがある。

また、親から自立することに不安や葛藤が生じるとストレスとして働き、学業や友人関係に困難をきたす。さらに、学校生活での友人関係や勉学が負担となり、朝、学校に行こうとすると頭痛や腹痛がおこり、自宅に引きこもることがある。

さらに、友人等との人間関係や社会的関係を断って、社会的認知度が高くない趣味に傾倒する「オタク」になってしまう。

図Ⅰ-3　外形的キャリア発達ステージ

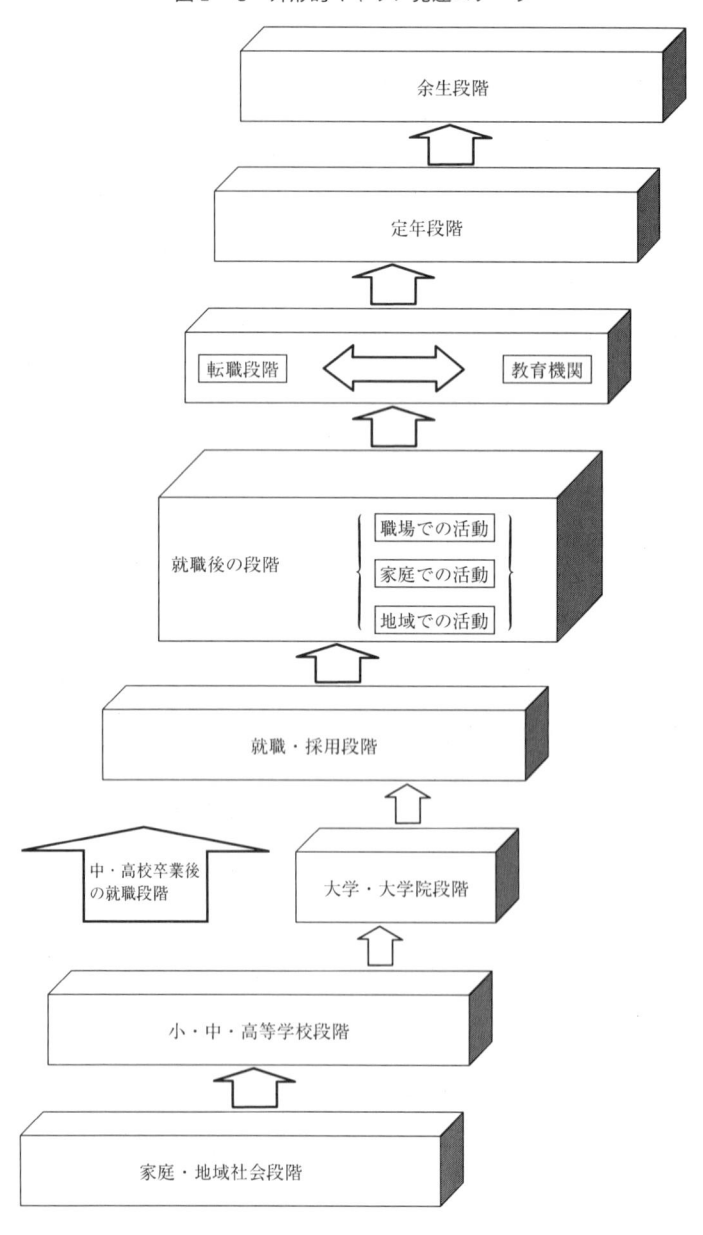

- 余生段階
- 定年段階
- 転職段階 ⇔ 教育機関
- 就職後の段階
  - 職場での活動
  - 家庭での活動
  - 地域での活動
- 就職・採用段階
- 中・高校卒業後の就職段階
- 大学・大学院段階
- 小・中・高等学校段階
- 家庭・地域社会段階

さて、学校キャリアの発達過程において、それが円滑に行われない事態の最たるものが、上述の不登校と引きこもりであろう。

文部科学省は、不登校の児童生徒を「何らかの心理的、情緒的、身体的あるいは社会的要因・背景により、登校しない、あるいはしたくともできない状況にあるため年間30日以上欠席した者のうち、病気や経済的な理由による者を除いたもの」と定義している。同省調べの2005年データをみると、小学校では22,709人、不登校比率0.32％と少ないものの、中学校では99,546人、不登校比率2.75％と約10万人、3％となっている（表Ⅰ-3-1参照）。不登校の生徒数は、小学校から中学校までは学年が進むにつれて増加し、中学校3年生が最多である。一方、高等学校では、不登校になった生徒は中途退学や留年するケースが増えるせいか、学年が進むにつれて減少している。さて、問題は、なぜ不登校になったのか、その起因（きっかけ）は何か、である（表Ⅰ-3-2参照）。

表Ⅰ-3-1　不登校生徒数（2005年）

学校種別	生徒数（A）	不登校生徒数（B）	不登校比率（B／A）
小学校	7,197,458人	22,709人	0.32%
中学校	3,626,415人	99,546人	2.75%
高等学校	3,596,820人	59,419人	1.65%

出所：文部科学省

表Ⅰ-3-2　不登校の起因　　　　　　　　（単位：人）

区分	小学校	中学校	高等学校
学校生活に起因	4,803（21.2%）	38,835（39.0%）	24,248（40.8%）
家庭生活に起因	6,193（27.3%）	16,140（16.2%）	5,836（9.8%）
本人の問題に起因	8,272（36.4%）	36,870（37.0%）	22,735（38.3%）
その他	2,048（9.0%）	3,126（3.1%）	3,330（5.6%）
不明	1,393（6.1%）	4,575（4.6%）	3,271（5.5%）
合計	22,709（100.0%）	99,546（100.0%）	59,419（100.0%）

出所：文部科学省

不登校の起因（きっかけ）については、文部科学省の調べによれば、「学校生活に起因（友人関係、教師との関係、学業不振、進路に係る不安、クラブ活動・部活動への不適応、入学・転編入学・進級時の不適応、学校のきまり等をめぐる問題、他）」は、小学校、中学校、高等学校と高学年になるほど、比較的に高い割合となる傾向がみられる。一方、「家庭生活に起因（家庭の生活環境の急激な変化、親子関係をめぐる問題、家庭内の不和、他）は、小学校、中学校、高等学校と高学年になるほど、減少する傾向にある。また、「本人の問題に起因（病気、その他本人に関わる問題）」は、小学校、中学校、高等学校ともに、30％台後半の割合となっている。さらに、この傾向を学校種別に換言すれば、不登校の起因は小学生と中高生とでは異なり、中学校では、友人、教師との関係や学業不振等「学校生活に起因」が最も高い割合を占めているのに対して、小学校では病気など「本人の問題に起因」が高くなっている。

(4)少年期・(5)青年期
「青少年」という言葉に表れているように、「青年期」を何歳から何歳までと区切ることは、それほど重要なことではない。「青年期」の特徴が表れてくる年齢は、時代・民族・文化・気候・風土により、また個人の素質・性・環境によっても異なるからである。本書では、「少年期」を「12歳から18歳未満」、「青年期」を「18歳から25歳未満」としているが、これは「進学」か「高校卒での就職」かの志向が次第に分かれる大学入学年齢から、「大学卒」で就職し、職業キャリアを積んでいく2～3年の段階というキャリア転機の年齢を想定しているためである。そして、この「青少年期」は、職業キャリア創造の重要な時期であることはいうまでもない。したがって、高等学校の「公民」科目でも、この期の発達課題は教育の重点として教えられており、ここでその"振り返り"をしてみよう[注5]。

　20世紀以前の社会では、性ホルモンや副腎皮質ホルモンの分泌がさかんになり、性的特徴が表れてくる（「第二次特徴」）と、大人になるための儀式が行われ、大人の仲間入りが許された。このような社会では、現代のような青

年期はなかったか、あっても極めて短かった。しかし、20世紀中頃には工業化が進展し、工場内分業から、企業内分業、産業内分業、そして社会的分業へと社会が複雑に多様化するにつれて、「青年期」は長くなった。大人になるために習得する知識や技術も多くなり、教育期間も長期化し、経済的自立にも時間がかかるようになった。こうした現代社会における「青年期」の発達心理学的特徴は、次のようである。

① 身体の成長・変化に対応しなければならなくなる。
　少年期から青年期にかけては、身長や体重が急に増加する。男子は女子よりも増加の時期は遅れるが、その増加量は著しく、やがて女子を上回るようになる。身体と運動機能の急な発達と同時に自己意識の高まりによって、人前ではぎこちない不器用な動作をしたり、揚がったりしやすい。自分の容姿や性的成熟を気にする傾向も強くなる。

② 精神的に自立して、自分らしい自分をつくりあげる。
　青年期は、「第二の誕生」の時期と言われる。自分の長所・短所を客観的に"振り返り"、友人等社会との"かかわり"を重ねていくうちに、自分のものの見方・考え方、行動様式が徐々に形成されてくる。

③ 親や家族への依存から離れて、精神的に独立する（心理的離乳）。
　いつまでも「子供扱い」されたくない、自分で物事を決め、行動したいと思う青年と未だ「一人前」に扱えないと思う親との間に葛藤を起こすことがある。

④ 社会性の拡がりとともに同性・異性との交流関係が多くなる。
　互いに生きる上での苦しみ、悩みを打ち明け、ともに語り合い、共感してほしい親友や恋人を求めるようになる。

さて、キャリアを人間の発達段階、しかもその内的成長段階からみようとする時、「自己形成」のプロセスには、「個性化」と「社会化」の二つの面があり、両者は時に矛盾するということに留意しなければならない。つまり、他人と違った自分の個性（特徴）（「職業キャリア創造論」からいえば、「適性」）を自覚し、それを伸ばしたり発揮したりする面（個性化）と社会の秩序・

ルールを尊重・順守し、他人から、周囲の人々から認められるような意識変容・行動変容・行動習慣化する面(社会化)である。この矛盾する葛藤の中で、人間は自分なりの個性化と社会化を止揚し、生活している。

　本書が問題としているキャリア創造についても、個性化と社会化は基本的な概念である。重要なことは、「自分を活かすためにこそ、何が社会的に認められ、何が他の人々から、社会から期待されているのか、要請されているのかを学ぶ」必要がある、ということである。

　"マイ・キャリアプラン(my career plan)が未定で未見の我"である若者は、こうした自己形成のプロセスで、"このような自分でありたい"あるいは"このような自分になりたい"という理想的自我と、現実的自我の狭間で悩むことがある。

　筆者らも、毎年多くの学生にキャリア・コンサルティングをしているが、中には、「理想の自分」と「現実の自分」がいて、「現実の自分」が何かを機に許せなくなる者もいた。

　自分を客観的対象として振り返り、自分の内面に目を向ける若者の心理がそうさせる。自分をながめた時、"希望と絶望"、"優越感と劣等感"、"利己と利他"、"熱狂と放心"等が複雑に入り交じり、本当の自分は何か、分からなくなってしまう。

　なお、青年期を30代前半までとった場合、35歳から49歳ころまでを「壮年」と呼ぶこともある。「壮年」とは成人としてもっとも体力、気力が充実しているとされる時期である。伝統的には「青年期」を終えた「25歳〜44歳」を指す。働き盛りとして社会の中枢を担うようになり、身体の無理もきくことから不摂生をしがちとなる。運動が不足がちになり、過重労働から身体を壊すこともある。組織の論理と個人の論理がぶつかり合い、ストレスがたまることも多い。

3. 学校キャリアから職業キャリアへ

　学校キャリアから職業キャリアへのキャリア転機こそ、キャリアにおける重大な時期であり、本書が特にキャリア創造という言葉を使う所以の時期で

ある。多数の引きこもり、不登校、ニート等を問題としてきたが、大学に入った学生についても、キャリア創造の視点からみれば、偏差値至上主義の大学受験、大学入学後の「燃え尽き症候群」等、"問題山積"といえるだろう。

　ところで、生徒や学生が職業に就くための条件は、明治期以降の近代化の過程で「能力本位」となり、出身階級、家柄、親の財産等はほとんど関係がなくなった。その能力の端的な尺度は、どんな学校で何を学んだか、となった(注6)。したがって、家が貧しくとも、良い学校を卒業して良い職業に就き、高い社会的地位を得ることは、人々（親たち）の念願となった。戦後の1960年代〜1970年代の高度経済成長期を経て、生活水準が向上するとともに、この傾向は増長された。

　今日、日本の義務教育（小学校・中学校）後の教育機関である高等学校、そして大学・大学院における若者のキャリア移行はどのようであろうか。まず、高等学校卒業者の場合をみよう。

　日本の高校卒業生の就職は、3年生の9月16日の採用選考開始が文部科学省および厚生労働省によって定められている。高校生への求人はまずハローワークで確認を受け、これを高等学校に届けてはじめて就職希望者に届く。高校生は学校に届けられた求人から応募先を選び、「一人一社」の原則で学校推薦を受けて受験し、内定に至っていた。近年の内定状況をみると、最も求人の多かった1992年には約7割の生徒が9月末に一社のみの応募で内定していたが、厳しかった2003年には約3割にとどまった。内定が出なければ次の推薦も受けられるが、不況時には求人も少なく、応募できる企業がないという事態も起こる。そうした生徒の中には、就職希望を取り下げ、フリーターになる者もいた。

　こうした画一的、硬直的な高等学校のキャリア指導も、高等学校卒業者の大学進学率の高まり、価値観の変容、産業社会の構造変化等によって、ミスマッチ問題を抱えている。

　次に、大学生の職業キャリアへの移行をみてみよう。

　大学生の進路には、「進学」と「就職」がある。後者には、「公務員」、「民間企業」、「自営」等があり、高校生と違い、自らの志望に基づき就職活動を行う。

第3章　若者の社会的不適応とキャリア創造

これまでは、大学入学に際して激しい競争があり、学生は可能な限り有名大学に進学したいという強い動機に基づいて受験勉強をする。しかし、将来どのような自分を実現するかという明確なキャリアプランをもって大学・学部を選択する者は少なかった。一流の大学に入学すれば、一流の企業に就職できることがほぼ保障されており、その枠組の中で文系か理系か、有名大学か否かなど、学力や経済状況、親や教師の意向などによって選択していた。また、当時は、経営規模が大きく一流であるほど給料が高く、社会的認知度も高かった。そこで就職し、出世することは成功者として周囲に認められ賞賛される。一流大学に入学して一流企業に就職することは、誰もが望むキャリアであった。

　望む企業に入社すれば、組織の方針に沿って、求められる人財になることをコミットメント（commitment: 約束）して実績を上げ、出世競争に勝ち抜く。ところが、重大な社会的問題を起こす、あるいは私的なことで問題を起こすと、組織内でのキャリア発達も覚束ない。時には、辞表を書かざるをえない。あるいは、勤務地を変更させられたり、関連会社に転属させられたりする。

　この日本的な学歴偏重、また企業側からいえば、「学卒者（新卒者）」採用への傾注意識・行動は、日本の歴史的、文化的、および社会的なエートス[注7]から説明されなければ理解することは難しい。戦後間もなくの研究であるが、アベグレン（James C.Abegglen）は、次のように日本的慣行を見抜いた[注8]。

　「日本の大企業は、原則として全従業員を新卒時より直接採用している。彼らは、特定の技術のためや特定の仕事を担当させるために雇用されるというよりは、むしろその人々の社会的背景、特色および教育が企業にとって望ましく、役立つためである。同様に新入社員は、特定の地位や給料に魅力を感じて仕事の提供者を選択するのではなく、企業が自分の参加する集団として望ましいからである。（中略）
　｛この日本的な（引用者挿入）｝雇用問題、給与体系とその変化の問題に関係しているのは、日本の労働力の教育水準である。雇用パターンから明らかなように、学歴がその人の生涯の経歴｛"キャリア"（引用者挿入）｝をほとんどすべて決定している。企業に参加する前に修得した教育の量によって、給与と昇進の機会が決定される。
　（中略）。日本の従業員はあらゆる階層を通じて教育水準が高い。1956年当時も労働力全体の教育水準は高かったが、その後10年間の発展によってさらに向上している。少なくとも高等学校の教育を受けた労働者の割合は、急激に増大している。し

たがって日本の実業界が正式の教育を強調し、これに伴って規律、技術知識および労働力の適応性を重視していることが、日本の産業化を成功させ、現在の経済発展をもたらした主要な原因であると結論することができる」。

さらに、この日本的慣行はややこしいことに「見えざる原則」によっている。山本七平氏は、次のように日本的慣行の本質を洞察している[注9]。

「…日本に相当に詳しい外国人から『日本は終身雇用制度だそうですが、どういう雇用契約を結ぶのですか。』という質問を受けたときである。私はこれに答ええない。
　日本は、確かに終身雇用を原則としており、それなるがゆえに人びとは、一流企業を目ざし、そのために一流大学を目ざす。年功序列制か能力序列制(?)かを云々したところで、それはあくまでも一企業もしくは一企業群という枠内の昇進の問題であって、この論議自体が終身雇用を前提とした議論である。
　では、入社のとき『終身雇用契約』を会社とのあいだに結ぶのであろうか。もちろんそんなものは存在しない。だいいち、その採用に際して『終身雇用制でと社会に向かって表明している以上、入社の際に、終身雇用契約を締結するのが当然だ。』といえば、はじめから採用されないか、採用取消しになるであろうということを、すべての人が『見えざる原則』によって知っている。
　したがって、前記の問いに対しては、『終身雇用制ですが、終身雇用契約などはありません。そんな契約を結んでくれと言ったら、どの会社からも採用されず、その人自身が終身雇用制から除外されるでしょう。』という以外にない。
　さらに質問者が、『理解できません。終身雇用制だと言いながら、終身雇用契約をしてくれと言ったら終身雇用制から除外されるとは──。いったいそれはどういうことなのか説明してください。』と言えば、こちらは立ち往生するか、『その質問に答える用意は何もない。』と言うか、そのいずれかである。
　だが、こういうことを奇妙と言ったら、日本の社会全体が奇妙であり、その奇妙の弊害を論じていること自体がまた奇妙なのである。
　まず、何かの拍子で、ある局面が取り上げられる。最近では、子供の自殺だが、それはべつに急激に増加したわけでもなければ、戦後の特徴でもない。また世界各国と比較して、日本が特に多いというわけでもない。だがそれがすぐさま教育問題、大学入試、偏差値と結びつけられ、何かが『諸悪の根源』ときめつけられ、それさえ切除すればこの問題はすぐ片づくように言われる。はたしてそうであろうか。
　その局部を考えれば、万事解決するのであろうか。もちろん、そんなことはありえない。その背後には人びとが一流大学を目ざすという現実があり、その現実の背

後には、それを出れば一流企業、終身雇用、年功序列という、最も有利な位置に進みうる可能性があるからに外ならない。

そして、そこにはいってしまえば、なんらかの事故でも起こさない限り、一流企業の社員という社会的序列から転落することはない。いわば下限が保障され、同時に将来への可能性も保証されている位置である。

これは、リスク皆無の賭けのようなもの、言いかえれば『買戻し条件つき宝くじ』のようなものである。たとえはずれても『一流大学卒』への投資は必ず返ってくると人びとが信じており、この信仰が事実で裏づけられている限り、人びとが『買戻し条件つき宝くじ』に殺到するのは当然である。

この殺到は当然に犠牲者を生む。新聞はそれを批判する。しかし新聞社にいてその批判ができる位置にまで昇るには、まず入社しなければならず、入社するには一流大学にはいらなければならない。となれば、殺到を批判しうる位置に昇るためにまず殺到しなければならない、という矛盾を生じてしまうのである。

いったい、この背後にあるものは何であろうか。それは『年功序列』である。それは、企業ではじまるのではなく、当然のことだが大学ですでにはじまっている。

入社ならぬ入学をすれば、外国の大学のように不適格として排除される心配はなく、卒業という停年まで、必ず在学できる。そして単位制度があっても、進級は結局『年』と『功＝成績』であり、その積み重ねで卒業すれば『大卒』という『社会的序列』にはいる。そしてこの『序列』にはいってはじめて、一流企業の『年功序列』に加入できる資格を得るわけである。

ここにある原則はすでに『功』すなわち成績もしくは業績が、ある種の『序列』に転化するということである。そして、会社における能力主義もまた、『年の功』すなわち経験の蓄積という『功』と、それによらぬ才能に基づく『功』とを、その『序列転化』においてどう評価するかという問題だけであって、『功』が『序列』に転化するという基本には何の変更もない」。

山本七平氏の「見えない原則」（本書の文脈からは、日本人のキャリア発達の原則となるが）、「一流大学→一流企業」という信奉がなぜ根強いのか、を説明する"暗黙の出世原則"についての引用が長くなってしまった。これは、山本氏の洞察、卓見は今も厳然と保持されている、と筆者らは考えているからである。ただ、上述のようなキャリアへの願望は、日本社会に根強く残存してはいるものの、少しずつ変容していることも確かであろう。

一つは第２章で述べたように、グローバリゼーション、ICT化、国内市

場の成熟化、産業構造のサービス化等の環境変化によって、企業は、革新的な研究開発、技術開発、経営戦略、限界的コスト削減、顧客の心理変容を促すマーケティング力等、全社一丸となってビジネスモデルの改革とリストラクチャリング(資産の再構築)に絶えず注力せざるを得なくなった。

　このことは当然ながら、その人事管理をも変容させる。例えば、新規事業に取り組む場合、社内の人財では間に合わない。その新規事業を立ち上げられる専門的能力をもった人財が必要となり、外部からキャリア採用(中途採用)せざるをえない、であろう。

　新卒者についても、優秀ではあるが、"指示待ち人間"、"打算的な人間"では通用しなくなるであろう。

　2006年2月、経済産業省は、企業の人財ニーズを把握するため、採用や人財育成において重視する能力について、約2,700社を対象としたアンケート調査を行った。その結果、企業規模に関わらず、「主体性」、「実行力」、「創造力」が高い割合で求められている一方、現在の若手社員は「主体性」や「課題発見力」に不足が見られる、との意見が多かった。また、大企業では、「働きかけ力」、「課題発見力」、「発信力」、「柔軟性」がより高く求められる傾向が見られることが分かった。さらに、「働きかけ力」、「課題発見力」、「ストレスコントロール力」については、企業が求める能力と若手社員の能力との間に大きなギャップが生じており、特に、中堅・中小企業の方が相対的に大きなギャップを感じていることが分かった。

　二つは、若者側の就業観、職業観、価値観の変質である。社歴の古い企業では特に、若者は組織の低序列の中で長い間、"扱き使われる"ことは想像にかたくない。"寄らば大樹の陰"的キャリア志向ではなく、マイ・キャリア志向の若者の台頭である。

　次に大学院卒の職業キャリアへの移行をみてみよう。

　政府(文部科学省)は、1991年度から10年間で大学院生を倍増する計画を進めてきた。大学院生の増加傾向は10年後以降も続いている。すなわち、1991年度に9万9,000人弱だった大学院在学者数は、2000年度に20万5,000人、2008年度には26万3,000人弱と、1991年度の2.65倍に増えた。国には、大学研

究者だけでなく、企業などで活躍できる専門知識を備えた"最高級人財"を育成しようという狙いがあった。

しかしながら、大学院研究科の種別にもよるが、大学院修士・博士課程修了者の職業キャリアへの移行は、安定的な就職先が見つからず、フリーター化している人たちが増えているのが実態である。就職できず、できても期間限定という不安定な状態でしか仕事ができない人たちが増えている。

博士の学位を取った後、任期付き等の安定的でない研究職に携わる人に限ったいわゆる「ポスドク」だけでも約1万7,000人、さらに「隠れポスドク」が相当数いるとみられる。専門職大学院(注10)についても、例えば弁護士育成の法科大学院も増設されたが、早くも定員の大幅削減が論議されている。

この実態の背景には、日本企業の場合、文系大学院(人文科学研究科・社会科学研究科等)修了者を積極的に活用しようとしない、という風土が根底にある。日本の経営者は、約6割が"内部昇進=叩き上げ"である。経営大学院(business school)卒が多くを占めるアメリカとは全く異なる。大学院の在り方が全く違うわけである。ただ、大きな流れとしては、徐々にではあるが、文系大学院修了者(修士)についても企業での採用が増加してきている。今後、グローバリゼーション、高度情報化、文化的価値消費社会、地球環境問題対応等々、基礎研究・応用研究・実用化研究の併行的研究(ドリブン方式)により、研究の迅速化を進めなければならないことはいうまでもない。したがって、大学院修了者のキャリア移行の重要度も増すであろう。

そうした背景から、学生数が減少傾向にある大学院でも、社会人学生の割合が増えている。長引く不況で専門知識などの"一芸"を身につけたい社会人と、少子化で社会人に照準を合わせ始めた大学院の狙いが一致してきた事情がある。文部科学省の学校基本調査によると、社会人大学院生は2003年度の「専門職大学院」制度開始を機に大幅に増加。2008年度には全大学院生に占める割合は約20%(退職者、主婦を含む)と過去最高になった。

終身雇用制の崩壊でキャリア創造を考える社会人が大学院を目指している、とみられる。大学側の環境整備も進んでいる。昼夜と土日、インターネットを組み合わせて社会人学生の授業時間を確保したり、通常2年の修業年限にも幅を持たせたりする等の工夫である。2005年度に設立されたMOT(技術

経営：Management Of Technology）分野の大学院の中には、働きながら集中的に学べる1年制を採用しているところもある。

なお、日本における大学院の現状については、外国人留学生抜きには語れないようになってきていることから、若干の加筆をしておきたい。

1983年、当時の中曽根内閣は、"外国人留学生受け入れ10万人計画"を策定した。日本学生支援機構による[注11]と、各年5月1日現在での留学生数は2008年がピークの12万3,829人で、2000年比、約2倍となった。うち、大学・短期大学・高等専門学校生はピークの2005年からほぼ横ばいの6万3,175人であるが、大学院生は3万2,666人に増えてきている。その59％が中国からの留学生である。

1978年以来、「改革・開放政策」に転じ、漸くにして経済成長期に入った中国では、企業に限らず公的組織の規模も拡大してきた。中でも、大学はまさに"成長産業"であった。"一人っ子"を何としても大学に入れたい、というのが親の気持ちであった。新聞等の報道によれば、2009年の大学新卒者は2000年比、約6倍以上の610万人で、うち160万前後が職に就けなかった、と報じられている。基底的には、日本の「技術力」と「距離的な近さ」が留学先としての魅力であろうが、日本での就職を望む留学生は約7割程度との推計もあり、中国内での大学定員急増と大卒求人数の相対的低下がその背景にある。グローバリゼーションの進展する中、日本企業の海外進出も盛んとなり、日本と海外拠点を結ぶ優秀な外国人人財の採用も増えてきている。日本人のキャリア発達も今後、国際的影響を受けざるをえなくなってきている。

4. 若者の職業キャリアの中断
－若者はなぜ3年で辞めるのか？－

中学校、高等学校、あるいは大学の卒業者は、企業等社会的組織に能力・適性を認められ、就職戦線に勝ち抜き、社会人としての第一歩を踏み出す。彼らにとって、重大なキャリアの転機である。しかし、就職後1～3年のうちに離職（退職）してしまう人が多い。この事象は、キャリアの挫折、ある

いはキャリアの危機として捉えられなければならないであろう。問題は、"なぜ早期に離職してしまうのか"である。まず、実態（データ）をみよう。厚生労働省による(注12)と、「新規学卒就職者の在職期間３年以内離職率」は、次のような実態となっている。

中学2000年3月卒………73.0%
高校2001年3月卒………48.9%
短大2001年3月卒………42.3%
大学2001年3月卒………34.3%

　特に、大学卒についていえば、1987年３月卒から1994年３月卒まで（７期）は20％台で推移してきたものが、1995年３月卒から2001年３月卒まで（同じく７期）は、30％台に高まってきている。長期にわたって30％台で高止まりしていることから、一過性の事象ではないことが分かる。厚生労働省の直近のデータによれば、2005年３月卒も35.9％と、３人に１人が入社して３年以内に辞めており、こうした状況に、経営者は危機感を強めている。（表Ⅰ－３－３、表Ⅰ－３－４、表Ⅰ－３－５、表Ⅰ－３－６参照。）
　問題は前述のように、"なぜ若者は早期に離職してしまうのか"であるが、城繁幸著『若者はなぜ３年で辞めるのか？―年功序列が奪う日本の未来―』（光文社、2006年）には、次のように書かれている。

　　「『上司を食わせる』ためにクタクタになる若者たち
　　年功序列は終わったと言われて久しい。いまや、上場企業の約９割で成果主義が取り入れられている。とすれば、やる気と才能、そしてハッキリしたキャリアビジョンさえ持ち合わせていれば、若くとも活躍できる時代になったのだろうか。いや、そんなことはない。状況はむしろ逆だ。いまの時代、汗水たらして働いても、若いときの苦労はけっして報われない。下手をしたら、一生下働きで終わる可能性もあるのだ」。

　同書は、まず、「昭和的価値観」を提示する。それは「個人ではなく、その属する企業の持つネームバリュー、社会的信用性が評価される社会。挑戦

よりも安定性を重視する風潮」の中に見出される。

「人生を旅にたとえるのなら、この手の人生は列車にゆられる気楽な旅だ。それも目的地も到着時刻も、そして何時にどこを通過するのかも、あらかじめスケジュール管理されたツアー旅行だ。
　ここで重要なのは、その誰でもたどり着けるゴールが十分魅力的なものだという点だ。
　たとえば、部長職として定年を迎えるケースを考えてみたい。上場企業であれば、年収は50代からずっと1,200万円程度は保証されている。まとまった退職金に手厚い厚生年金つきの第二の人生も確約されている。
　なにより、『社会的に信用のある企業の部長さん』といえば、これはもう一種のステータスだ。家族にも胸を張れるし、世間体も申し分ない。人生の立派な成功モデルと言っていい。
　つまり、このシステムにうまく乗っかることさえできれば、自分は何がしたいのか、あるいは何をすべきか、そんな小難しいテーマを考える必要なんてないのだ」。

表Ⅰ-3-3　新規学卒就職者の在職期間別離職率の推移 ［中卒］

年　次	1年目	2年目	3年目	計
1982年3月卒	36.7%	14.6%	8.9%	60.2%
1985年3月卒	41.0%	14.9%	8.8%	64.8%
1990年3月卒	43.0%	14.1%	9.9%	67.0%
1995年3月卒	45.6%	14.7%	10.0%	70.4%
1999年3月卒	45.4%	14.3%	8.8%	68.5%
2000年3月卒	49.3%	14.4%	9.3%	73.0%
2001年3月卒	50.1%	13.7%	－	－
2002年3月卒	47.3%	－	－	－

出所：文部科学省

（注）この離職率は厚生労働省が管理している雇用保険被保険者の記録を基に算出したものであり、新規に被保険者資格を取得した年月日と生年月日により各学歴に区分している。表Ⅰ－3－4、表Ⅰ－3－5、表Ⅰ－3－6も同じ。

表Ⅰ-3-4　新規学卒就職者の在職期間別離職率の推移　[高卒]

年　次	1年目	2年目	3年目	計
1982年3月卒	15.2%	11.9%	10.6%	37.7%
1985年3月卒	16.9%	12.0%	10.4%	39.3%
1990年3月卒	21.6%	13.8%	9.7%	45.1%
1995年3月卒	21.2%	14.8%	10.6%	46.6%
1999年3月卒	24.0%	14.6%	9.6%	48.3%
2000年3月卒	26.3%	14.7%	9.2%	50.3%
2001年3月卒	25.9%	14.0%	9.1%	48.9%
2002年3月卒	25.3%	13.8%	-	39.1%
2003年3月卒	25.0%	-	-	25.0%

出所：文部科学省

表Ⅰ-3-5　新規学卒就職者の在職期間別離職率の推移　[短大等卒]

年　次	1年目	2年目	3年目	計
1987年3月卒	13.6%	12.3%	12.5%	38.4%
1990年3月卒	14.2%	12.9%	11.4%	38.4%
1995年3月卒	16.1%	13.3%	11.7%	41.1%
1999年3月卒	17.3%	12.8%	10.9%	41.0%
2000年3月卒	19.3%	12.9%	10.7%	42.9%
2001年3月卒	18.8%	12.8%	10.6%	42.3%
2002年3月卒	18.9%	12.5%	-	31.4%
2003年3月卒	19.1%	-	-	19.1%

出所：文部科学省

表Ⅰ-3-6　新規学卒就職者の在職期間別離職率の推移　[大学卒]

年　次	1年目	2年目	3年目	計
1987年3月卒	11.1%	9.1%	8.3%	28.4%
1990年3月卒	10.3%	8.8%	7.4%	26.5%
1995年3月卒	12.2%	10.6%	9.1%	32.0%
1999年3月卒	13.9%	11.3%	9.1%	34.3%
2000年3月卒	15.7%	11.6%	9.2%	36.5%
2001年3月卒	15.1%	11.3%	9.1%	34.3%
2002年3月卒	15.0%	10.8%	-	25.8%
2003年3月卒	15.3%	-	-	15.3%

出所：文部科学省

せっかく一流企業に就職しても、そこは年功序列の世界で、給与も低く、自己実現の喜びもなく、離職していく、という。このことは、経済産業省「社会人基礎力に関する調査」（2005年）にも表れている（表Ⅰ－3－7参照）。

表Ⅰ－3－7　若手社員の早期離職の原因

原　　因	構成比(%)
Ⅰ．健康・家族の事情などの個人的理由	42.3
Ⅱ．採用時のミスマッチ	42.0
Ⅲ．職場環境（管理体制等）への不満	36.4
Ⅳ．入社後の配属への不満	22.5
Ⅴ．賃金への不満	19.1
Ⅵ．休暇・労働時間への不満	19.1
Ⅶ．キャリア形成への不満	16.1
Ⅷ．その他	8.6
Ⅸ．無回答	3.9

（注）調査対象企業数：440、複数回答可。

　日本人は「就職」するのではなく、むしろ「就社」するのが言い方として妥当だろう。"あなたの職業は？"と聞かれた男性が、"技師です"、"営業職です"と、「職種」を答えるのではなく、「トヨタに勤めています」、「ソニーに勤めています」と答えるのは不思議ではなかった。それは新規学卒者として採用された社員が定年まで勤続することを前提に、組織内での配置転換、教育訓練を繰り返していく中で知識・経験を積み、人財として養成され、昇進していくことが一般的なこととされたからである。こうした教育投資を受けた社員は帰属する組織への忠誠心が強く、自分が身に付けた知識・技術を持って転職することは想定されていなかった。

　特に、大企業の多くは年功で社員を処遇し、中途採用の門は狭かったことから、中年以降の転職の多くは中小企業などへの下方移動であり、所得の低下をもたらした。これも転職が少ない大きな理由だった。

　このように、日本企業では定着率が高かったのに加え、年功により逆転人

事がほとんどなかったので、自分の経験や知識を同僚や部下と分かち合うことも厭わず、組織内の情報の共有も進んでいた。こうした社員の企業への帰属感の強さ、また、企業の社員への投資が、日本企業の競争力の"根因"であった。

また、こうした社員の配置・研修については人事部が大きい権限を持っていた。大半の企業・省庁では人事部が本社採用社員を一括管理し、人財を戦略的に各部門に配置することが行われてきた（将来幹部となることが想定されない現地雇い社員、一般職女性等は含まれていない）。

その際個々の希望ポストを調査することはあっても、現実の異動の際はほとんど考慮されず、企業の都合によって人事は決定され、与えられたポストを拒否するのはわがままとされて、企業内の評価を下げることとなった。

こうした企業内、省庁内のキャリア発達の過去の実態と、変化への取り組みはその当時ではキャリア発達の責任が企業、なかでも人事部にあった。このような環境下でのキャリア発達は、自ら目標を設定して、キャリアを形成していく意識や自由度はきわめて限定されたものであった。

したがって、自律的キャリア発達や自己啓発への気概が育ちにくい環境であり、キャリア発達は受動的であったといえる。

一方、若者側も、社会の変化に伴って仕事の価値観・職業観が変化してきた、といえるだろう。ただ、それも2極化の傾向にある、とみるべきである。すなわち、「確りした生き方・働き方を持っている」層と「楽な仕事をして高収入を得たいというようなかなり安易な考えをしている」層であり、後者には、「あまり将来のこと・職のことを考えない」層も増えている。こうした志向が就職しても、厳しい仕事の現実に遭遇し、「会社を移りたい」、「仕事を変えたい」という思いが募り、自発的な離職・転職に帰結している。

5. 結び

本章では、学校キャリアから職業キャリアへのキャリア移行は、若者が社会参加の過程（社会化：socialization）として踏破しなければならないことで

あるが、それが挫折あるいは中断する状況（社会的不適応）が顕著にみられるようになったことについて述べた。ニート、フリーター、引きこもり、オタク、就職者の早期離職等の事象である。

これらの問題の根因は、家庭教育、学校教育、そして社会教育（企業の社員教育等の社会的組織での教育）がそれぞれに個別的で、新しい時代への社会的要請に沿うべき理念、ビジョン・ミッション、戦略が欠如し、シームレスではないことにある。

旧世代の人々は、これらの事態に直面して、日本社会の将来に不安を抱き、危機感をもつ。若者の社会的不適応はその内的、心理的な問題であり、また家庭教育、学校教育に、そして社会に多くの問題があることを示している。今日、文部科学省、厚生労働省、大学・学会等は、なぜそうしたことが起こるのか、問題視し、キャリア、キャリア創造、キャリア教育等のキャリア概念でこれらの現象を分析し、これらの深刻な諸問題に対策を取り始めた。

こうした中、「人間生涯の内的発達プロセス」と「人間生涯の社会的役割の連鎖（外形的発達）」との相関研究（キャリア創造上の発達課題とその克服に関する研究）がますます重要なものとなろう。

国立社会保障・人口問題研究所による[注13]と、2025年には、日本の世帯数は約5,000万弱となり、うち核家族世帯は約2,700万強（54.6％）と推計している。核家族の中でも、「夫婦と子」は減少、「夫婦のみ」や「一人親と子」が増加する。また、「単身者」世帯は上昇を続け、2025年では約1,760万になると推計されている。これは全体の34.6％に当たり、2000年には27.6％であったことから、圧倒的に増えていく、とみられている。

こうした傾向も踏まえ、子供の社会化に対する「家庭－学校－社会的組織連携」のキャリア創造が求められているのである。

［注記］

1．「引きこもり」、「不登校」、「オタク」、「フリーター」、「学卒者の早期離職」といった若者キャリア発達の中断事象はまた、キャリアのロス「loss: 損失、損害、失敗（failure）」とみることができるのではないか。つまり、これらは「キャリア発達課題」の達成ができていない状態と考えられ、円滑なキャリア発達過程にない、したがって「キャリアの損失（career loss）」と考えられる。

2．キャリアカウンセラー（career counselor）は、臨床心理学などを修め、個人の各種の悩みや心理的な相談に応じ、解決のための援助・助言をする職業をいう。個人の興味、能力、価値観、その他の特性をもとに個人にとって望ましいキャリアの選択・開発を支援するキャリア形成の専門家である。学校での進路指導や社会人の転職・求職時の相談にあたる。具体的には自分はどんな仕事に向いているのか、今の職場で自分は評価されていないのではないか、このような仕事に関わる相談を受け、適性・適職の発見等課題・悩みの解決へと導く。キャリアカウンセラー資格は、企業の人事担当者、学校の進路指導担当者、行政機関の雇用対策事業担当者、人材紹介・派遣会社のコンサルタント等が取得。一定規模以上の企業では、キャリアカウンセラー室が設置され、その中で働くキャリアカウンセラーもいる。

3．http://www32.ocn.ne.jp/~yasuragi/shouni.html　2008.10.10.　ダウンロード。その「小児期の危機」を参照した。

4．日常生活に必要なことを習慣づけ、礼儀作法や社会生活に必要な規律を身に付けさせること（teaching manners）。

5．式部久他著『高等学校　倫理』、第一学習社、1997年。

6．日本では、19世紀前半までの封建時代にも、国民の間に自主的な教育熱は高かった。当時は武士階級が軍事担当者であると同時に、行政担当者であったため、それに必要な「教養・道徳・武芸」を子弟に教える藩校が各地に設置されていた。農民や町人には生活に必要な「読み・書き・算盤」を教える寺子屋という小さな学校が全国に2万校もつくられていた。この寺子屋はまったく誰の強制もなく、年限も決められておらず、自由な学校であった。推定によると、40%の農民や町人が学んだ。明治に入り、日本の近代化に伴って、政府は西洋の学問を導入して産業・文化を発達させるため、小学校から大学までの教育制度を整えた。1872年、学制が発布された。「むらに不学の戸なく、家に不学の人なからしめんことを期す」として、初めて日本で義務教育制度が樹立された。1900年に6歳からの4年制義務教育が定められ、この年に90%の就学率となった。1907年には6年制の義務教育となり、99%の就学率となった。小学校・中学校・高等女学校・実業学校・専門学校・大学等が数多く設置されたが、小学校以外は希望者が選ばれて入学するものであり、進学率は高くなかった。1935年当時の中学校（中学校・高等女学校・実業学校等）への進学率は18.5%、高等教育機関（高等学校・専門学校・大学等）への進学率は3%であった。戦後、1947年には、教育制度は全面的に改正され、義務教育の期間は小学校6年、中学校3年の計9年となった。

7．ethos: 民族・共同体・制度等に特有の精神、性格、道徳の慣習、精神的雰囲気。

8．J.C.アベグレン監修、ボストン・コンサルティング・グループ編著『日本経営の探求　株式会社　にっぽん』、東洋経済新報社、1970年。

9．山本七平著『日本資本主義の精神 なぜ一生懸命働くのか』、光文社、1982年。
10．高度の専門性が求められる職業を担うための学識と能力を習得するための大学院。文部科学省によると、学校教育法の改正に伴い2003年度に制度が創設された。公認会計士や弁理士の受験科目が一部免除される「会計大学院」や「知的財産大学院」、技術経営（ＭＯＴ）を専門とする「技術経営大学院」、ＭＢＡ（経営学修士）の学位が得られる「ビジネススクール」など、さまざまな分野がある。司法試験の受験資格が得られる「法科大学院」や教職修士の学位が得られる「教職大学院」も含まれる。
11．独立行政法人日本学生支援機構（JASSO）「外国人留学生在籍状況調査結果」（各年5月1日現在）。
12．厚生労働省「新規学校卒業者の就職離職状況調査結果」（各年）。
13．国立社会保障・人口問題研究所「日本の世帯数の将来推移（全国推計）」（2003年10月）。

［参考文献］
1．本多正昭著『人間とは何か―矛盾相即的世界―』、創言社、1982年。
2．飯島宗一・加藤秀俊編『人間とは何か』、日本経済新聞社、1971年。
3．日本キャリア教育学会編『キャリア教育概説』、東洋館出版社、2008年。
4．小杉礼子編著『自由の代償／フリーター ―現代若者の就業意識と行動―』、日本労働研究機構、2002年。
5．大脇義一著『心理学概論』、培風館、1948年。
6．居神宏・三宅義和・遠藤竜馬・松本恵美・中山一郎・畑秀和著『大卒フリーター問題を考える』、ミネルヴァ書房、2005年。
7．村井健祐編著『応用心理学の現在』、北樹出版、2001年。
8．城繁幸著『若者はなぜ3年で辞めるのか？―年功序列が奪う日本の未来―』、光文社、2006年。
9．白井利明・下村英雄・川﨑友嗣・若松養亮・安達智子著『フリーターの心理学―大卒者のキャリア自立―』、世界思想社、2009年。

column3 近江商人の一生

　筆者らの勤務する聖泉大学は、滋賀県彦根市にある。近くには、今日全世界で商売する伊藤忠商事㈱や丸紅㈱発祥の地、伊藤忠兵衛旧宅等、近江商人縁の史跡が散在している。さて、本書は"キャリア"がテーマであるが、近江商人のキャリアは、どのようなものであったのか。

Ⅰ．入店
　丁稚入りは、普通10歳前後で親類、縁者の子弟またはその推薦、あるいは得意先、知合いの紹介等によって採用された。採用後、丁稚として直ちに出店で勤めるのではなく、1～2年間、本家で主人の奥さんを中心とした人達から商人になるための教育を受け、その後いずれかの出店で勤めるのが通例であった。

Ⅱ．職階制度
　江戸時代の頃、現在の係長、課長のような職階制度があり、それぞれの役割が決められていた。丁稚・手代とも各々10年、合わせて20年間勤め、この間に業務一般や販売・接客・仕入れの方法を学び、金銀貨勘定、商品鑑別、さらに符牒（商用暗号）も知り、商人としての一切の修練を受けた。

```
　　　　　　　┌─────────────────────┐
　　　　　　　│　　　　主人　　　　　│
　　　　　　　├─────────────────────┤
　　　　　　　│後見支配人（出店全体の監督者）│
　　　　　　　├─────────────────────┤
　　　　　　　│支配人（商内活動の責任者）│
　　　　　　　├─────────────────────┤
　　　　　　　│番頭（主に仕入部門を担当）│
　　　　　　　├─────────────────────┤
　　　　　　　│手代（主に販売部門を担当）│
　　　　　　　├─────────────────────┤
　　　　　　　│丁稚（店の雑用に従事）│
　　　　　　　└─────────────────────┘
```

Ⅲ．登り制度

　親元を離れて奉公していた店員が、ふるさとに帰ることを許されるのを「在所登り」といった。入店から約5年を経て初めて帰郷を許されるのを「初登り」、さらに2年を経た後の2度目の帰郷を「中登り」といった。この登り制度は、長い奉公期間の区切りとして店員の楽しみであったが、主人側ではこれからも続けて勤務させるかどうか、その勤務態度を評価する制度でもあった。

Ⅳ．給金

　丁稚は無給であったが、盆・正月の2回、主人から木綿の着物・帯・前垂と若干の小遣いを支給された。給金は、勤続年数によって決まっていて20年（あるいは13年）の奉公の後、はじめて支給される規定となっていた。それまでは、帳場が給金を管理し、奉公人が引き出した残余は、預り金として一定の利息がつくことになっており、今日の社内預金の取扱いがなされていた。幼年からの厳しい奉公生活を辛抱して勤め上げ、才能を認められた者は、店の幹部となり、あるいは別家（本家から家名と財産を分与されてできた新立の家をいう。）を許された。

　　　　　　　　　（資料：滋賀県神崎郡五個荘町　「近江商人物語　大福帳」より。）

第2部
キャリア創造人

第4章 キャリア研究の系譜と　　　　　キャリア創造学

要旨

　なぜ近年、「キャリア」が多方面で広く使われるようになったのか、第1部「キャリアの時代」として論じ、今日的キャリア研究、キャリア教育実践の筆者らなりの第一歩を踏み出した。「キャリアの時代」はまた、今日的な時代や社会の要請とそこに生きる今日的日本人の社会化との関係性から「キャリア創造の時代」となる。そして、その主体は自律的「キャリア創造人」でなければならない。それが新たな"日本人像"として提示されなければならない背景には、成熟化した経済社会の行き詰まり感、閉塞感がある。今日の日本は、グローバリゼーションの世界観にたち、その変化の潮流をよく分析し、そこでの"立ち位置"を自ら創造していかなければならない。個々の日本人も"他者への甘え"を捨て、自己の適性を分析し、構造的な変革期の社会で活躍できるように能力を伸ばし蓄え、果敢に挑戦する自律的キャリア創造人に"脱皮"していかければならない。

　その(キャリア創造の)実態、動向はどうか。すなわち、今日的日本人は、例えば、マズローの欲求段階説[注1]にいう"自己実現"段階にあるのかどうか。一般的傾向として、"受動的キャリア創造人"から"自律的キャリア創造人"へ"脱皮"しているといえるのか。その実態は、どのような概念的分析フレームワークで説明できるのか。キャリアに関する先行的研究は、アメリカに多くみられる。そこでは、キャリア発達を包括的に研究する学問、すなわち広義キャリア概念(ライフキャリア)による分析が行われてきている。

　家庭、学校、職場、地域、一般社会においてキャリア発達モデルの不適合が顕著になってきており、多様な生き方、働き方が容認され、広がる日本でも、新たなキャリア観にたったキャリア創造学を確立していかなければならない。

key words
キャリア発達心理学　自己実現　キャリア成熟　キャリアパターン
受動的日本人　自律的キャリア創造人

1. まえがき

　第1章で論じたように、キャリアとは「人間の生涯にわたる社会的役割の連鎖」であった。それは、換言すれば、「人間の社会化（社会的役割の増大）の能力蓄積過程」であり、「人間の発達過程」であった。

　そこで、"閉塞感"漂う日本社会における今日的日本人のキャリア発達はどのようなものかをみると、総じてはなお、受動的・他律的であるといわざるをえない。しかしそれでは、自発的な動きあるいは自律に向けての取り組みがないかといえば、そうは言い切れない。すなわち、第2章・第3章で論じたようなキャリアの危機（crisis for career）ともいうべき事態の克服に向けた各界の取り組みである。例えば、大学におけるキャリア教育の導入があろう。

　ところで、このキャリア教育については、進めるに当たっての"理論的支柱"がベースになければならないであろう。すなわち、キャリア研究（research on career problems）の成果がなければならないであろう。これまで、それはどのようになされてきたのか。

　先行的研究は、アメリカに多くみられる。一つは、心理学、教育学における「人間発達論」の流れである。そこでは、「人間の発達段階とその課題」が研究されてきた。二つは、経済学、経営学における労働、職業、失業、人事、労務等の研究である。前者では人間の内面的発達過程と発達課題の克服等が問題とされ、後者では人間の本性や働く動機と生産性との関係、職務遂行のための能力開発体系、個人のキャリアプランと組織の要請との合致等が問題とされてきた。そして今日、「職歴」が改めて「職業キャリア」といわれ、前者の人間の内面的発達過程研究の視野がより一層後者の問題に及び、そこにおけるキャリア発達の過程や課題が問題とされるようになってきた、とみることができよう。

　本章では、キャリア創造に向けてのキャリア教育の内容に入る（次章）前に、これまでのキャリア研究について振り返り、整理をしておきたい。

　① まず、「キャリア発達」はどのように捉えられてきたのか、という問題

である。
② 二つは、このキャリア発達の命題[注2]はどのように定立されてきたのか、という問題である。
③ 三つは、キャリア選択活動(career select activities)はどのように捉えられてきたのか、という問題である。
④ 四つは、キャリア自律行動や意識は、どのような「過去・現在・将来のキャリアへの評価」や「環境要因・個人要因」等と相関があると説明されているのか、という問題である。
⑤ 最後に、仕事をしながら子育てや社会的活動にも注力する今日的生活のモデル、ライフスタイルとしてはどのようなものがあるのか、付言しておきたい。

2. キャリア発達過程

(1) キャリア発達の概念

　第1章で述べたように、心理学、教育学がキャリアの時間的経過について、「キャリア発達」という言葉で捉え、キャリアにかかわる諸問題を系統的に捉えてきた。つまり、そこでは、「キャリア発達論」の研究対象は、子ども・青少年の成長に限らず、職業キャリア、社会的諸活動(社会的役割)を含んだものであった。

　第1章で引用したようにスーパー(Super, D. E.)は、キャリアとは「人々が生涯において追求し、示している地位、職務、業務の系列である」とし、狭義の仕事とか職業以外の社会的役割も含めて総合的に捉えているが、「キャリア発達」についても、職業生活に限定したものではなく、人間の生涯にわたる生き方や社会的役割との関連で捉えている。

　職業以外にも人生の中で果たす役割は多くある。学生や主婦、引退後のボランティア活動による社会的貢献に人生を托し、人生に意義を見出そうとする人々は確かに数多く存在する。このほか職業以外において果たす役割として、スーパーは子ども、学生(勉強)、余暇人(趣味やレジャー活動)、

市民(社会奉仕活動等)、労働者(労働)、家庭人(家事や養育等)、退職者等の役割を挙げており、これらの役割を生涯の各時期でいかに果たしていくかというプロセス全体が「キャリア発達」の意味するところとしている。そして、人がどの時期にどの役割をどれだけ重要視するかが、その人の生き方を示していることになる[注3]。これをビジュアルに分かりやすく表したものが、「ライフキャリアの虹」(Nevill & Super,1986. 図Ⅱ－4)である。一般の個人のライフキャリアを示しているが、図の中の影の部分が、それぞれの段階における平均的な役割の時間とエネルギーの消費量を表している。

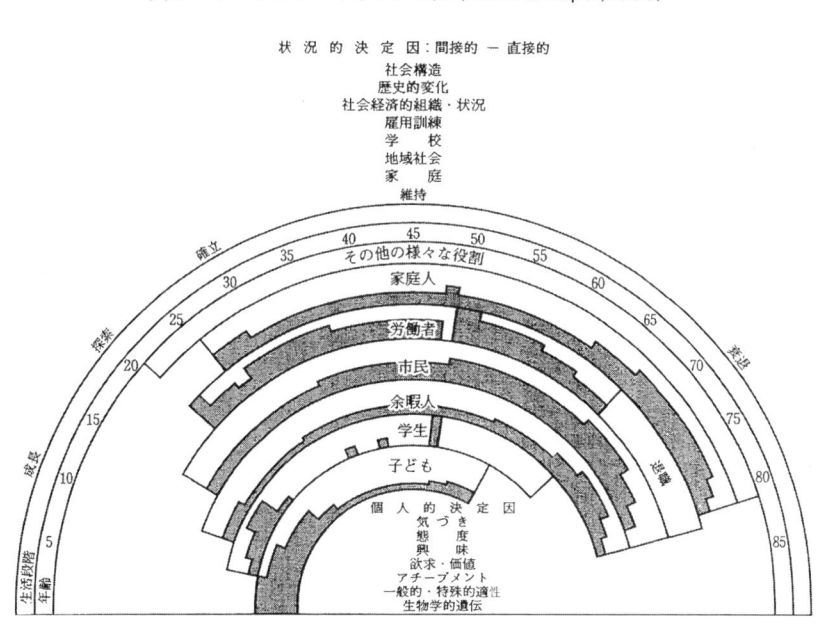

図Ⅱ－4 ライフ・キャリアの虹(Nevill & Super,1986)

さらに、スーパーは、それぞれの役割の重要性は3つの次元によって決定されることを明らかにした。
① ある役割の態度・情意的側面としての「関与(commitment)」(それぞ

れの役割にどの程度心理的に関わったか）
② 行動の側面としての「参加（participation）」（ある役割に対して、実際にどの程度の時間やエネルギーを投入したか）
③ 認知的側面としての「知識（knowledge）」（その役割についての正確な情報をどの程度をもっているか）

しかし、これらの要素は必ずしも一致しているわけではない。たとえば、やりたくない仕事に多くの時間を費やさねばならないというような、関与と参加の程度のズレはよく経験することであろう。このように、関与、参加、知識の3つの要素によってある役割の重要性が決定され、その重要性にしたがって、それぞれの役割は相互に作用しながら、個人のライフ・スタイルが決定されるのである。

(2) キャリア発達（命題）理論

スーパーは、キャリア発達に関する研究から得られた知見を集大成し、"命題"という形で簡潔にまとめてきた。その命題は研究が進むにつれて改訂されたが、最初の命題は1953年に公表され、10にまとめられていた。

その後新しい研究（Super & Bachrach,1957；Super,1981；Bell, Super & Dunn, 1988, およびSuper, 1990）を順次組み込み、数回改訂され、最終的に以下の14の命題となった。

① 人はパーソナリティ（ここでは、personality：個性、人格）の諸側面（欲求、価値、興味、特性、自己概念）および能力について違いがある。
② これらの特性からみて、人はおのおの多くの職種の職業に対して適合性を示す。
③ それぞれの職業には、必要とされる能力やパーソナリティ特性の独自のパターン（ここでは、pattern：型）がある。職業に就いている人に多様性がみられるように、個人も多様な職業に就く許容性を有している。
④ 職業に対する好みやコンピテンシー[注4]、生活や仕事をする状況は、時間や経験とともに変化し、それゆえ自己概念も変化していく。このような社会的学習の成果としての自己概念は、選択と適応において連続性を提供しながら青年期後期から晩年にかけて安定性を増していく。

⑤ 自己概念が変化していくこのプロセスは、成長、探索、確立、維持、解放の連続としてみなされた一連のライフ・ステージに集約され、また発達課題によって特徴づけられた期間へ細分化され得る。ミニ・サイクルは、あるステージから次のステージへキャリアが移行する時に起こる。また、病気や傷害、雇用主による人員削減、必要な人的資源の社会的変化、または社会経済的ないしは個人的出来事によって、個人のキャリアが不安定になるたびに起こる。このような不安定で試行錯誤に富むキャリアには、新たな成長、再探索、再確立といった再循環（リサイクル）が含まれる。

⑥ キャリア・パターンとは、到達した職業レベルである。また、安定したものであれ、経験した職務に従事した順序、頻度、期間を意味する。キャリア・パターンの性質は、各個人の親の社会経済的レベル、本人の知的能力、教育レベル、スキル、パーソナリティの特徴（欲求、価値、興味、特性、自己概念）、キャリア成熟、および個人に与えられた機会によって決定される。

⑦ どのライフ・ステージにおいても、環境と個体の要求にうまく対処できるかどうかは、これらの要求に対処する個人のキャリア成熟[注5]の程度による。

⑧ キャリア成熟は、心理社会的構成概念であり、それは成長から解放までのライフ・ステージおよびサブ・ステージの一連の職業的発達の程度を意味する。

⑨ ライフ・ステージの各段階をとおしての発達は、部分的には能力、興味、対処行動を成熟させること、また部分的には自己概念の発達を促進することによって導かれる。

⑩ キャリア発達は、職業的自己概念を発達させ実現していくプロセスである。キャリア発達のプロセスは統合と妥協のプロセスであり、その中で、生まれ持った適性、身体的特徴、様々な役割を観察したり担ったりする機会、役割をこなした結果を上司や仲間がどの程度承認しているかの自己認識との間の相互作用によって自己概念は作られる。

⑪ 個人要因と社会要因間および自己概念と現実間の統合と妥協とは、

役割を演じ、フィード・バックを受ける中で学習することである。その役割は空想やカウンセリング面接で演じられる場合もあれば、クラス、クラブ、アルバイト、初職といった現実生活で演じられる場合もある。
⑫ 職業満足や生活上の満足は、個人の能力、欲求、価値、興味、特性、自己概念を適切に表現する場をどの程度見つけるかによって決まる。満足感は、人がその役割をとおして成長し、探索的な経験を積み、自分にとって合っていると感じられるような類の仕事、仕事の状況、生活様式に身をおいているかどうかによる。
⑬ 仕事から獲得する満足は、自己概念を具現化できた程度に比例する。
⑭ 仕事と職業は、ほとんどの人にとってパーソナリティ構成の焦点となる。しかし、仕事や職業が周辺的であったり偶発的であったり、全く存在しなかったりする人もいる。個人差と同様に社会的伝統(性役割におけるステレオ・タイプやモデリング、人種的民族的偏見、機会が与えられるかどうかという社会構造)が、労働者、学生、余暇人、家庭人、市民のうちどの役割を重視するかの重要な決定要因である。

3. キャリア選択行動

キャリアの研究者は、キャリア選択行動(Vocational Behavior)を理解しようとする際に、どのような接近方法(アプローチ:approach)を採ってきたのか。本書では、これまでの代表的な研究アプローチとして4つを取り上げてみよう。

(1) 特性論からのアプローチ

特性論からのアプローチとは、個人特性と仕事特性の適合(マッチング:matching)によって職業選択行動を説明しようとするものである。すなわち、個人の持つ個性と職業が必要とする要件との一致度が高ければ、成功の可能性が高まると予想する。そのため、このアプローチでは、個人特性と仕事特

性を把握するためのパーソナリティーテストや職業分類が次々と開発されるとともに、両者のマッチングの程度により予測される変数(職務パフォーマンス、職務満足感など)も多数提示される。

これらの研究で用いられる個人変数は、能力、欲求と興味、ステレオタイプや期待、職業に関する価値観、育ったコミュニティの大きさ、親の養育態度、社会経済的背景、一般的な心理的適応能力、リスクテイキングの程度、希望、職業に関連する情報の種類と量、職業選択への態度と能力、性別、人種、パーソナリティ、学業における専攻領域等である。一方、従属変数としては、学業における成功、研修での成績、職業やカリキュラムにおいて何を選択するか、現実的な決定ができるか、職務満足感等が取り上げられる。

人間には個人差があり、その個人差はテストで把握可能なものである。また、職業が必要とする要件も千差万別である。それらがうまくマッチングすることが良いというのは容易に理解できる。しかし、ミスマッチングであったとしても、希望を変化させて自分の職業環境と適合させるといった行動も考えられる。この特性論からのアプローチによる研究成果は、個人が自分自身ならびに職業に対する客観的理解を深める際に有用なものとなる。

(2) 精神力動からのアプローチ

精神力動からのアプローチは、特性論からのアプローチと同様、個人差を扱うが、個人差の中でも直接観察できない欲求や動因、さらに無意識に特に注目する。また、幼少期の体験(親の養育態度)を重視し、それが職業選択に影響を及ぼすと考えることも特徴的である。

この精神力動からのアプローチによる研究により、欲求や動因、無意識、幼少期の体験等をキャリア行動の原因として取り上げ、個人がなぜそのような職業選択や職業行動をするかを因果論的に解明することができる。

(3) 学習理論からのアプローチ

学習(learning)とは、ある経験によって新しい行動を獲得したり、今までとは異なる行動ができたりするようになることである。このため、学習理論からのアプローチでは、キャリアにおける意思決定の要因として、遺伝的特

性や環境に加えて、学習経験の影響が特に重視される。

例えば、動物を扱う職業に就きたいという人は、児童期に学級で飼育していた動物をうまく扱った際、先生や友人から頼まれたり、褒められたりといった肯定的な評価を得た結果、その行動（動物を扱う）が強化され、その行動を維持するような職業に就く、と説明される。

学習理論からのアプローチにおける研究成果は、個人が新たに必要になった職業行動をどのように身に付けるのかを、実践的に理解するうえで有用である。

(4) 発達論からのアプローチ

発達論からのアプローチは、職業選択の一時点にとどまらず、生涯にわたるキャリア発達の解明に焦点を当てている点が特徴的である。例えば、職業選択も人生における一度きりのイベントではなく、生涯にわたるプロセスであると捉え、変化する自己と状況の中で、人と職業のマッチングの過程は決して完全には達成されず、断念と統合の過程こそキャリアであると考える。

発達論からのアプローチにおける研究成果は、生涯をある一定の段階に分け、それぞれの段階に特有の危機や課題を説明することから、それに対処するために必要な事柄も理解できるのではないかと考えられている。

4. 自律的キャリア発達のプロセス

キャリア自律に関する研究会（高橋俊介、2003）が「キャリア自律行動およびキャリア自律意識」、「過去・現在・将来のキャリアへの評価」、「環境要因および個人要因」の各々の相関を解明することを試みた。その結果、キャリア自律行動の三つの因子が抽出された。三因子は、第1には「主体的ジョブデザイン行動」であり、全体的に仕事に対して主体性の強い取り組みを表す質問項目が集まっていることが分かった。第2には「ネットワーキング行動」であり、自分ならではのネットワークをつくり、相互扶助や相互理解、意識の共有に力を入れようとする行動である。第3には「スキル開発行動」

であり、スキルや資格を積極的に身に付けていこうとする行動である。

表Ⅱ-4-1 キャリア自律行動の3因子とそれらを構成する質問項目

因子	項目
第1	・自分の価値やポリシーを持って仕事に取り組んでいる ・社会の変化、ビジネス動向について、自分なりの見解をもっている。 ・部署・チームを超えて、積極的に周囲の人を巻込みながら仕事をしている。 ・仕事の進め方や企画を立てる上で、今までの延長線上のやり方ではなく、自分なりの発想をもって取り組んでいる。 ・自分の満足感を高めるように、仕事のやり方を工夫している。
第2	・新しいネットワークづくりに常に取り組んでいる。 ・自分のネットワークを構成する個人個人が、どんなニーズをもっているか把握し、それに応えようとしている。 ・自分の問題意識や考えを社内外のキーパーソンに共有してもらう。
第3	・スキル・能力開発のために自己投資をしている。 ・今後どのようなスキルを開発していくか、具体的なアクションプランをもっている。

出所：高橋俊介(2003)

　それぞれの因子は、表Ⅱ-4-1に示すような諸項目がグルーピングされている。一方、キャリア評価のフレームとしては、過去・現在・将来のそれぞれのキャリアについて外的基準と内的基準に分け、合わせて6つの次元を設定している。それぞれに関する要素と質問項目は、表Ⅱ-4-2のとおりである。

　では、キャリア自律行動の3因子とキャリア評価の6要素とは、どのような相関関係にあるのだろうか。つまり、キャリア自律行動は個人のキャリアに対する評価にどのような影響を与えているのか、各々の相関係数は、表Ⅱ-4-3のとおり表されている。

表Ⅱ－4－2　キャリア評価の6要素とそれらを構成する質問項目

要素	項目
第1 仕事の内的満足	・今の仕事をやっていて、達成感を味わうことがある。 ・仕事の中で自分のもつ能力が十分に活かされている。 ・自分の仕事にワクワクした気持ちで取り組んでいる。 ・今の仕事は、自分のキャリア形成にプラスに働くものである。
第2 仕事の外的満足	・労働時間や職場など、仕事の物理的環境には満足している。 ・仕事のレベルに見合った、妥当な報酬をもらっている。
第3 主体的キャリア評価	・他の人とは違う、ユニークなキャリアをつくってきた。 ・これまでのキャリアにおいて、専門性、人的ネットワーク、ノウハウ等の資産を確実に積み上げてきた。 ・私は、自分の力でキャリアをつくり上げてきた。
第4 キャリア成功感	・いわゆる"出世""キャリアアップ"という意味において、私は成功している方だと思う。
第5 社外通用感	・私のキャリアはこの先、社外でも通用すると思う。
第6 将来のキャリア展望	・これから先の、私のキャリアの展望は明るいと思う。

出所：高橋俊介(2003)

　最も相関が高いのが「主体的ジョブデザイン行動」と「主体的キャリア評価（過去・内的）」であった。つまり、これは主体的ジョブデザイン行動を取る人は、過去に自分でキャリアを切り開いたという充足感や満足感が高いことを意味する。次に相関係数が高いのは「ネットワーキング行動」と「主体的キャリア評価（過去・内的）」の関係である。ネットワークづくりに積極的な人も過去のキャリアについて評価が高い。三番目に高い相関を示しているのが、「主体的ジョブデザイン行動」と「仕事の内的満足（現在・内的）」である。これは、主体的ジョブデザイン行動を行っている人は、現在の仕事についても内的な満足感が高いことを意味している。

表Ⅱ－4－3　キャリア自律行動の3因子とキャリア評価の6要素の相関関係

因子	仕事の内的満足	仕事の外的満足	主体的キャリア評価	キャリア成功感	社外通用感	将来のキャリア展望
主体的ジョブデザイン行動	0.435	0.063	0.542	0.254	0.370	0.405
ネットワーキング行動	0.309	0.057	0.460	0.177	0.331	0.350
スキル開発行動	0.235	0.015	0.382	0.116	0.300	0.347

出所：高橋俊介(2003)

全体的にみると、キャリア自律行動の3つの因子は、キャリア評価の6つの要素の中でも、過去の「主体的キャリア評価」と現在の「仕事の内的満足」、つまり、過去のキャリアおよび現在の仕事に対する内的評価と強い相関があることが分かった。
　特に注目すべきは、「主体的ジョブデザイン行動」がどちらに対しても、0.40以上の高い相関を示していることである。このことから、キャリア自律行動はキャリアや仕事に対する内的基準での満足度を高めるのに非常に重要であるといえる。
　その一方で、出世という意味で成功してきたかといった過去の「キャリア成功感」や今の給料についての満足度などの「仕事の外的満足」、つまり、過去のキャリアおよび現在の仕事に対する外的基準による評価は、キャリア自律行動のどの因子とも非常に相関が低い。
　将来への評価については、外的基準の「社外通用感」、内的基準の「将来のキャリア展望」のどちらも、キャリア自律行動の3因子との間に、0.3～0.4の相関係数を示している。それなりの一定の相関が認められるといえるだろう。
　まとめてみると、次のようなことがみえてくるだろう。
　まずは、キャリア自律行動は「主体的ジョブデザイン行動」、「ネットワーキング行動」および「スキル開発行動」という3つの因子から構成され、それらはいずれも、過去のキャリアおよび現在の仕事に対する内的評価に対する相関がはっきりと認められる。そして、3つの因子の中でも最も重要な因子が「主体的ジョブデザイン行動」であり、その後は「ネットワーキング行動」、「スキル開発行動」の順になることが分かった。また、将来への評価についても、やはり「主体的ジョブデザイン行動」が最も重要な因子となっている。外的基準による評価については、過去のキャリア、現在の仕事のいずれにおいても、キャリア自律行動との相関が低い。つまり、キャリア自律行動は、外的基準におけるキャリアの成功とは必ずしも結びつくものではない。「将来のキャリア展望（将来・内的）」と一番相関が高いのは同じキャリア評価の6要素の中の「仕事の内的満足（現在・内的）」である。今の仕事に充実感や満足感を感じている人は、将来の展望についても明るいと答える可

能性が非常に高いといえる。二番目に相関があるのは「社外通用感（将来・外的）」である。自分のキャリアは将来、社外でも通用するという外的評価が高い人は将来の内的評価も高いだろう。このように、「将来のキャリア展望」、「社外通用性」および現在の「仕事の内的満足」の3つの評価要素は互いに関連性が高い一体的な項目になっている。ここで注目すべきところは、過去のキャリアに満足していることと、将来のキャリアに明るい展望を持つということは、必ずしもイコールではないということである。将来に明るい展望をもとうするのであれば、過去のキャリア評価以上に、現在の仕事に対していかに充実感をもつかが重要であるということである。

さらに、キャリア自律行動を強化するにはどのようにすればよいか、高橋（2003）はいくつかの個人要因および環境要因を分析した。

個人要因としては、次の6つの要素がまとめられた。

① 「個人の前向きさ」である。つまり、どんなに難しいことでも、自分なりに努力し、困難であればあるほどやる気が湧いてくること、いつでも何か目標をもち、どんなことでも積極的に取り組む。
② 「個人の自己主張性」である。つまり、自分の意見を明確に持ち、はっきりと自己主張して、自分の考えや判断により実行する。
③ 「自己理解」である。自分の強み・弱みを理解している。
④ 「最近動向の情報収集」である。つまり、自分の仕事に関する最新の情報を収集し、動向をチェックしている。
⑤ 「好奇心」である。つまり、何事にも好奇心をもって取り組む。
⑥ 「一貫性」である。つまり、仕事と関係があるなしにかかわらず、興味のあるテーマについて一貫して追い続けている。

こうした個人特性の6つの要素について、キャリア自律行動の3つの因子に対して、それぞれの影響を分析したところ、「主体的ジョブデザイン行動」は「個人の前向きさ」および「個人自己主張」との相関が明らかに高かった。また「最近動向の情報収集」や「一貫性」・「好奇心」といった要素とも比較的強い相関をもっていた。キャリア自律行動の「ネットワーキング行動」・「スキル開発行動」も「個人の前向きさ」・「最新情報の収集」・「一貫性」との相

関がみられた。

　つまり、仕事を含めた生活全体の中で、何事に対しても非常に前向きで、自分の考えをしっかりもって進む生き方が、キャリア自律行動の大きな後ろ盾になっていることは間違いない。また、一貫性や幅広い好奇心、柔軟性をもちながら自分の考えをしっかりもつことが、キャリア自律行動に関係があることが確認された。

　一方、キャリア自律行動と環境要因との間にどのような相関がみられるだろうか。

　環境要因については、以下の要素が考えられる。

　① 仕事のコントロール
　② 結果の明確な仕事
　③ チーム・職場
　④ 多様な人々との接触機会
　⑤ 環境変化とスキル陳腐化性
　⑥ 知識・能力の取得機会
　⑦ 上司
　⑧ 組織・人事システム
　⑨ 所属グループの将来性
　⑩ 仕事の新しさ
　⑪ キャリアモデルの有無
　⑫ 非年功性

どのような環境において、自律行動が強く表れるかという問題について、高橋らの研究によると、「主体的ジョブデザイン行動」は「仕事の自己コントロール性」と強い相関がみられた。すなわち、自分の自主的な判断や考えで処理できる部分が多い、自分で仕事の進み方・やり方・取り組みを計画することができる、そして、自分の取り組む仕事からビジネス全体を見渡すことができるといった特性が「主体的ジョブデザイン行動」に大きな影響を及ぼしている。

　また、「結果の明確な仕事」、「チーム・職場」、「多様な人々との接触機会」といった環境要因もある程度の相関をもっている。つまり、自分で出した成

果が明確に数字ではっきり出てくるような仕事、あるいは、成果について自分で明確に手応え感を感じられる仕事であれば、当然、自律的に取り組んでいくワークスタイルになるだろう。相互に協力関係ができていて、風通しもよく、みんなで成果に向かっていこうという成果意識の強いチームや職場が、キャリア自律行動に影響を及ぼしていく。また、「多様な人々との接触機会」が多い仕事であることも、自律行動を促進する。

　一方、「上司のマネジメントスタイル」や「組織・人事システム」がうまく機能しているといった環境要因については相対的に相関が低くなっている。「キャリアモデルの有無」はほとんど影響を与えてはいないことが分かった。

　このことから「主体的ジョブデザイン行動」と相関の強い環境要因は、仕事の自己コントロール性、結果の明確性、チーム・職場の特性、他者との接触機会など、環境的にはミクロの問題が集まっている。これに対して、上司のマネジメントスタイルや、組織や人事の仕組みなど、マクロ的な環境要因は相対的に影響力が低くなっている。換言すれば、「主体的ジョブデザイン行動」は、組織全体としてのマクロ的な環境要因より、むしろ、自分の職場周辺の限られた仕事環境により大きな影響を受けることが明らかになった。「ネットワーキング行動」は当然、「他者との接触機会の多さ」と関連が高い。ところが、マクロ的な要素「組織・人事システム」などとは関連はやはり低い。「スキル開発行動」は「環境変化とスキル陳腐化性」、「知識・能力の取得機会」といったマネジメントしにくい外部要因と比較的に高い相関を示している。つまり、「スキル開発行動」は性格がやや異なる外部からの影響だけでも高くなりうるといえる。

5. 仕事と生活の関係

(1) ワーク・ライフ・バランス

　ワーク・ライフ・バランス（Work Life Balance）は、1980年代に、欧米の女性の権利意識が高まる中、はじめは女性の仕事と家事・育児とのバランス・両立を目指す運動として広まった。そして、1990年代後半、国際労働機

構(ILO)は「ジェンダーの主流化政策」で労働時間を中心とする働き方を女性の視点から見直すことによって、男性の人権保護と働き方・生き方の人間化を図った。現在、ワーク・ライフ・バランスの考えはすべての労働者の生活をトータルにとらえ、その営みを保障できるようにすることをいう。

政府の男女共同参画会議・仕事と生活の調和(ワーク・ライフ・バランス)に関する専門調査会は、2007年に報告書「『ワーク・ライフ・バランス』推進の基本方向」をまとめた。そこでは、ワーク・ライフ・バランスの考えについて、3つのポイントが示されている。

① ワーク・ライフ・バランスとは、性別・年代に関わりなく、あらゆる人のためのものである。男性も女性も、老いも若きも、家事・子育て・介護などの家庭生活、町内会などの地域活動、NPO・ボランティア活動などの社会貢献活動、自己啓発、休養など、様々な活動を希望に沿った形で展開できる状態である。

② ワーク・ライフ・バランスとは、人生の段階に応じて、希望するバランスを決めることができるものである。人生のそれぞれの段階で、仕事に重点を置いた生活にするのか、あるいは家事や子育てなどの仕事以外の活動に重点を置いた生活にするのかを、自分の判断で選択する。

③ ワーク・ライフ・バランスとは、仕事の充実と仕事以外の生活の充実の好循環をもたらすものである。働き方を見直して仕事の効率・成果が高まり、同時に仕事以外の生活が充実し、個人の生活全般の充実につながる。そして、このことが仕事の充実にもつながる。

上記の報告書では、「ワーク・ライフ・バランス」の実現により目指す社会の姿とは、誰もが、職場、家庭(子育て・介護を含む)、地域社会などでの責任を果たしながら、多様な活動に従事でき、自らの能力を十分に発揮し、豊かさを実感できる社会である。また、企業・組織が働き手一人ひとりの価値観・必要性・希望を尊重した形で、多様な人材の能力を発揮させ、生産性を高めて活動する活力に満ちた社会である、と指摘している。

(2) 新しい働き方

　ワーク・ライフ・バランス、仕事と生活の関係のあり方は、現実的には仕事のあり方により強く規定される。そこで、「新しい働き方」として"ディーセント・ワーク (decent work)"や"スロー・ワーク (slow work)"が注目されている。

① ディーセント・ワーク

　ディーセント・ワークは、1999年にILOにより提唱された働き方についての国際的な理念であり、国際労働基準である。「人間らしい働きがいのある仕事」、「安心して働くことができる仕事」、「家族が健康で安全な生活や安心した老後を送れる仕事」、また「子どもが学校に通うことのできる働き方」、「適正な収入を得られることはもとより、労働者の権利が守られ、社会的対話に参加できる働き方」を志向する。

　具体的には、ILOはディーセント・ワークについて次のように提唱している。

　ア．ディーセント・ワークは、世界の平和・社会の安全・安心・安定を作っていくうえで重要な政策である。

　イ．ディーセント・ワークは、仕事についての様々な理念・課題を表している。その内容は、生産的で公正な所得をもたらす仕事の機会、職場における保障と家族に対する社会的保護、個人としての能力の開発と社会統合へのよりよい見通し、人々が不安や心配を表現する自由、自分たちの生活に影響を及ぼす決定に団結して参加すること、全ての男女のための機会と待遇の平等である。

　ウ．ディーセント・ワークに反すると、次のような状態となり得る。失業、不安就業、質の低い非生産的な仕事、危険な仕事と不安定な収入、権利が認められない仕事、男女の格差、移民労働者の詐取、代表性や発言権の欠如、病気や障害・高齢者に対する不十分な保護等である。

　ディーセント・ワークを実現するために、どのような取り組みをすべきか、ILOは、仕事の創出・雇用の確保、仕事における労働基本権等の保障、労働安全衛生や労働基準法に関わる社会的保護の拡充、労使の対話の実現、政・労・

使の対話、団体交渉などの社会的対話の推進を挙げている。なお、男女平等は全ての目標に関わる。日本では、ワーク・ライフ・バランスの実現の努力がディーセント・ワークを実現するための課題として認められている。また、労働界が格差の問題、派遣社員の問題、サービス残業の問題を取り上げているのも、ディーセント・ワークを実現するためでもある。

② スロー・ワーク

スロー・ワークとは効率優先の労働に対し、自己の価値観や能力、事情に合わせたペースで働くことである。スロー・ワーク以外にスロー・ライフという表現も使われている。スロー・ライフとは、スピードや効率を重視した現代社会の生活とは対照的に、ゆったりと、マイペースで人生を楽しもうというライフスタイルのことである。「スロー」とは「生態に良い（エコロジカル）」、「永続性のある」、「持続可能な」という意味が込められている。そして、スローを土台とする社会の動きこそ、「より大きく、より速く、より強く」あろうとする人間無視の暴走社会を制御する「節度のブレーキ」機能だという。

NPO法人 日本スロー・ワーク協会によると、スロー・ライフとは、現代社会で支配的な「簡単・便利・効率」という生活スタイルに対して、「自然環境に配慮した暮らし」、「簡単・便利・効率ではない」という「別の価値観に基づいた暮らし」である。この生活スタイルは衣食住の基礎的なあり方を見直した生活スタイル、自然に配慮した、楽しく気持ちのよい、ゆったりとしたスタイルである。そして、スロー・ワークとは、会社の利益追求のために働くのではなく、働く人は自分自身の価値観や倫理観に基づいて、社会や地球環境の利益のために働くことである。

近年過労死・過労自殺が深刻になりつつある。自殺者はこの10年間、年々3万人を超えている。そのうち、被雇用者が4割近くを占める。それを未然に防ぐために、人間らしく、安心と信頼が背景にある働き方を模索・実施することが重要な意味をもつ。

日本各地でスロー・ワークの取り組みが行われている。その特徴は、「市場の論理」ではなく、「暮らしの論理」と「社会の論理」の活動・実践である（田中・杉村 2004）。また、新しい働き方と「地域での豊かな暮らし」

を実現するために、事業は、「市場の論理」が支配する「市場的空間」が優先されることなく、ともに生きる仲間(「暮らしの論理」が働く「親密圏」)と公共的な広がり(「社会の論理」が働く「公共的空間」)という2つの立脚点とのやり取りが示される実践である。田中・杉村(2004)によると、暮らしと仕事には3つの層があるとする。

　有給の労働が行われる「市場的空間」、家事労働やケアの営み、育児などの家族ための仕事が行われる「親密圏」、もう1つは社会的活動やボランティア・NPOへの参加など、自分たちが生きていく社会のための仕事が行われる「公共的空間」である。

　実践では、3つの仕事の層を行ったり来たりすることにより、有給労働の部分(「市場的空間」での仕事の結果)だけが突出することに歯止めをかけ、暮らしを尊重した働き方、他人を踏みつけない働き方をしようということになる。労働者が事業運営の主体になっている会社(労働者事業体)の取り組みは、職場・生活を守るという切実な側面を持っていると同時に、これまでの長時間・過密労働などの働きにくさを教訓として、自分たちの新しい働き方を求めていく実践である。このような労働者事業体の取り組みは、人間らしい働き方や、仲間との連携を大事にできる職場運営、自分たちの事業の社会的意義を模索する側面を持っている。また、このような労働者事業体の運営では、信頼に基づいたフラットな関係で話し合いを行い、会議が持たれ、情報開示と問題の共有に力が注がれている。

　「ワーク・ライフ・バランス」は仕事が暮らしを支え、生きがいや喜びをもたらすものであるが、同時に、家事・育児、近隣との付き合いなどの生活も暮らしに欠かすことができないものであり、その充実があってこそ、人生の生きがい、喜びは倍増すると強調している。しかしながら、現実の社会には、安定した仕事に就けず、経済的に自立することができないフリーターやニート、仕事に追われ、心身の疲労から健康を害しかねない人、仕事と子育てや老親の介護との両立に悩む人等、仕事と生活の間で問題を抱える人が多くみられる。これらが、働く人々の将来への不安や豊かさを実感できない大

きな要因となっており、社会の活力の低下や少子化・人口減少という現象にまで影響を与えると考えられる。それを解決する取組みが、仕事と生活の調和（ワーク・ライフ・バランス）の実現である。仕事と生活の調和の実現は、一人ひとりが望む生き方ができる社会の実現にとって必要不可欠で、自らの仕事と生活の調和の在り方を考えてみないとできない。

ワーク・ライフ・バランスができると、人々はアイデンティティのバランス・統合が良い状態になり、発達的に健全な状態である。それで、キャリアストレスの軽減、過労死・過労自殺を防ぐことにもつながる。このように、仕事だけではなく複数領域での活動（家事・育児・地域活動等）に主体的に関わることは、心身の健康にとって重要であることが分かる。仕事を含む様々な活動についてのワーク・ライフ・バランスは、心身の健康や人格の発達にとっても望ましいものである。

6. 結び

今日、グローバリゼーション、ICT化、少子・高齢化、環境保全・修復・美化意識の高揚、経済のサービス化等の進展に伴い、家庭、学校、職場、地域、広く一般社会で通用してきた従来型キャリア発達モデルの不都合が目に付くようになった。新しい社会への変化は、次世代型農業への若者の就労、ICT関連のシステムエンジニア、プログラマー、コールセンター要員等新たなキャリアを生み、また、本書第2章で述べたように、雇用のダイバーシティ化を促す。しかし一方で、新しい社会に付いていけず、何を目指すべきか、どのように多くの雇用機会を選び、アプローチしたらよいのかに迷い、また自分の適性と雇用先の勤労環境・要請とのミスマッチによって自分の能力、意欲を生かせず、発達課題を抱え、キャリア創造に悩み苦しむ人々も多い。

こうしたキャリアをめぐる混乱を整理し、社会において現在生じているさまざまな問題を解決するためには、個人の側でも、またそういう個人を受け入れたり支援したりする組織や機関、広くコミュニティの側でも、従来の古いキャリア観を再点検し、新しい時代に対応したキャリア観を模索し、その

ために必要な知識を得て、健全なキャリアの設計、再設計を行う姿勢を持ち、見識を深めることが必要である。

　キャリアを取り巻く環境変化は広範囲にわたり、また変化の速度は急である。変化によって生じる問題の発見や問題解決に必要な知識・技法も、性、世代、産業や職業、地域など、様々な要因により、きわめて多様である。

　このため、これに対処するには、既存のひとつの学問分野だけでは不十分である。教育学、経営学、文化学、社会学、心理学など、さまざまな分野にわたる研究者が枠を超えて、問題意識を共有し、研究することが必要である。

　とりわけ、学校卒業までのキャリア発達と、卒業後の職業生活におけるキャリア発達、また引退後や職業以外の生活におけるキャリア発達を別々の学問が取り扱う状況を克服する必要があると考えられる。すなわち、キャリア創造というコンセプトを焦点とする新たな学問的領域の樹立とその深化が不可欠である。

[注記]

1. アブラハム・マズロー（Abraham H.Maslow）は、欲求の強さを説明するうえで有用な「欲求階層」を提示した。

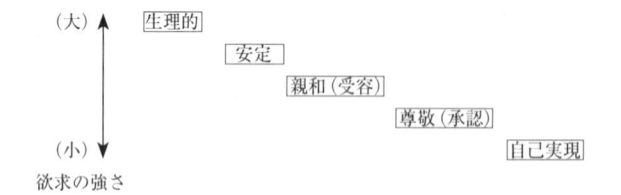

```
（大）▲  生理的
          　　安定
          　　　　親和（受容）
          　　　　　　尊敬（承認）
（小）▼　　　　　　　　　　自己実現
欲求の強さ
```

　上図で「生理的」欲求は階層の一番高いところに置かれているが、それは、ある程度この欲求が満たされるまでは、この欲求が最も強いからである。これは、衣食住への欲求であり、人間の生命を維持していくための基本的欲求である。「生理的」欲求が満たされると、「安定」への欲求が顕在化する。この欲求は基本的には、身体的危険に対する恐怖や基本的な生理的欲求の欠如から免れようとする欲求である。「生理的」欲求や「安定」への欲求が満たされると、「親和（受容）」欲求が顕在化してくる。人間は社会的存在であるから、人間には、様々な集団に受け入れられたいという欲求がある。所属への欲求が満たされはじめると、普通、人々は単に集団の一員であることには満足できなくなり、「尊敬（承認）」の欲求、すなわち自尊

と他の人から認められたいと感ずるようになる。

「尊敬（承認）」されたいという欲求が適切な仕方で満たされはじめると、「自己実現」欲求が顕在化してくる。「自己実現」とは、例えば、音楽家は音楽を演奏することにおいて、その潜在能力を極大化しようとする欲求である。マズローが述べているように、「人間は精一杯の自分でなければならない」。つまり、「自己実現」とは、自分がそうでありうるようにありたいという願望である。人々はこの欲求を様々な方法で満たそうとする。ある人は理想の母親でありたいという願望の中に、またある人は組織を動かすことの中にそれを表し、またある人は運動によって、他の人はピアノを演奏することによってそれを表すかもしれない。

自己実現の表れ方は、ライフスタイルの中で変化しうる。例えば、自己実現的な運動家も、時が経ってその身体的特性が変わったり、その視野が拡大したりするにつれて、他に世界を求め、そこで潜在能力を十分発揮しようとするであろう。また、自己実現の場合は、必ずしもマズローが述べた階層どおりになるとは限らない。かれはこの階層が常に普遍的であるといおうとしているのではない。マズローは、この階層を多くの場合にあてはまる典型的なパターンと考えているが、同時に、この一般的傾向には多くの例外があることも認めている。例えば、すでに亡きインドの指導者マハトマ・ガンジーは、インドがイギリスからの独立運動を行っていたころ、「生理的」欲求や「安定」への欲求を、他の欲求を満足させるための犠牲にすることがしばしばあった。ガンジーはその歴史的な断食において、イギリス政府の不平等に抗議するために何週間も栄養をとらなかった。かれは、他の欲求は満たせていないにもかかわらず、自己実現レベルに達していたのである。

欲求レベルの向上とは、「一つのレベルの欲求が完全に満たされてはじめて、次の欲求が重要となる」ということではなく、「一つのレベルの欲求がある程度満足しはじめると、次の欲求が顕在化してくる」ということであり、現実には、現代の社会生活では、それぞれのレベルで、満足されている部分もあれば、満足されていない部分もある。また「親和（受容）」や「尊敬（承認）」や「自己実現」のレベルよりも、「生理的」欲求や「安定」への欲求のほうがよりよく満たされているのが普通である。例えば、「生理的」欲求は85％満たされ、「安定」への欲求は70％、「尊敬（承認）」への欲求は40％、「自己実現」への欲求は10％満たされている、といってもよいだろう。もちろん、これらの比率は、人によって著しい個人差があることはいうまでもない。[Paul Hersey and Kenneth H.Blanchard, *Management of Organizational Behavior*, Prentice - Hall Inc.,1969. 松井賚夫監訳『管理者のための行動科学入門』、日本生産性本部、1971年。（Abraham H.Maslow, *Motivation and Personality*, New York：Harper and Brothers,1954.）|。

2．ここでは、論理学・哲学等で使われる「判断を言葉で表したもの」。Proposition。「AはBである」という論理（logic）の前提・条件となる。

3．Super,D.（1980），A life-span,life-space approach to career development. Journal of Vocational Behavior 16, 282-298.

4．competency：能力。人事用語としては、職務の内容や仕事の役割に対して期待される成果を導く上での行動特性をいう。コンピテンシーの分析および設定は、高い業績を安定的にあげている具体的人物に注目し、その成果やそこへ至る行動を掘り下げていくことによって行われる。個人の能力や業績でなく、業績を上げるプロセスに注目し、どんな行動を取るべき

かのコンピテンシー・モデルをつくって、能力開発に適用する。
5．キャリア成熟とは、キャリア発達の過程、程度、水準を表す。キャリア成熟の度合いは「キャリア成熟尺度」といわれ、「自発性－日常生活における興味や関心がどの程度主体的に進路と関係付けられているか」、「独立性－進路決定やそれまでの過程がどの程度他人に依存的ではなく、自分の意志と責任においてなされているか」、および「計画性－進路に対してどの程度具体的で有効な手段を見つけ、かつ永い時間的展望をもっているか」の3つの次元から捉えられている。

［参考文献 (特別寄稿 1 の文献も含む)］

1．Paul Hersey and Kenneth H.Blanchard, *Management of Organizational Behavior*, Prentice-Hall Inc., 1969. 松井賚夫監訳『管理者のための行動科学入門』、日本生産性本部1971年。
（Abraham H.Maslow, *Motivation and Personality*, New York:Harper and Brothers, 1954.）
2．Adkins, C.L., Russell, C.J., & Werbel, J. D. 1994 Judgments of fit in the selection process:The role of work value congruence. *Personnel Psychology*. 47, 605-623.
3．Arthur, M.B., Hall, D.T., & Lawrence, B.S. 1989 Generating new directions in career theory:The case for a trans disciplinary approach. In M.B. Arthur, D.T. Hall, & B.S. Lawrence (Eds), *Handbook of career theory*, Cambridge England:Cambridge University Press. pp.7-25.
4．BEll, A.P., Super, D.E., & Dunn, L.B. 1988 Understanding and implementing career theory:A case study approach. *Counseling and Human Development*, 20 (8) ,1-20.
5．Beehr, T.A. & N ewman, J.E. 1978. Job stress, employee health, and organizational effectiveness:A facet analysis model, and literature review. *Personal Psychology*, 31, 665-669.
6．（金井篤子「職場のストレスとメンタルヘルス」2007『よくわかる　産業・組織心理学』山口裕幸・金井篤子編　172 -192 ミネルヴァ書房）
7．Elizur, D., Borg, I., Hunt, R., & Beck, I. 1991 The structure of work value:A cross cultural comparison. *Journal of Organizational Behavior*, 12, 21-38.
8．Elizur, D. 1994 Gender and work values:A comparative analysis. *Journal of Social Psychology*, 134, 201- 212.
9．Hall, D.T. 1976 *Careers in organizations*. pacific Palisades. CA:Goodyear.
10．Herzberg, F., Mausner, B., Peterson, R.O., & Capwell, D.F. 1957 *Job attitudes: Review of research and opinion*. Pittsburgh, PA:Psychology Service of Pittsburgh.
11．Herr, E.L., & Cramer, S. 1996 *Career guidance and counseling through the life span:* Systematic approach. N.Y.:Harper Collins.
12．Ironson, G.H., Smith, P.C., Brannick, M.T., Gibson, W.M., & Paul, K.B. 1989. Construction of a job in general scale:A comparison of global, composite, and specific measures. *Journal of applied psychology*, 74, 193-200.
13．Knoop, R. 1994 Relieving stress through value rich work. *Journal of Social Psychology*, 134, 829-836.

14. Kunin, T. 1955 The construction of a new type of attitudinal measure, *Personnel Psychology*, 8, 65-78.
15. Locke, E.A. 1976 The nature and causes of job satisfaction. In M.D. Dunette (Ed.) *Handbook of industrial and organizational psychology*. Chicago:Rand McNally, pp.1279-1349.
16. Locke, E.A., & Henne, D. 1986 Work motivation theories. In C.L. C00per & Roberston (Eds), *International review of industrial and organizational Psychology*, Lodon:Wiley. pp.1-35.
17. Lofquist, L.H. & Dawis, R.V. 1969 Adjustment to work:*A psychology view of man's Problems in a work-oriented society*. New York:Appleton-Century Crofts.
18. McDaniels, C. 1978 The practice of career guidance and counseling. *UBFORM*, 7,1-2, 7-8.
19. Plant, P. 1997 Work Value and counseling.*Journal of employment counseling*. 34, 165-170
20. Porter, L.W. & Hackman., J.R 1975 *Behaviors in organizations*. New York:McGraw-Hill.
21. Quinn, R.P., & Staines, G.L. 1979 *The 1977 quality of employment survey*. Ann Arbor. MI:Institute for Social Research.
22. Ribeiro, A.L., Lima, D.S., Tavares, R.P., & Bernardes, J. 1996 Voluntary work:Some considerations on mental health. Psico. Vol, 27.71-80.
23. Raynor, J.O., & Entin, E.E. 1982 *Motivation, Career striving, and ageing*. New York:Hemisphere.
24. Schein, E.H. 1978 Career dynamics:*Matching individual organizational needs*. Reading, MA:Addison-Wesley, シャイン, E.H. 二村敏子・三善勝代訳　1991『キャリア・ダイナミクス―キャリアとは、生涯を通じての人間の生き方・表現である』白桃書房。
25. Smith, P.C., Kendall, L.M., & Hulin, C.L. 1969 *The measurement of satisfaction in work and retirement*. Chicago:Rand Mcnally.
26. Smith, P.C. 1992 In pursuit of happiness:Why study general job satisfaction? In C.J. Cranny, P.C. Smith & E.F. Stone (Eds), *Job satisfaction: How people feel About their jobs and how it affects their performance*. New York:Lexington. pp.5-19.
27. Spector, P.E. 1977 *Job satisfaction: Application, assessment, cause. and consequences*. Thousand Oaks, CA *Sage.
28. Super, D.E. 1951 Vocational:Implementing a self-concept. *Occupations*. 30.88-92.
29. Super, D.E. 1953 A theory of vocational development. *American Psychologist*, 8, 185-190.
30. Super, D.E., & Bachrach, P.B. 1957 *Scientific careers and vocational development theory*. New York:Teacheres College Press.
31. Super, D.E. 1981 A developmental theory:Implementing a self-concept. In D.H Montross & C.J. Shinkman (Eds). *Career development in the 1980s: Theory and practice*. Springfield, I.L.:Charler C. Thomas. pp.28-42.
32. Super, D.E. 1990 A life-span, life-space approach to career development. In D. Brown & L. Brook (Eds), *Career choice and development applying Contemporary theories to practice*. San Francisco:Josses-Bass. pp.197-261.
33. Sutherland, V.J. & Cooper, C.L. 1988 Source of work stress. In J.J. Hurrell, Jr. et al.(Eds). *Occupational stress: issues and developments in research*. N.Y.:Taylor & Francis. 3-40（田中宏二「産業ス

トレスと健康」1992『職業・人事心理学』松本卓三・熊谷信順編著 139-151　ナカニシヤ出版)。
34. Weiss, D.j., Dawis, R.V., England, G.W., & Lofquist. L.H. 1967 *Mannal for the Minnesota satisfaction Questionnaire.* Minneapolis, MN: University of Minnesota Work Adjustment Project, Industral Relations Center.
35. Yamauchi, H., & Li, Y. 1993 Achievement-related motives and work-related attitudes of Japanese and Chinese students. *Psychological Reports,* 73, 755-767.
36. 厚生労働省『平成16年度労働経済白書』。
37. 厚生労働省『厚生労働白書』(平成10年度版から平成19年度版)。
38. 高橋俊介　2003　『キャリア論　個人のキャリア自立のために会社は何をすべきか』、東洋経済新報社。
39. 田中夏子・杉村和美　2004『現場発スローな働き方と出会う』岩波書店。
40. 武衛孝男　1991『キャリア成熟と生き方の設計』福村出版 pp.89-102.
41. 株式会社フィスメック 2009『メンタルヘルス　ネットワーク』。
42. ILO　2001『ディーセント・ワークの達成に向けて』ILO 事務局。
43. ILO 駐日事務所　2006『日本におけるディーセント・ワークールド・オブ・ワーク』No.6 pp.8-9.
44. 中西信男　1995『ライフ・キャリアの心理学　―自己実現と成人期』ナカニシヤ出版。
45. 中西信男　1976「進路達検査(CDF-2)の研究」『大阪大学人間科学部紀要』2,113-160.
46. 宮川知章　1988「生きるとは」『語り合う青年心理学』心理科学研究会(編) pp.143-170. 青木書店。

特別寄稿 1 ―比較キャリア学―

成人の仕事・職業(労働)価値観の国際比較

李　艶

　価値観は、人々の行為の意思決定の規準となり、行動の規準となるものであるといわれている。仕事・職業価値観は、職業選択上・職務従事上の様々な側面において重要な役割を果たす。

　価値の共有は文化の重要な要素として取り上げられる。当然ながら、日本社会における文化は日本人が共有する価値観を作り出し、中国社会における文化は中国人が共有する価値観を形成する。仕事・職業の価値観も同様に文化の影響を受けて、それぞれの文化に合わせる形・構造を具備している。

1．仕事の価値観の比較

　Elizur, Borg, Hunt, & Beek (1991) は、8カ国の人の仕事の価値観の比較文化研究を行った。その結果によると、国によって、文化によって人々の仕事の価値観が違っていることが分かった。

　ハンガリーの人にとっては、「公平で思いやりのある上司」、「仕事がうまくいっているという認識」、「有意義な仕事」が重要であった。

　中国人にとっては、「社会への貢献度」が重要であった。しかし、これは他の7カ国地域の人々にとって、それほど重要なものではなかった。

　ドイツ人は、「気の合う仕事の仲間や同僚」、「特別手当休暇、年金、保険」、「仕事上の安全保障や終身雇用」を重要なこととして感じているが、「責任感」についてはそれほど重要とは感じなかった。

　「会社で尊重され、重んじられること」は中国人(台湾を含む)、イスラエル人にとっては、重要なことであったが、韓国の人にとってはほとんど重要ではなかった。

　「気の合う仕事仲間や同僚」はドイツ、オランダ、韓国人にとっては重要

であったが、アメリカ人にとってはほとんど重要ではなかった。

　Yamauchi & Li(1993)は、日本、韓国、中国の20、30、40歳代の仕事の価値観の比較文化的研究を行った。その結果、この3か国は同じアジアにあるとはいっても、生活スタイルの違いにより、仕事の価値観が違っていることを明らかにした。

　中国人にとって重要と思われた「会社で尊重され、重んじられること」は、日本の男性にとって、あまり重要ではなかった。

　同じ韓国人でも、年代によって、違う価値観がみられた。韓国の30歳代にとって大変重要であった「公平で思いやりのある上司」は、40歳代の韓国男性にとっては全く重要ではなかった。また男女の差を比較した結果、日本と韓国においては、男女の違いがはっきりしたが、中国の男女の間では大きな差がみられなかった。

　Elizur(1994)は、性差と仕事の価値観の比較文化研究として、オランダ、ハンガリー、イスラエルの大学生を対象に調査した。

　その結果、ハンガリー以外の国に男女の差がみられた。また、オランダの女性とイスラエルの女性の仕事の価値観が近いことも分かった。これらの国の間には、「昇進や昇級」、「有意義な仕事」に差がみられた。

　ハンガリーの男女とも「昇進や昇級」は重要であったが、オランダとイスラエルの人々にとって、それはあまり重要ではなかった。

　オランダの人々にとっては「個人が成長する機会」は重要であったが、ハンガリーの人々にとっては、それほど重要ではなかった。

　1990年代後半には、仕事の価値観の役割調和(Adkins, Russell, & Werbel, 1994)、豊かな仕事とストレス解消(Knoop, 1994)、自発的仕事と健康(Ribeiro, Lima, Tavares, & Bernardes, 1996)、仕事の価値観とカウセリングの関係(Plant, 1997)、青年の仕事の価値観と判断基準の変化(vanderVelde, Feij, & vanEmmerik, 1998)といった仕事の価値観そのものに対する内容豊かな研究がみられるが、例えば、多国籍企業従業員の仕事に対する価値観の研究、価値観の変容と社会の変動との関連などのような、今後解明されるべき課題

は数多く残されていると思われる。そのために、価値観を測定する質問紙の開発が必要であると考えられる。

２．仕事の職業観の比較

スーパーは職業的発達の一環として職業（労働）価値観について研究を行っており、中西と三川（1978）はスーパーらの職業（労働）価値観尺度を日本版に改訂して日本の労働者男子に調査を実施した。この価値観の尺度は、①能力の活用、②達成、③昇進、④美的追求、⑤愛他性、⑥権威、⑦自律性、⑧創造性、⑨経済的報酬、⑩ライフ・スタイル、⑪人間的成長、⑫身体的活動、⑬社会的評価、⑭危険性、⑮社会的交流、⑯社会的関係、⑰多様性、⑱働く環境、⑲肉体的能力、⑳経済的安定性の20の価値について、各5項目から構成されたもので、職業観を測定する尺度である。その結果は表Ⅱ－コ－1に示されている。20の価値観のうち、9尺度で男子が有意に高い得点を示した。特に、昇進、愛他、権威、創造性について0.1％の有意水準を示した。他方、女子の方に有意に高いのは社会関係である、男女平等が叫ばれているにもかかわらず、男子は昇進や権威といった支配的ヒエラルキー（ドイツ語：Hierarchie ヒエラルヒー、英語：hierarchy ハイァラーキとは、階層制や階級制のことであり、現代では、社会システムのみならず企業体などにおいて広義の意味で用いられている）に関心を持ち、女子は職場の人間関係を重視している。

表Ⅱ-コ-1　日本の成人における職業価値観

下位尺度	男子(N=648)		女子(N=102)
1. 能力の活用 (Ability Utilization)	15.20 (2.26)		15.22 (2.53)
2. 達成 (Achievement)	14.64 (2.31)	＞＞	13.98 (2.42)
3. 昇進 (Advancement)	9.61 (3.04)	＞＞＞	8.31 (2.74)
4. 美的追求 (Aesthetics)	14.28 (2.40)	＞	13.70 (2.58)
5. 愛他性 (Altruism)	12.50 (2.84)	＞＞＞	11.43 (2.97)
6. 権威 (Authority)	11.53 (2.73)	＞＞＞	9.69 (2.65)
7. 自律性 (Autonomy)	13.77 (2.38)	＞＞	12.94 (2.60)
8. 創造性 (Creativity)	15.38 (2.52)	＞＞＞	14.24 (2.79)
9. 経済的報酬 (Economic Rewards)	12.77 (3.00)		12.55 (2.89)
10. ライフ・スタイル (Life Style)	14.63 (2.27)		14.48 (2.68)
11. 人間的成長 (Personal Development)	15.50 (2.24)		15.63 (2.33)
12. 身体的活動 (Physical Activity)	11.47 (2.87)		11.04 (2.97)
13. 社会的評価 (Prestige)	11.59 (3.25)		11.67 (2.89)
14. 危険性 (Risk)	10.73 (3.00)	＞	10.04 (3.12)
15. 社会的交流 (Social Interaction)	11.70 (2.64)		11.59 (2.59)
16. 社会的関係 (Social Relations)	10.53 (2.77)	＜	11.16 (2.55)
17. 多様性 (Variety)	10.94 (2.68)		11.31 (2.49)
18. 働く環境 (Working Conditions)	12.77 (2.92)		13.17 (3.03)
19. 肉体的能力 (Physical Prowess)	8.85 (2.46)		8.81 (2.38)
20. 経済的安定性 (Economic Security)	14.18 (2.91)	＞	13.54 (2.76)

＜；p＜.05, ＜＜；p＜.01, ＜＜＜；＜.001

　この職業(労働)価値観尺度を用いて、スーパーは職業の重要性の研究(Work Importance Study：WIS)という国際的な研究グループを編成し、アメリカ、カナダ、イタリア、ポルドガル、南アフリカ、日本などが参加した。

　1990年に京都で開催された国際応用心理学会でその研究成果を発表し、報告書はスーパー没後一年目の1995年に公刊された。ここでは、比較的早くデータを発表したアメリカとカナダの結果を示し、比較してみる。

　その結果は表Ⅱ-コ-2と表Ⅱ-コ-3に示されている。なお、尺度構成では、アメリカとカナダでは「文化的アイデンティティ」が加えられているが、カナダでは「経済的安定性」が削除され、「経済的報酬」が「経済性」として表現されている。

　アメリカの結果をみると、男子が女子より高い得点を示しているのは「権

威」と「危険性」であり、日本では「危険性」尺度では有意な差がみられなかった。

他方、日本では有意な差がみられなかった「身体的活動」と「肉体的能力」が、アメリカでは男子が女子より有意に高かった。女子の場合は男子より「人間的成長」や「多様性」が高かったが、日本では高くなかった。また、日本の男子が重視した「美的追求」や「愛他性」がアメリカでは女子が高い得点を示した。カナダの結果をみると、アメリカ同様「昇進」、「危険性」と並んで「身体的活動」や「肉体的能力」について、男子は女子より重視している。またアメリカ同様、カナダでも「美的追求」や「愛他性」を女子が重視している。

以上の結果をまとめると、日本の成人の職業（労働）の特徴は、日本の女子（有職者）は男子と比べて、全体的に職業（労働）価値を低くみる傾向があるのに対し、アメリカやカナダの成人女子は男子と異なった側面で、仕事に価値を見出していることが分かる。とくに日本とは違って、「美的追求」や「愛他性」がアメリカとカナダの両国の女子において高いことが注目される。

表Ⅱ-コ-2　アメリカの成人における職業価値観

下位尺度	男子(N=152)		女子(N=244)
1. 能力の活用(Ability Utilization)	17.37 (2.33)		17.16 (2.41)
2. 達　　成(Achievement)	17.36 (2.15)		17.75 (2.37)
3. 昇　　進(Advancement)	16.07 (3.00)		15.69 (3.32)
4. 美的追求(Aesthetics)	14.74 (3.24)	＜	15.46 (3.27)
5. 愛他性(Altruism)	14.64 (3.39)	＜＜	15.64 (3.27)
6. 権　　威(Authority)	13.95 (3.08)	＞＞	13.03 (3.29)
7. 自律性(Autonomy)	15.95 (2.68)		15.39 (3.05)
8. 創造性(Creativity)	15.41 (3.06)		15.05 (3.52)
9. 経済的報酬(Economic Rewards)	16.75 (3.10)		16.68 (3.00)
10. ライフ・スタイル(Life Style)	16.40 (2.33)		16.38 (2.65)
11. 人間的成長(Personal Development)	16.78 (2.35)	＜	17.30 (2.53)
12. 身体的活動(Physical Activity)	14.16 (3.29)	＞＞＞	12.88 (3.58)
13. 社会的評価(Prestige)	14.42 (3.47)		14.60 (3.54)
14. 危険性(Risk)	10.69 (3.61)	＞＞	9.47 (3.66)
15. 社会的交流(Social Interaction)	13.44 (2.75)		13.66 (3.02)
16. 社会的関係(Social Relations)	15.42 (2.66)		15.35 (3.05)
17. 多様性(Variety)	13.83 (2.50)	＜＜	14.70 (2.96)
18. 文化的アイデンティティ(Cultural Identity)	15.25 (2.71)	＜＜	16.17 (2.86)
19. 働く環境(Working Conditions)	12.85 (3.08)		13.34 (3.44)
20. 肉体的能力(Physical Prowess)	9.55 (3.17)	＞＞	8.68 (3.06)
21. 経済的安定性(Economic Security)	17.15 (2.83)		17.24 (3.03)

＜;p＜.05,　＜＜;p＜.01,　＜＜＜;＜.001

表Ⅱ-コ-3　カナダの成人における職業価値観

下位尺度	男子(N=1,803)		女子(N=3,357)
1. 能力の活用(Ability Utilization)	16.69 (2.27)	＜＜＜	17.17 (2.10)
2. 達　　成(Achievement)	16.76 (2.20)	＜＜＜	17.17 (2.09)
3. 昇　　進(Advancement)	15.08 (3.19)	＞＞＞	14.44 (3.32)
4. 美的追求(Aesthetics)	13.31 (3.39)	＜＜＜	13.75 (3.42)
5. 愛他性(Altruism)	14.95 (3.09)	＜＜＜	16.49 (2.80)
6. 権　　威(Authority)	14.61 (2.87)		14.51 (2.86)
7. 自律性(Autonomy)	15.79 (2.50)	＜＜＜	16.37 (2.39)
8. 創造性(Creativity)	14.89 (3.10)		14.82 (3.13)
9. 経済性(Economics)	16.31 (2.63)		16.25 (2.88)
10. ライフ・スタイル(Life Style)	14.09 (2.72)	＜＜＜	14.45 (2.60)
11. 人間的成長(Personal Development)	17.13 (2.12)	＜＜＜	18.02 (1.80)
12. 身体的活動(Physical Activity)	14.18 (3.14)	＞	13.97 (3.17)
13. 社会的評価(Prestige)	15.34 (2.89)	＜＜＜	15.79 (2.78)
14. 危険性(Risk)	10.34 (3.40)	＞＞＞	9.47 (3.14)
15. 社会的交流(Social Interaction)	12.65 (2.92)	＜＜＜	13.82 (2.90)
16. 社会的関係(Social Relations)	15.44 (2.78)	＜＜＜	16.93 (2.41)
17. 多様性(Variety)	13.06 (2.99)	＜＜＜	13.96 (2.89)
18. 文化的アイデンティティ(Cultural Identity)	12.76 (3.14)	＜＜＜	13.48 (3.24)
19. 働く環境(Working Conditions)	13.75 (3.26)	＜＜＜	14.91 (3.14)
20. 肉体的能力(Physical Prowess)	9.49 (3.50)	＞＞＞	8.51 (3.01)

＜;p＜.05,　＜＜;p＜.01,　＜＜＜;＜.001

Career creation in Russia and Belarus
by Olga Rarely
  Katsiaryna Mikhailouskaya

We give the outline of career in Russia and Belarus. First of all, we will explain academic career, that is, the education system for children (Russia and Belarus have practically the same system). Our education system is as below.

Crèche: at the age of 1 ~ 3
Kindergarten (nursery) : at the age of 3 ~ 6
School (Class) : from age 6 ~ 7 (there is no separation of junior, middle and high school)

Nowadays mothers are provided with a 3 year maternity leave (it was 1 year some time ago) - that's why there are no nurseries for infants. Speaking about pre-school education, we should mention just kindergartens. It's a common practice to give children to a kindergarten from the age of 3 (mothers can sit at home with babies for 3 years and not work, receive a state child home care allowance which is in fact extremely small). It's possible to give a child to a kindergarten from the age of 2 but on condition that a kindergarten will accept such a small kid.

There is one big problem in big cities here in Belarus and in Russia, there is a shortage of these institutions and it's necessary to stay in a waiting list for some time - sometimes for even some years. But we'll mention that kindergartens are optional, not obligatory. Then children go to school at the age of 6 or 7 - it's optional and depends on the parents' wish. If parents understand that their kid is not prepared for school at the age of 6 - then the kid goes to a kindergarten for another year.

There is no clear official division into elementary, junior and high school - it's just called school. But the first 4 years of school may be referred to as the so-called elementary school, when one and the same teacher teaches practically all subjects (except for physical education). Then the next 5 years may be theoretically referred to as junior school. But no formal examinations, admission to the 5th grade exists. According to Belarusian law, children can't be expelled from school. Moreover, these 9 years are compulsory for everybody. When a child finishes 9 grades, it implies that he received BASIC SCHOOL EDUCATION. But there is such a practice (which is extremely rare) when a child does badly at school - he may be left for one more year in one and the same grade. But this practice is exclusively rare.

There is no formal division into 3 stages of school education, the whole process takes place in the same building. Starting from the 5th grade there is a different teacher for each subject. Children may study on the 1st or in the 2nd shift (if there are a lot of pupils at school). The last 2 years at school (10th and 11th grades) are optional.

If a child enters a college (not a junior college - just a college) after 11 years at school - he shall study there for 2 years only, if he enters there after 9 years at school, then he'll have to study there for 4 years. If he enters a vocational school after 11 years at school, he shall study there for 1 year only, if he enters there after 9 years at school, then he'll have to study there for 3 years. In most cases it happens so that bad pupils who are not going to enter a university go to vocational schools after 9 grades. After their graduation from a vocational school they may either enter a university (rare cases), or enter a college, or just work (become a blue-collar).

When a child finishes 11 years at school, he automatically receives general secondary education. After graduation from college or vocational school - specialized secondary education. In terms of professions here, practically all exist. Moreover, speaking about some creative professions such as musicians, it's impossible to enter Academy of music without graduating from a music college. Other professions technologists, chefs, bartenders, cashiers, seamers - in other words all blue-collar professions, economists, accountants, nurses, musicians, painters,teachers, drivers, machinists and so on.

Of course, speaking about entering a university, all 11-grade pupils (and even some 10-grade pupils) know which subjects they are going to pass to enter a university. And to prepare for their entrance exams, the majority of them take some private paid lessons from their chosen tutors for a year or two.

Children need to pass 3 exams - state centralized tests.

There are 3 possible variants of studying at university - full-time, part-time and evening courses. It's hard for day-time students to work during their studies but some manage to work part-time as unskilled workers - couriers, waitresses and so on. All part-time students (the majority of which graduated from colleges) work full-time.

Now we'll be speaking about full-time students and their job-hunting. All full-time students who studied for free (at the state's expense) have to work for the state (for a state-owned enterprise or at least for an enterprise with some state-owned shares) for 2 years. There are rumours that this period will be extended up to 5 years. By the way, if we don't find a job till 27 April (the date of distribution at our university this year), we will be distributed by our dean's office according to the requests for young specialists received from enterprises and to some personal achievement. Registration doesn't play any role in this process. Despite the fact that he or she lives in Minsk and has a permanent registration there, he or she may be sent to an enterprise in another city or town. What is more important,the future job there may have no relation to the profession received (the most dreadful thing).

It's possible to avoid distribution and get a "free" diploma in such cases - if a student enters a master's degree program (in Belarus or abroad), or pays off the whole sum for the education fees, or marries abroad.

Students as a rule study 5 years at the university (bachelor's degree), if they're going to be doctors - then 6 years. For some professions - 4 years were introduced - it's more an exclusion.

Both husband and wife work in a family but there are some families in which husbands are against of their wife working.

Higher education is extremely popular in Russia and Belarus. But a university diploma doesn't automatically provide a young specialist with a good place of work and high salary. On the contrary, specialists with higher education are overproduced, whereas blue-collar workers are really needed. Simple workers are much more paid then those occupied with intellectual work. Such specialists as teachers and doctors are poorly paid.

The most unneeded overproduced categories of professionals who will experience a real difficulty at finding a job are - the 1st place - lawyers, 2nd- translators and interpreters, 3rd - economists.

That's a common thing for Belarusian people to follow their parent's career, there are families of doctors, engineers, teachers, musicians and so on. But everyone of course is free to choose his own path according to personal abilities, talents and career plans.

第5章　キャリア教育
―キャリア教育とは何か。なぜ、キャリア教育なのか？―

要旨

　今日の世界は、グローバリゼーションの進展によりメガ・コンペティション (mega compitition) の状況にある。そこで生き残っていくためには、資本は当然として、他にない (only one) 経営資源、すなわち卓越した経営管理力、研究開発力、技術力、ビジネスプロセス、SCM (Supply Chain Management)[注1]、マーケティング力、経営文化 (corporate culture) 等の知的な"ソフトウエア (software)"が必須となる。経営資源とはよく"ヒト・モノ・カネ・情報"といわれるが、"モノ・カネ・情報"を駆使するのは"ヒト"であり、基本的には"人財 (Human Resource or Human Capital)"の質が組織の盛衰を決める。このことは当然、日本人をして、他への依存心を捨て自己責任において仕事に関する知識・スキルを、継続した学習・自己啓発によって高める自律的「キャリア創造人」への"変身"を要請する。換言すれば、それは自らのキャリアを高次化するということを意味する。それには、従来型の画一的教育では"間に合わない"。そこで、それに加えて今日的社会からの人財要請に応えようとするのがキャリア教育に外ならない。
　キャリア教育とは、望ましい職業観・勤労観および職業に関する知識や技能を身に付けさせるとともに、自己の個性を理解し、主体的に進路を選択する（社会人となってからは実務を遂行する）能力・態度を育てる教育である。その力を表わす「共通（家庭、学校、企業等社会的組織すべてに共用される）言語」として、提唱されているのが「人間力」、「社会人基礎力」である。「人間力」、「社会人基礎力」とは何か、は諸説あろうが、いずれにしても、今後の社会がどのような方向に進んでいくのか、その内在的要請から共通言語的に必要とされる能力である。

key words
キャリア教育　人間力　社会人基礎力　エンプロイアビリティ

1. まえがき

　キャリアの時代はまた、キャリア創造の時代 (era of career creation) ともいえる。つまり、第1部で述べたキャリアの危機に際して、それを克服しようと、行政、教育、産業界等において新たな取り組みが始まった。その一つが、キャリア教育の提唱であり、導入である。

　近年、大学でも「キャリアセンター」あるいは「エクステンション・センター」を設置するところが多くなった。筆者らも大学にあって、キャリア教育に対する関心の高まりを実感している。

　なぜ近年、キャリア教育なのか、大学等各所で導入されているのか。

　これまでの"大学の常識"では、大学の主要な"社会的使命(ミッション：mission)"は「研究」であった。しかし、大学教育と社会教育の質的ミスマッチ、あるいは学生の能力と社会的組織の要求するエンプロイアビリティ(employability) とのギャップ (gap；懸隔) が著しくなると、これまでのカリキュラム(教科・科目体系)により社会からの人財要請に応えられるかどうかが産業界ならびに大学等で問題となった。すなわち、社会的組織サイドでは、グローバリゼーションが進展し、メガ・コンピティションの市場で生き残っていくためには、資本は当然として、他にない経営資源、すなわち卓越した経営管理力、研究開発力、技術力、ビジネスプロセス、SCM、マーケティング力、経営文化等のマネージリアル・ソフトウエアが必須となった。そうした今日的経営環境にあって、果敢に挑戦し業績を上げることのできる優秀な人財を組織内で時間をかけて育成しようにも、スピードが求められ、また"少数精鋭"でなければ経営が成り立たない今日、管理職がOJT (On the Job Training) に割く時間は乏しい。つまり、社会組織は限られた予算、人員により運営せざるをえず、余力がない。

　一方、人財を輩出する側の大学の教育も、これまでの「教養－外国語－保健・体育－専門知識・技能」といったあまりにも画一的な従来型教育プログラムのみでは、上述のような社会的組織サイドの人財要請に応えられなくなった。しかも、本書第1部で述べたように、大学のみならず、家庭、小・中・高等

学校、社会的組織が連携して学卒者をして社会で活躍できるよう、そして自発的に貢献する力が付くようにしていかなければならなくなった。そこで、要請され、展開されるようになったのが、キャリア教育である。しかし、キャリア教育とは何か、何を目指すのか、は必ずしも明らかではない。そこで、キャリア教育によって何を目指すのかの問題について、すなわちどのような力を育むのかの議論、研究の過程で「共通言語」として生まれてきたのが「人間力」、「社会人基礎力」である(注2)。

既述のように、企業等社会的組織がその採用者を雇用しつづけ、その人生を保証することができなくなってしまった(終身雇用制度の崩壊)。自身が、組織への依存心を捨て自己責任において仕事に関する知識を深め、スキルを高めて、社会・組織が要請するであろう能力を高めていかなければならない(継続した学習・自己啓発に努めることが求められている)。

本章では、キャリア教育の意義を改めて考え、キャリア創造のための「共通言語」といわれる「人間力」、そして「社会人基礎力」とは何か、吟味してみよう。

2. キャリア教育概念とその意義

(1) キャリア教育の概念

まず、キャリア教育とは何か、考えてみよう。

キャリア教育という言葉が公文書で初めて使用されたのは、1999年の中央教育審議会答申「初等中等教育と高等教育との接続の改善について」であった。この答申の中で、学校と社会、さらには学校間の"シームレス(継ぎ目のない)"な関係を築くキャリア教育とは、「望ましい職業観・勤労観及び職業に関する知識や技能を身に付けさせるとともに、自己の個性を理解し、主体的に進路を選択する能力・態度を育てる教育」と定義され、小学校、中学校、高等学校、そして大学と、初等教育段階から発達段階に応じて実施する必要がある、とされた。

その後2003年には、文部科学大臣他関係4大臣によって、「若者自立・挑

戦プラン」が取りまとめられた。このプランは、「将来を担う若者に勤労観、職業観を育み、自立できる能力をつけること」を目的とし、これに基づいてインターンシップ(注3)推進等の具体策が提唱され、総じてキャリア教育といわれるようになった。

　さらに、2007年改正の「学校教育法」でも義務教育の目標として、「職業についての基礎的な知識と技能、勤労を重んずる態度および個性に応じて将来の進路を選択する能力を養うこと」と明記された。

　その他、キャリア教育の意味として具体的には、自分自身の専門的な資質・能力を維持・向上させるために、現職あるいは退職後も、講座・セミナー等を受講し、知識・技能の"リフレッシュ(refresh)"を図ること。また、社会人大学院や夜間大学院等で再び学び、職質・資格などの向上を目指すこと等も含まれ、広く使われるようになった。

　ところで、学校教育におけるキャリア教育は、従来「進路指導」といわれてきた。しかし、なぜ「進路指導」が「キャリア教育」に変わったのであろうか。これは、これまでの「進路指導」があまりにも上級学校への進学指導に偏重していたからではないか。既述のように、キャリア教育が必要であるとされる背景には、少子・高齢化、産業の構造的変化、雇用の多様化（ダイバーシティ：diversity)・流動化が進む中、就職・就業を巡る環境が構造的に変化していることが"源流"にある。

　一方、若者においては、社会人・職業人としての資質・素養に課題が多くみられる。精神的・社会的な自立の遅れ、すなわち

- 自ら人間関係を上手く築くことができない
- 自ら意思決定ができない
- 自己肯定感が持てず将来に希望が持てない
- 自ら進路を選ぼうとしない

等の事象である。

　また、国民の生活や意識が変化し、若者の中にモラトリアム(注4)傾向が強くなった。進学も就職もしない、進路意識や目的意識が希薄なまま進学、就職して長続きしない、という若者が多くなった。

　そこで、上述のような若者を受け入れた大学も、キャリア教育を導入せざ

第5章　キャリア教育　*123*

るをえなくなった。すなわち、"働く"意義、"社会"への関心、"社会との関係性"を深める意欲の向上、"継続的に学ばなければならない"ことの自覚を持つこと等を目標とする教育に取り組まざるをえなくなった。具体的には、正規の教科に加え、キャリアに関する学習を重視し、職業体験やインターンシップ等の体験を教科と有機的に関連づけ、若者自らが"社会との関係性"を強めるためのキャリア教育に取り組み始めたのである。

(2) キャリア教育の意義

 本書第1部第3章「若者の社会的不適応とキャリア創造」で述べたように、今日の日本社会にあっては、若者のキャリア発達、そして発達課題の研究を深め、その有効な施策を展開することが必要な状況にある。そうした状況を正しく把握し、キャリアカウンセリング、キャリアコンサルティング等の機会と質を向上させ、一人ひとりに応じたキャリア発達の支援を行わなければならない。換言すれば、一部"エリート(elite)[注5]"を養成し、そうしたエリートのみで社会を主導できる時代ではなくなった。少子・高齢化の中で、また産業社会の高度化(知識社会化)の中で、広く社会の隅々までいわゆる"佳き市民"、"高級人財"が活躍できるようにしなければならない。若者キャリア、女性キャリア、セカンド・シニアキャリア(second senior career)が重要視される所以である。ここに、キャリア教育推進の意義がある。さらに強調していえば、キャリア教育は、キャリアが発達段階やその発達課題の達成と深く関わりながら、段階を追って発達していくことを踏まえ、全人的な成長・発達を促す視点に立った取り組みができる、という今日的意義を"鮮明"に有するものである。

3. キャリア教育は何を育むのか
— なぜ、「人間力」、そして「社会人基礎力」なのか？—

(1)「人間力」の概念
—「人間力」とは何か—

グローバリゼーション、ICT 化、経済のサービス化、少子・高齢化等、世界と日本の社会が構造的に大きく変わる中、「人間力」という概念がキャリア教育の共通言語として、多方面から提唱されている。

それでは、「人間力」とは、どのようなものなのか、なぜ近年、各方面で取り上げられるようになったのか。以下、文部科学省、OECD（Organisation for Economic Co-operation and Development）および鳥取大学の提言を取り上げてみよう。

① 文部科学省「人間力戦略研究会」の定義

文部科学省は「人間力戦略ビジョン」において、「新しい時代を切り拓くたくましい日本人の育成」のための指導理念として「人間力」を位置づけている[注6]。そこで、この「人間力戦略研究会」による「人間力」の定義を吟味してみよう[注7]。

　ア．人間力とは
　　同報告書で「人間力」とは、「社会を構成し運営するとともに、自立した一人の人間として、力強く生きていくための総合的な力」と定義されている。
　イ．人間力の構成要素
　　そして、「人間力」は次のような要素から構成される、という。
　　Ａ．知的能力的要素
　　　「基礎学力（主に学校教育を通じて修得される基礎的な知的能力）、専門的な知識・ノウハウ」を持ち、自らそれを継続的に高めていく力。また、それらの上に応用力として構築される「論理的思考力」、「創造力」等。
　　Ｂ．社会・対人関係力的要素
　　　「コミュニケーション・スキル」、「リーダーシップ」、「公共心」、「規範意識」や「他者を尊重し切磋琢磨しながらお互いを高め合う力」等。

C．自己制御的要素
　　これらの要素を十分に発揮するための「意欲」、「忍耐力」や「自分らしい生き方や成功を追求する力」等。
　これらの要素能力を総合的にバランス良く高めることが、人間力を高めることだ、という。
　また、人間力を発揮する活動に着目して、それを次のように三種に分ける。
　　a．職業人としての活動に関わる「職業生活面」
　　b．社会参加する市民としての活動に関わる「市民生活面」
　　c．自らの知識・教養を高め、文化的活動に関わる「文化生活面」
　うち、人間力戦略研究会は、経済の活性化の観点から、特に人間力の「職業生活面」を中心に検討を行ったが、人間力は、学校、家庭、地域および産業等のそれぞれの場を通じて段階的・相乗的に醸成されるものであり、人間力強化のためには、学校、家庭、地域および産業等という四者間の連携・協力が不可欠といえる、という。

② OECDのPISA-リテラシー（利用能力）

　次に、OECD[注8]のPISA（学習到達度調査：Programme for International Student Assessment）[注9]を参照してみよう。
　ア．読解力
　　自らの目標を達成し、自らの知識と可能性を発達させ、効果的に社会に参加するために、書かれたテキストを理解し、利用し、熟考する能力。
　イ．数学的リテラシー
　　数学が世界で果たす役割を見付け、理解し、現在および将来の個人の生活、職業生活、友人や家族や親族との社会生活、建設的で関心を持った思慮深い市民としての生活において確実な数学的根拠にもとづき判断を行い、数学に携わる能力。
　　「数学的リテラシー」の問題に取り組むプロセスには、a.思考と推論、b.論証、c.コミュニケーション、d.モデル化、e.問題設定と問題解決、f.表現、g.記号による式や公式を用い演算を行うこと、h.テクノロジーを含む道具を用いること、の8つの能力が関わり、「数学的リテラシー」の問題に取り組むために必要な認知的活動は、これら8つの能力を含む次の3種類の「能力クラスター」に分類が可能とされている。
　［再現クラスター］
　　比較的良く見慣れた、練習された知識の再現を主に要する問題を解く能力。それらは、数学的事実についての知識、ありふれた問題の表現の知識、等しいものの認識、身近な数学的対象や性質を思い出すこと、決まりきった手順を行

うこと、アルゴリズムや技術的な技能をそのまま適用すること、見慣れた標準形式の記号や公式を使うこと、簡単な計算を行うことである。
［関連付けクラスター］
　再現クラスターの上に位置づけられるもので、やや見慣れた場面、または、見慣れた場面から拡張され発展された場面において、手順がそれほど決まりきっていない問題を解く能力。この能力を評価する典型的な問題は、解釈を大いに要求し、異なる表現を結び付け、解を求めるために問題場面の異なる面を結び付けるものである。
［熟考クラスター］
　関連付けクラスターのさらに上に位置づくもので、洞察、反省的思考、関連する数学を見付け出す創造性、解を生み出すために関連する知識を結び付ける能力。この能力を評価する典型的な問題は、より多くの要素を含んでおり、結果の一般化、説明、正当化を要求する。
ウ．科学的リテラシー
　自然界および人間の活動によって起こる自然界の変化について理解し、意思決定するために科学的知識を使用し、課題を明確にし、根拠に基づく結論を導き出す能力。
　OECDでは加盟各国におけるPISA能力水準を調査しているが、2006年の調査では、「科学的リテラシー」全体および「科学的な疑問を認識すること」、「現象を科学的に説明すること」、「科学的証拠を用いること」の科学的能力3領域についての調査が行われた。
エ．問題解決能力
　問題解決の道筋が瞬時には明白でなく、応用可能と思われるリテラシー領域あるいはカリキュラム領域が数学、科学、または読解のうちの単一の領域だけには存在していない現実の領域横断的な状況に直面した場合に、認知プロセスを用いて、問題に対処し、解決することができる能力。

③　鳥取大学の「人間力」

鳥取大学は次に掲げるように「人間力」を教育の根本に据え、「人間力」とは何か、独自の定義をし公表している（同大学HP）。

「知と実践の融合」を教育・研究の理念とし、この「融合」を教育の場で実現するため、「人間力」を本学独自に定義し、これを教育のグランドデザインの根底に

据えて、在学中に全ての学生がその向上を目指すものとする。

ア.「人間力」とは
　「人間力」とは、「知力」、「実践力」、「気力」、「体力」および「コミュニケーション力」の５つの構成要素から成り立つ総合的かつ人格的能力として定義する。

イ.「人間力」の構成要素とその相互関係
　「人間」は「精神」と「身体」から成り立っている、という冷厳な事実から、知の実践を具現化するには、精神の力である「気力」と身体の力である「体力」が、「気力」のより高度な発展形態である「知力」を、「体力」のより高度な発展形態である「実践力」を、それぞれ下支えする形をとる。同時に、最も基本的な、人間の相互理解を成立させる「コミュニケーション力」が、「気力」と「体力」を根底で繋いでいる。

A.「知力」の定義
　「知力」とは、自然界に起こるさまざまな現象や社会生活を客観的に観察・分析し、地球上のすべての生物の命とくらしを豊かにするための課題を見出し、解決することができる能力である。
　この知力の開発・発展のためには、広い分野での基礎的学力を身につけるとともに未解決の問題や課題を発見する能力を培い、それらを有機的に連携させ論理的に思考する力と豊かな発想力を涵養することが必要である。
　観察力→課題設定力→作業仮説作成力→実証力→分析力・統合力という過程を積み重ねてこれに習熟することによって、専門的知識が高められ、創造性や独創性を生み出す能力が修養され、地球生命体の一員としての役割を自覚し責任感をもつことができる。

B.「実践力」の定義
　「実践力」とは、命題を行動によって結果に結びつける能力である。実践の過程は、命題理解→企画・計画→実現手段の準備・調達→行動→結果のとりまとめと報告である。命題理解には知識と経験力が、企画と計画には創造性と論理的思考力が、実現手段の準備・調達にはコミュニケーション力、起業家精神および社交性が、行動には熱意、リーダーシップおよび問題解決能力が、結果のとりまとめと報告には、分析力とプレゼンテーション力が必要である。実践の過程を経験することにより課題発見能力が磨かれ、達成感を得ることができる。

C.「気力」の定義
　「気力」とは，人間が考えを行動に移すときに不可欠な能力であり，成し遂げようとすることの規模が大きくなるに伴って一層強くなることが要求される能力である。また、生きるか死ぬかの境も気力により大きく左右される。充実した「気力」は、日頃の身体と精神の厳しい鍛錬を通じて得られ発揮されるものである。「継続は力なり」の継続を支えるのは、「体力」と「気力」である。

D.「体力」の定義
　「体力」とは、人間が行動を起こす時に必要な「持続力」は疲労、苦痛、恐怖、不満への生理的・精神的ストレス耐性、我慢強さなどに求められ、環境の変動に対応する「適応力」として、スピードや敏捷性、平衡性や順応性等が必要であり、行動の中でそれらを自律し調整する「自己コントロール力」から成り立つもの。人間の心と体は一体であり、体力は行動するときに必要な意欲、モティベーションと努力を支える"チカラ"となるものである。そして、その体力の保持には、身体的な健康づくりへの配慮が不可欠である。

E.「コミュニケーション力」の定義
　「コミュニケーション力」とは、相手から発信・伝達された情報を過不足なく受け止め、その意味を理解し、それに対する自らの応答を正確かつ効果的に表現し、今度は、相手に向けて情報として発信・伝達する能力である。この能力を養うには、相手が伝える情報の意味を相手の立場を思いやりながら的確に理解するという、知力と人間的共感力の総合的涵養が必要である。また、自分の応答を印象深く効果的に表現し伝達するために、言語使用を中心とするプレゼンテーション力の訓練も必要である。こうして、人間同士の相互理解が成立するためには、このコミュニケーション力が不可欠である。

(2)「社会人基礎力」の概念

――「社会人基礎力」とは何か――

　「社会人基礎力」という概念がはじめて使われ、広く教育機関等に普及するようになった機縁は、経済産業省に設置された「社会人基礎力に関する研究会」の中間報告であった。

　①「社会人基礎力」とは
　　そこでは、「社会人基礎力」とは「職場や地域社会の中で多様な人々とともに仕事を行っていく上で必要な基礎的な能力」と定義されている。そして、「社会人基礎力」を構成する要素能力として、「前に踏み出す力」、「考える力」、「チームワーク力」の3つが提示されている。さらに、それら3要素能力は、12の能力要素に分解されている（表Ⅱ-6）。

　② 企業の求める人財と「社会人基礎力」12の構成要素との関係
　　経済産業省「社会人基礎力研究会」は「社会人基礎力の構成要素は、1990年代以降のビジネス・教育環境の変化の中で、職場等で求められる

能力はどのようなものとなっているのか」という問題意識から、同研究会における議論や、近年実施されている「企業が採用時に重視する能力」や「経営者が欲しいタイプの人材像」に関する調査の結果等を踏まえ、次のように「人」、「課題」、「自分」をそれぞれ対象とした3つの分野に属する能力が共通して挙げられる、という。

　○人との関係を作る能力
　　　（例）コミュニケーション能力、協調性、働きかける力
　○課題を見つけ、取り組む能力
　　　（例）課題発見力、実行力、創造力、チャレンジ精神
　○自分をコントロールする能力
　　　（例）責任感、積極性、柔軟性

表Ⅱ－6　社会人基礎力の12の能力要素

分類	能力要素	内容
前に踏み出す力（アクション）	主体性	物事に進んで取り組む力：例）指示を待つのではなく、自らやるべきことを見つけて積極的に取り組む。
	働きかけ力	他人に働きかけ巻き込む力：例）「やろうじゃないか」と呼びかけ、目的に向かって周囲の人々を動かしていく。
	実行力	目的を設定し確実に行動する力：例）言われたことをやるだけでなく自ら目標を設定し、失敗を恐れず行動に移し、粘り強く取り組む。
考え抜く力（シンキング）	課題発見力	現状を分析し目的や課題を明らかにする力：例）目標に向かって、自ら「ここに問題があり、解決が必要だ」と提案する。
	計画力	課題の解決に向けたプロセスを明らかにし準備する力：例）課題の解決に向けた複数のプロセスを明確にし、「その中で最善のものは何か」を検討し、それに向けた準備をする。
	創造力	新しい価値を生み出す力：例）既存の発想にとらわれず、課題に対して新しい解決方法を考える。
チームで働く力（チームワーク）	発信力	自分の意見をわかりやすく伝える力：例）自分の意見をわかりやすく整理した上で、相手に理解してもらうように的確に伝える。
	傾聴力	相手の意見を丁寧に聴く力：例）相手の話しやすい環境をつくり、適切なタイミングで質問するなど相手の意見を引き出す。
	柔軟性	意見の違いや立場の違いを理解する力：例）自分のルールややり方に固執するのではなく、相手の意見や立場を尊重し理解する。
	情況把握力	自分と周囲の人々や物事との関係性を理解する力：例）チームで仕事をするとき、自分がどのような役割を果たすべきかを理解する。
	規律性	社会のルールや人との約束を守る力：例）状況に応じて、社会のルールに則って自らの発言や行動を適切に律する。
	ストレスコントロール力	ストレスの発生源に対応する力：ストレスを感じることがあっても、成長の機会だとポジティブに捉えて肩の力を抜いて対応する。

そして、これまでこうした能力の定義や育成のための方法等は、明確にされてこなかった、とし、次のように明確化を図っている。

「こうした職場等で求められる能力については、人との接触の中で仕事に取り組んでいく上で必要な力であり、基礎学力等と並ぶ重要な能力として、従来から多くの人々や企業の間で意識されてきた。しかし、その能力の具体的な定義や育成のための方法等については、半ば『常識』のレベルの事柄と見られ、あまり明確にはされてこなかった。これは、上記のような能力が、子供が大人になるプロセスで、家庭や地域社会の中で『自然に』身に付けられるもの、との認識が一般的であったことが大きな理由であったのではないかと考えられる。
　しかし、1990年代以降、企業の経営課題が『既存の成功モデルの踏襲』から『新しい価値の創出』に軸足を移すにつれ、上記のような人との接触の中で仕事に取り組む能力が必要とされる場面が増えてきている。例えば、現在の職場では、新しい価値創出に向けた課題の発見、関係者からのアイディアの収集、実現のための試行錯誤、といった活動がより多くの場面で必要となってきている。また、『多様な人々との協働』により、課題解決の糸口を探すような活動、すなわち、チームワークが求められる度合いも高まっている。人々がこうした活動に効果的に取り組むためには、従来十分意識されていなかった『職場などで求められる能力』をより明確にし、意識的な育成や評価を可能としていくことが必要である。
　こうした観点から、職場で求められる能力を定義すれば、『職場や地域社会の中で多様な人々とともに仕事を行っていく上で必要な基礎的な能力』とすることが可能であり、社会の中で人と触れあうことを前提としていることから『社会人基礎力』と名付けることが適当である。
　職場等で活躍していく上で、社会人基礎力は必要な能力の一分野ではあるが、それがあれば十分というものではない。例えば、『基礎学力』（読み書き、算数、基本ＩＴスキル等）や『専門知識』（仕事に必要な知識や資格等）は仕事をする上でも、大変重要な能力として理解されている。また、一個の人間として社会に出て活動するからには、『人間性、基本的な生活習慣』（思いやり、公共心、倫理観、基本的なマナー、身の回りのことを自分でしっかりとやる等）をきちんと身に付けていることがあらゆる活動を支える基盤となることは間違いないと考えられる。社会人基礎力は、こうした他の能力と重なりあう部分があるものであり、相互に作用し合いながら、様々な体験等を通じて循環（スパイラル）的に成長していくものと考えられる」。

4. 結び

　直接的には、第1部で述べたように、社会から逃避して自室からほとんど外出しない引きこもり、学業不振、周囲の人間に溶け込めない等を起因に学校に行かなくなってしまう不登校、社会的認知度が高くない趣味に傾倒するオタク、職業に就いていない、学校教育を受けていない、職業訓練に参加していないニート、正規職員あるいは正社員として就業せず、アルバイトなどの雇用形態で働く仕事を本業として生活するフリーター、せっかく正規職で就職しても早期に離職してしまう若者。これらの状況を克服すべく、提唱されてきたのが学校におけるキャリア教育である。このことは、これまでの教育体制が受験対策に傾き過ぎていた日本の教育に根強い早期の進路分化への否定的考えに、また（高校の）普通科教育中心主義に、さらに学歴こそが社会的、職業的自立に繋がるという日本社会の学歴至上主義に、反省を促しているともいえる。ただ、「望ましい職業観・勤労観及び職業に関する知識や技能を身につけさせるとともに、自己の個性を理解し、主体的に進路を選択する能力・態度を育てる教育」（文部科学省）と定義されるキャリア教育の内容、進め方となると、教育関係者にさえ、よく理解されていないのが現状ではないか。

　2005年、日本進路指導協会（東京都新宿区）が、全国の公立中学校の学級担任約2,000人を対象にした調査では、「キャリア教育推進が求められていることを知っていたか」の問いに65％が「知らない」と答えた。中学生の7割が将来の職業を特定しない普通科高校に進学する現実があり、「職業にかかわる授業をどこまで具体的にやればいいのか明確な指針がない」という。

　本章では、キャリア教育とは何か、その実践の意義とは何か、そして家庭、学校、企業等社会的組織を通じて共有され、目指されるべき「人間力」・「社会人基礎力」とは何か、を吟味した。すなわち、これまでの教育を反省し、「人間性、基本的な生活習慣」、「基礎学力」、「専門知識」、そして「望ましい職業観・勤労観及び職業に関する知識や技能を身に付けさせるとともに、自己の個性を理解し、主体的に進路を選択する能力・態度を育てる教育」とさ

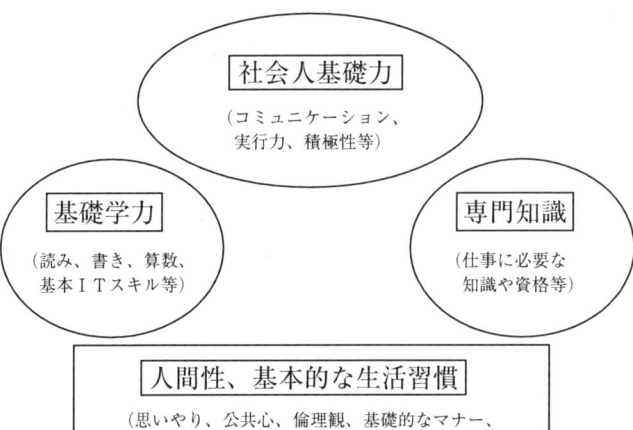

図Ⅱ-6　職場や地域社会で活躍する上で必要となる能力

- **社会人基礎力**
  (コミュニケーション、実行力、積極性等)

- **基礎学力**
  (読み、書き、算数、基本ＩＴスキル等)

- **専門知識**
  (仕事に必要な知識や資格等)

- **人間性、基本的な生活習慣**
  (思いやり、公共心、倫理観、基礎的なマナー、身の周りのことを自分でしっかりやる等)

(出所：経済産業省「社会人基礎力に関する研究会－中間取りまとめ」)

れる「キャリア教育」(図Ⅱ-6「職場や地域社会で活躍する上で必要となる能力」)が今日的社会から要請されているのである。それが実をあげるためには、実践的な教育手法も要請されており、次章で取り上げてみよう。

［注記］
1．SCM：Supply Chain Management、主に製造業や流通業において、原材料や部品の調達から製造、流通、販売という、生産から最終需要(消費)にいたる商品供給の流れを「供給の鎖」(サプライチェーン)と捉え、それに参加する部門・企業の間で情報を相互に共有・管理することで、ビジネスプロセスの全体最適を目指す戦略的な経営手法。もしくはそのための情報システムをいう。SCMの実践によって、納期短縮・欠品防止による顧客満足の向上、流通在庫を含む在庫・仕掛品の削減によるキャッシュフローの最大化等の効果が期待できる。SCMというコンセプトの根幹には、サプライチェーンの鎖の1つひとつ(サプライヤ)の個別最適ではなく、"全体最適"を図るということがある。最終需要や販売力が弱いのに、製造単価を下げるためといって生産量を増やしても不良在庫を増やすことになり、逆に強力な販売網を構築しても、部品不足や生産計画の不備により商品供給ができなければ販売機会を喪失することになる。この無駄をいかに解消するかがSCM実践のテーマである。SCMソリューションの基本形は、POSデータなどの販売実績情報から需要予測を行い、これをベースに生

第5章　キャリア教育　133

産計画・在庫計画・販売計画および補充計画を同期・最適化し、それらの計画に沿った生産や物流を行うというものだが、そのためには各サプライヤが、できる限りリアルタイムに近く、精度の高いデータを相互にやり取りする仕組みを構築する必要がある。情報システムとしてのSCMの構築方法は様々だが、ERPシステム（特に製造支援系ERPパッケージやMRP）が基盤として利用されることが多い。SCM構築用パッケージソフトも多数あり、一般的に計画系（SCP：supply chain planning）と実行系（SCE：supply chain execution）に分類される。SCMというコンセプトはロジスティクス研究から生まれてきたもので、文献上の初出はブーズ・アレン・アンド・ハミルトンのキース・R・オリバー（Oliver R. Keith）とマイケル・D・ウェバー（Michael D.Webber）が1982年に発表した「Supply-chain Management：Logistics Catches up with Strategy」だとされる。繊維業界でいう「クイックレスポンス（QR）」、加工食品業界でいう「ECR」などとも基本的な考え方はほぼ共通している。

2．たとえば、文部科学省は「人間力戦略ビジョン」において、「新しい時代を切り拓くたくましい日本人の育成」のための指導理念として「人間力」を位置づけている（文部科学広報25号、平成14年9月30日、巻末資料2参照）。また、2006年、経済産業省は「社会人基礎力」を提唱した。「組織に雇用されうる能力」、つまり「組織にとって有益な人財として認められる能力」はエンプロイアビリティ（employability）というが、それは個々の業種・企業・職種によって異なる。どの組織においても、要請される人間力・社会人基礎力を付けることがキャリア教育の目的とされる（巻末資料4参照）。

3．インターンシップ：企業等が実際の仕事に接する機会を提供し、学生の職業意識の向上、実務を肌で感じての学習意欲の喚起、延いては経営に対する理解を深めることを目的とする就業体験のこと（第6章で詳述）。

4．moratorium：支払猶予令、支払猶予期間。先延ばしすること。

5．エリート：elite, 人々のうち選りすぐりの人。精鋭、精華、名士。

6．平成14年9月30日付「文部科学広報25号」。平成15年4月10日付「人間力戦略研究会報告書　若者に夢と目標を抱かせ、意欲を高める ～信頼と連携の社会システム～」（巻末資料3）参照。

7．文部科学省は、小・中・高等学校でのキャリ教育によってどのような力を養成するのかについては、2006年11月の省内協力者会議作成による「小学校・中学校・高等学校キャリア推進の手引」を示している。そこでは、キャリア教育において身に付けさせる力として、以下の能力が示されている。

　(1)　人間関係形成能力（自他の理解能力とコミュニケーション能力）
　　　他者の個性を尊重し、自己の個性を発揮しながら、様々な人々とコミュニケーションを図り、協力・共同して物事に取り組む力を育成すること。
　(2)　情報活用能力（情報収集・探索能力と職業理解能力）
　　　学ぶこと・働くことの意義や役割およびその多様性を理解し、幅広く情報を活用して、自己の進路や生き方の選択に生かす力を育成すること。
　(3)　将来設計能力（役割把握・認識能力と計画実行能力）
　　　夢や希望を持って将来の生き方や生活を考え、社会の現実を踏まえながら、前向きに

自己の将来を設計する力を育成すること。
　(4) 意思決定能力（選択能力と課題解決能力）
　　　自らの意志と責任でよりよい選択・決定を行うとともに、その過程での課題や葛藤に積極的に取り組む力を育成すること。
8．OECD：Organisation for Economic Co-operation and Development、経済協力開発機構。本部はフランスのパリ。第二次大戦後、米国のマーシャル国務長官は経済的に混乱状態にあった欧州各国を救済すべきとの提案を行い、「マーシャルプラン」を発表し、これを機に、1948年4月、欧州16か国でOEEC（欧州経済協力機構）が発足。これがOECDの前身にあたる。その後、欧州経済の復興に伴い1961年9月、OEEC加盟国に米国及びカナダが加わり新たにOECD（経済協力開発機構）が発足した。日本は1964年に加盟。現在、OECDの加盟国は次の30か国。(1)EU加盟国(19か国)イギリス、ドイツ、フランス、イタリア、オランダ、ベルギー、ルクセンブルク、フィンランド、スウェーデン、オーストリア、デンマーク、スペイン、ポルトガル、ギリシャ、アイルランド、チェコ、ハンガリー、ポーランド、スロヴァキア。(2)その他(11か国)日本、アメリカ合衆国、カナダ、メキシコ、オーストラリア、ニュージーランド、スイス、ノルウェー、アイスランド、トルコ、韓国。OECDは、80年代を通じて24か国の加盟国により構成されていたが、1990年代に入り、メキシコ（94年）、チェコ（95年）、ハンガリー（96年）、ポーランド（96年）、韓国（96年）の5か国が加盟、さらに2000年にはスロヴァキアが加盟し、30か国となった。OECDは、先進国間の自由な意見交換・情報交換を通じて、①経済成長、②貿易自由化、③途上国支援に貢献することを目的としている。
9．上記OECDの生徒の学習到達度調査(Programme for International Student Assessment)のこと。PISAはその頭文字から取った略称。2000年に最初の調査を行い、以後3年ごとに実施しているもので、各国の子どもたちが将来生活していく上で必要とされる知識や技能が、義務教育段階（15歳）においてどの程度身についているかを測定することを目的とした国際的調査で、実生活の様々な場面で直面する課題にどの程度活用できるかどうかを評価している。調査は、「読解力」、「数学的リテラシー」、「科学的リテラシー」の3分野について行われ、2000年は「読解力」、2003年は「数学的リテラシー」、2006年は「科学的リテラシー」を中心分野として調査が行われた。また、2003年の調査では3分野の他に「問題解決能力」についての調査も行われた。2006年調査には、57か国・地域（OECD加盟30か国、非加盟27か国・地域）から約40万人の15歳児が参加。日本からは、全国の高校、高専等の1年生約120万人のうち、、約6000人が調査に参加した。

［参考文献］
1．日本キャリア教育学会編『キャリア教育概説』、東洋館出版社、2008年。
2．渡辺洋三著『日本社会はどこへ行く―批判的考察―』、岩波書店、1990年。
3．三村隆男著『キャリア教育入門―その理論と実践のために―』、実業之日本社　2004年。
4．文部科学省・国立教育政策研究所編『「キャリア教育」資料集　研究・報告書・手引編［平

成18年度増補版]』、 国立教育政策研究所生徒指導研究センター、2007年。
5．宮崎冴子著『若者のためのキャリアプランニング―すばらしい未来を拓くために―』、雇用問題研究会　2006年。
6．仙崎武・池場望・宮崎冴子著『21世紀のキャリア開発』、文化書房博文社、 1999年。
7．吉田辰雄著『キャリア教育論―進路指導からキャリア教育へ―』、文憲堂、2005年。
8．吉田辰雄(監修)『キャリア教育のエッセンス』、㈶日本進路指導協会、 2009年。
9．吉田辰雄・篠翰著『進路指導・キャリア教育の理論と実践』、日本文化科学社、2007年。
10．山田智之著『教職員のための職場体験学習ハンドブック～先進的モデル「町田っ子の未来さがし」より』、実業之日本社、2006年。
11．Kenneth B. Hoyt（編著）、仙崎　武・藤田晃之・三村隆男・下村英雄（訳）『キャリア教育―歴史と未来』、社団法人　雇用問題研究会、2005年。
12．財団法人日本進路指導協会監修　埼玉県中学校進路指導研究会編『最新・進路学習を核とした学級活動の展開』、実業之日本社、2000年。

column4 中国学生の就職事情

　中国人の留学生が増加している昨今だが、高度経済成長の続く中国の学生の就職（キャリア創造）状況は、どのようになっているのであろうか。まず、中国の学制をみてみよう。

1. 小学校（「小学」6年間）
   - 日本と同じで6歳で入学。
   - 学科目別担当制度
     　日本のように1人の教員が複数科目を教えない。ただし、農村部では教師不足により1人の教員が全科目を担当するところもある。
   - 教科書有償制度
     　これまで農村部では、教科書代がネックとなり、学校に通えない子どもも少なくなかった。そこで、1985年中国共産党中央委員会は「教育体制改革に関する決定」で教育に関する権限を県や郷レベルに委譲、地域の実情に合った基礎教育を求めた。現在では、地方政府レベルで教科書無償制度を導入しているところもある。
   - 教授法
     　基本的に繰返し読むといういわゆる「教科書暗記法」を採用する学校が多い。
2. 初級中学・高級中学（「中学」）（3学年＋3学年）
   - 「中学」
     　「中学」と呼ばれる学校が3年ずつに分かれ、前半の「初級中学」が日本でいう中学校に相当、後半の「高級中学」が日本の高校に相当する。
   - 「技術学校」
     　手に職をつけるため、「初級中学」卒業後、技術学校に進学するものも多い。

3．大学(「高校」「大学」「学院」)（4学年）
  - 毎年大学に入学するための「全国統一試験」が実施され、成績の優秀なものから希望大学に進学することができる。

　2003年8月、筆者（野本）は、中国吉林省長春市の吉林大学を訪問した。まず驚いたのは、キャンパスの広大さと猛勉強する学生たちであった。2005年11月にも筆者（野本）は、聖泉大学の学生を引率してではあるが、北京の貿易経済大学を訪問し、同様の感慨を得た。1990年代を通じて、内陸部から沿岸部の工場へ出稼ぎに来る労働者、いわゆる「農民工」の様子が日本のマスコミで話題となった。しかし、2000年代になると、その流れが落ち着き、広東省の工場では、求人しても集まらない、ということを耳にするようになった。

　かれらはどこへ行ったのか。前掲のような大学へである。中国は一人っ子政策の影響から、また自身の苦い体験から、子供には出世してもらいたいという熱情をもった親が多いのではないか。大学は、中国の"巨大サービス産業"の観を呈している。しかし、問題は就職である。中国の大学は9月入学、6月卒業であるが、中国人的資源・社会保障省によれば、2008年6月の大学卒業生は約560万人で、約3割の170万人は就職先が未定である、という。地方政府は相次ぎ、就職斡旋会を開催しているが、企業側の求人意欲は後退しており、なかなか難しいとのことである。同省の推計では、2009年6月の大学卒業者数は約600万人に増加し、約200万人が就職できないのではないか、と憂慮している。

　なぜ、売り手市場であった中国の労働市場に異変が生じたのか。一つは、大学卒業者の増大に加えて、労働者の雇用安定を促す労働契約法が施行されたからである。現地法人へのヒアリング調査によれば、「解雇が難しくなるので、採用を慎重にしている」という、企業があった。そして、2つは「世界の市場」アメリカの退潮であろう。さらに三つは発展途上国間の雇用を巡るバランスの変化である。

第6章　自律的キャリア創造人とその教育手法

要旨

　前章で述べたように、人間が社会的役割を果たすためには、社会が要請する様々な能力が要る。キャリアとは、「社会的役割を果たすための能力の蓄積過程」ともいえ、その能力は主に、小学校、中学校、高等学校、大学等の学校によって育まれる。しかし、従来型の学校教育では、今日的日本社会（組織）が要請する様々な能力に適うものにできないことが明らかになりつつある。これまであまりにも"学力（偏差値）"偏重であった。そこで、そうした状況を克服すべく進められてきているのがキャリア教育である。

　キャリア教育は、職業上必要とされる能力の涵養を目的とするが、具体的にそれを実践するためには、「共通言語」と「手法」が要る。前者については、第5章で述べた「人間力」、「社会人基礎力」すなわち「前に踏み出す力」、「考え抜く力」および「チームで働く力」が提唱されているが、後者については、どのような手法が有効であろうか。

　本書では、

　①「前に踏み出す力」　…　ボランティア活動、インターンシップ、公的資格取得、就職活動
　②「考え抜く力」　…　卒業研究、プレゼンテーション、アイディア・チェックリスト法
　③「チームで働く力」　…　ブレインストーミング法、KJ法、PERT法、ビジネスゲーム

を簡潔に解説し、薦めたい。

key words
キャリア教育手法　　社会が要請する能力　　創造する日本人　　自己啓発

1. まえがき

　本書においてはこれまで、キャリアとは何か、キャリア創造とは何か、なぜキャリアが広く多面的に使われるようになってきたのかを考察してきた。そして、キャリア教育の「発達過程」とは「社会化のための能力の蓄積・向上プロセス」でもあるとすれば、その"共通言語"的能力とは、なぜ人間力、社会人基礎力なのかという問題を考察してきた。これらの能力の向上については、近年、行政、教育、産業界から提案が数多く出されており、本書において、関連する資料を巻末に所載した。

　ところで、将来日本の社会状況が要請する"日本人"とは、どのような能力を備えた"人間像"であろうか。

　巻末に所載した「人間力戦略ビジョン ― 新しい時代を切り拓くたくましい日本人の育成 ― ～ 画一から自立と創造 ～ 」(2002.8.30　文部科学省)には、「人間力戦略ビジョン」、すなわち「目指すべき日本人像」として4つが、以下のとおり提示されている。

　　　1．自ら考え行動するたくましい日本人
　　　2．「知」の世紀をリードするトップレベルの人材の育成
　　　3．心豊かな文化と社会を継承・創造する日本人
　　　4．国際社会を生きる教養ある日本人

　まさに将来不安に苛まれ、自殺者が毎年3万人を超える社会にあって、グローバリゼーションが進展する世界で生きていかなければならない日本人が目指すべき人間像であろう。また、巻末に掲げたが、経済産業省の「社会人基礎力に関する研究会」の報告書には、「社会人基礎力」として、(1)「前に踏み出す力」、(2)「考え抜く力」、(3)「チームで働く力」が社会で活躍するための基礎能力として提唱されている。

　これらの社会人基礎力は、先の「新しい時代を切り拓くたくましい日本人の育成」のまさに"共通言語"的な基礎能力といえるであろう。

　ところで、それらの社会人基礎力を養うには手法が要る。そうした手法としては、どのようなものが有効であろうか。

2. 社会人基礎力を育むキャリア教育手法

　日本の子供たちは、自ずと将来の最高学府を目指し、より上級の学校へ入学するために勉強を強いられる。そうした"エートス (ethos: 民族・共同体・制度等に特有の精神、性格、道徳的慣習、精神的雰囲気)"を感じ、"一流大学卒"という学歴の社会的価値を周りの人にいわれながら、自分自身を勉強に駆り立てる。企業等の社会的組織に入っても、組織内教育は本質的には変わらない。

　本書では、学力、知識詰め込み、暗記偏重の人財育成法ではなく、自律、社会化をキーワードとした人財育成法を解説し、薦めたい。具体的には、教育手法には講義法、読書法、プログラムド・インストラクション法、実験法、見学・観察法、ペーパーテスト法、事例研究法、課題法 (プロジェクト法) 等々多々あるが、社会人基礎力研究会が提唱する「前に踏み出す力」、「考え抜く力」および「チームで働く力」の涵養に有効と考えられる手法を以下のとおり選び、簡潔に解説したい。

(1) 前に踏み出す力　：ボランティア活動、インターンシップ、公的資格取得、就職活動
(2) 考え抜く力　　　：卒業研究　プレゼンテーション、アイディア・チェックリスト法
(3) チームで働く力　：ブレインストーミング法、KJ法、PERT法、ビジネスゲーム

(1) 前に踏み出す力

　実社会の仕事において、答えは一つに決まっておらず、試行錯誤しながら、失敗を恐れず、自ら学習し、考え抜き、目標を達成しようとする"一歩前に踏み出す行動"が求められる。失敗しても、他者と協力しながら、粘り強く取り組むことが求められる。

＊ボランティア活動

 ボランティア（volunteer：①志願者、②志願兵、③［法］任意行為者、④［法］無償被譲与者、⑤自生植物等の意味。ここでは、自発的に社会奉仕をする者の意）活動は職業人としての能力、あるいは社会人としての資質を高めるために有効である。なかでも家庭の果たす役割は重要であり、子供の頃から親が地域社会で活き活きと活動し、近隣の人々との"触れ合い"の様子を見て育った子供は、学校や地域社会でさまざまなボランティア活動に進んで参加し、自ら地域社会（community）と交わる機会を求めていく傾向が強い。

 また、ボランティア活動を通した社会との接点が多ければ多いほど、学校教育では得難い社会性が身に付き、それは自身のキャリア創造に有効に働くであろう。

 ボランティア活動の一例として、
　① 被災者義援活動に協力する
　② 地域清掃活動に参加する
　③ 福祉施設からのボランティア依頼に応える
　④ 献血運動に参加する
　⑤ 省エネを考えて１つ実行する
等のさまざまな活動が挙げられる。

 ボランティア活動を続けることで、相手の立場や"痛み"が分かり、自分を客観的に観察することができるようになる。例えば、
　① ゴミを捨てる人から拾う人へ
　② 自然を破壊する人から自然を慈しむ人へ
　③ 社会に迷惑をかける人から社会に貢献する人へ
　④ 相手の立場、気持ちの分かる、他者と共感できる人へ
等、他人の視点から物事を捉えることができるようになる。

 ほんの些細なことからでもいいから、まずは"一歩を踏み出して"ボランティア活動を始めてみよう。

 ＊インターンシップ

 インターンシップとは、学生が在学中に自らの専攻や将来のキャリアに関

連した就業体験を行うことであり、学校と企業との連携によって行われる。学生にとっては、実際の仕事や職場の状況を知ることで自己の職業適性や職業生活設計等、職業選択について深く考える機会となる。

　また、専門知識についての実務能力を高めるとともに、取り組んでいる学習への刺激を得ることもできる。さらに、就職活動の方向性と方法についての基礎的な理解力が身に付き、就職後の職業生活に対する適応力を高めることができる。

　本来、インターンシップは、「自分のキャリアプランを考えるために体験を得る」ことが目的であるが、インターンシップを実施すること自体が目的化しているケースも見受けられる。「社会人基礎力に関する調査（経済産業省、2005年）」では、学生の参加理由として、「インターンシップというもの自体に興味があった」が49.1％もあった。また同じ調査では、インターンシップの実施に際して企業から提供された情報として、「インターンシップ生に求める能力」が23.4％、「参加した学生に対する評価」が24.0％となっており、社会人基礎力を土台としたカリキュラムの設定や効果測定が行われているケースは少ないと考えられる。この点を解消するには、企業が社会人基礎力の枠組みを活用して、インターンシップでどのような能力の「気づき」や「育成」に繋げるのかを示すことが大切である。そして、終了後にはインターンシップを通じて参加者の能力にどのような変化があったのか等の情報を提供し、学生や学校との対話を積極的に行うことが望ましい。そのためには、学生・企業・大学等の関係者が共用可能な「フィードバック・シート」を導入し、終了後に学生の意見を聴取することが重要である。

　インターンシップ事前学習においては、インターンシップとアルバイトの違いを認識させておくこと、そして社会人としての心構えやビジネス・マナー等について、ロール・プレイングを活用した指導が大切である。

　実習期間中では、学生本人の期待と違って、担当業務が、一見すると地味な単純作業や雑用に思えるものであっても、絶対にそれらを軽視してはならないことを指導すべきである。どんな場面であっても、与えられた仕事に全力で取り組むことが重要である。実習担当者は実習学生の仕事ぶりの正確さやスピード、そして仕事に打ち込む姿勢を観察して、次にどのような業務を

任せるのかを考えていくのである。

　事後学習では、実習から得た気づきや学びを記憶から記録へ言語化することが大事である。ここでは先ほどにもふれた「フィードバック・シート」を活用したい。

　ところで、イギリスでは１年間という長期のインターンシップが実施されている。また、インターン生にも初任給の６〜７割程度の報酬が支払われていること等、日本の取り組みとは違う。これらインターンシップの期間や報酬については、日本でも研究すべきであろう。

*公的資格取得

　志望のキャリアデザインを描くためには、関連するあるいは基礎となる公的資格取得によりスキルアップ (skill up) を図ることも一法である。

　後述するが、「就職活動」では「何を学んだか？」ではなく「何ができるのか？」を採用基準の一つとする傾向がある。自らの能力を開発し、将来的に自分の目標を達成するためにも価値ある公的資格を取得しておきたい。公的資格を取得するための努力は、志望するキャリアを実現するための"力"となり、"自信"となる。

　しかし、資格を持っているからといって、企業から就職で優遇されるとは考えないほうがよいであろう。基本的に、企業は資格をほとんど考慮しないと考えるべきだ。なぜならば、資格は実務という付加価値があって初めて有効に活用されるからである。しかし資格取得を目指し、目的意識を持って何かに挑戦したこと、行動したことは事実であり、その姿勢は評価されるであろう。資格取得を企業にアピールするポイントで大切なことは、「自分が目的を持って取り組める人間である」ということである。

*就職活動

　就職活動は、キャリア創造そのものであり、その最も重要なものである。キャリア教育としても重要な"人生勉強"となる。就職戦線に果敢に挑み、活動したことから得られるものは大きい。その後のキャリア形成にも大いに役立つであろう。

今日、就職活動をする学生には次のようにキャリア支援の指導が行われている。
- 「大学時代、貴方は何をしたのか」という質問に対しては、学業での実績、部・同好会活動以外に、3つの社会的活動を答えられるようにする。
- 「貴方は、何ができるのか」という質問に対しては、環境、地域、周囲の人に、実績（実際に取り組み、成し遂げたこと）をもって気配りができ、そして今抱える課題に前向きに取り組むことができることをアピールする。

近年、インターネットの普及に伴い、大量の就職関連情報が就職時期の早期化を促した。その一方で、企業と学生の直接的な接触回数はむしろ減少する傾向にある。相互の十分なコミュニケーションに基づく選択が行いにくくなっている。採用段階では、多くの企業、学生、学校が直接接触し合う場面はあるが、従来行われていた社会人基礎力を共通言語とした多くの関係者とのコミュニケーション、真に必要な情報の発信、就職に対する理解増進が十分行われているとは言い難い。

例えば、「企業が求める人材像」といった情報が学生には十分に理解されておらず、学生も企業に対して自らの強みを自分の言葉で語るというケースは少ないのではないかと思われる。こうした相互対話の不足は、両者のコミュニケーションのための共通の土台が欠けていることが大きな原因の1つと考えられ、大学と企業の間も十分な情報交換が行われていないことに起因する。

企業と学生の対話を深める上で、両者が社会人基礎力の枠組みを共有し、それを土台として相互に「求める人財像」、「自分の強み」を発信し合うことが重要である。そうした取り組みを通じて、学生による「企業の採用基準」の理解、企業による「学生の潜在能力」等の把握を促す。

特に地域の中小企業においては、学生と地域産業との繋がりを拡大することが、学生にとってもより自分の社会人基礎力の強みを活かせる選択肢が増大する。つまり職場選択の幅が広がることに繋がる。そのためにも、地域産業は「仕事のやりがい」等について、学生や大学に対し、積極的な情報発信と問題提起を行うことが求められる。

学生にとって、新卒者で就職すること自体が1つの"ブランド"である。

大学卒業後と同時に就職することは人生の節目における一つの"けじめ"になり、自分が将来に向けて成長・飛躍する大きなチャンスでもある。人生最初の職業キャリアでタイミングを逸することなく、後悔することのないように、主体性をもって若者らしく思い切って挑戦してもらいたい。

(2) 考え抜く力

社会に出るということは、"答の用意されていない"問題山積の中で仕事をこなしていくということである。問題は、自ら"洗い出し"解決していかなければならない。常に問題意識を持ち課題を発見することが求められる。その上で、その課題を解決するための方法やプロセスについて、十分に納得いくまで考え抜くことが必要である。

*卒業研究

大学設置基準には、「卒業研究、卒業論文、卒業作品」を卒業要件として学生に課さなければならないこととなっている。この卒業に当たっての研究活動は、まさに大学生にとって尽力すべき"挑戦"である。大学生の本分ともいえる"勉強"である。

自身で築いてきた専門の学理体系・知識体系の中で、問題となっている事象について調べ、考え抜きたい(研究)テーマを選択し、文献・資料・情報・データを集め分析し、その結果を考察し、「起・承・転・結」で"学術論文"として完成する。仮説を立てて、検証してもよい。実験しても、フィールド調査結果を分析してもよい。創造的な作業を丹念にすることが重要である。

この一連のプロセスは、実務をする場合も本質的には同じである。実務の仕事とは、これまでの仕事の達成度のレベルを上げつつ改善していくことの繰り返しだからである。新しい事態に直面し、それに適応して実績を上げていくためには、これまでの仕法を振り返り、どのようにすれば改善となるのかを調べ、新たな視点で見直して実践し、完遂していくという卒業研究と同様のプロセスとなる。学問的作業なのか、実務なのかの違いはあるが、創造的な一連の貴重なプロセスであることに違いはない。

卒業研究発表会は、学会の運営と同様に、司会者・コメンテーター・"フ

ロアーの聴衆"を構成員とし、質疑応答で発表内容を深めていく。発表者の良い勉強になるはずである。また、研究成果については、抄録集でもよいから製本したい。学生のキャリア形成の"一里塚""金字塔"あるいは"礎石"となるであろう。

＊プレゼンテーション

　卒業研究の成果等、自身の考えをいかに他者にコミュニケーションするかは重要である。欧米に比べて、日本ではPR（Public Relations）の努力がともすれば不足だといわれる。そこで近年、ICTの普及もあり、各所で優れたプレゼンテーションが行われるようになった。ソニーの経営戦略説明会や四半期毎のIR説明会、トヨタ自動車のニューヨーク、ロンドン、パリ等で行われたハイブリッド技術等の説明会（IRの一環）でなされたプレゼンテーションは実に見事であった。プレゼンテーションとは、情報の送り手（企画者・発表者・報告者）が受け手（聞き手・聴衆・利害関係者）に対して、「情報」や「提案」を正確に、効果的に伝達することである。またプレゼンテーションは、聞き手を説得するコミュニケーションの一つである。日本人はプレゼンテーションの苦手な人が多いといわれているが、コミュニケーション能力の一つとして重視し、技術を高めていかなければならない。

　さらに、プレゼンテーションは教育手法としても有効である。学生自らがテーマを決め、問題意識をもって情報を集め、分析し、新たな提案を行う。プレゼンテーションすることによって多くの情報をもとに考え、またその伝え方の勉強にもなる。伝える内容が良くても、うまく聞き手（プレゼンテーションを聞いてくれる相手）に伝えるためには、技術が要る。聞き手がどんな反応をするか、予想することが肝要である。そのためには、以下の3点から聞き手を分析してみよう。

　　ア．聞き手がどの程度、内容に精通しているか
　　　　発表内容について豊富な知識をもつ人もいれば、そうでない人もいる。聞き手の状況把握を行うことで、準備や練習等も自ずと変わってくる。
　　イ．聞き手がどの程度の関心をもっているか
　　　　聞き手の関心度は、発表内容に影響を及ぼす。関心を高めるような発

表を行うことも重要だが、事前に聞き手がどの程度の関心をもっているかを予想することで、発表内容をより鮮明にすることができる。

ウ．聞き手の不快感

　聞き手が不快に感じる発表になってしまうと、発表内容がどんなに良いものであっても、確実に伝わったとはいえない。

聞き手の不快感を生じさせる原因には、どのようなことがあるか、状況によってよく考える。一般的には次のようなことが考えられる。

* 説明が長い。
* 早口で分かりにくい。
* 声が小さくて聞きづらい。
* 話の内容が難しく、面白くない。
* 知っていることを自慢気に話す。

筆者らも、学会等において、広い会場の後方席で聴くと、スライドのデータ（数字）が見えにくい等、聞き手の状況に配慮しない身勝手なプレゼンテーションに出会うことがある。TPO（時・場所・機会）に十分配慮して、発表したい。

*アイディア・チェックリスト法

　アイディア・チェックリスト法は、1939年、アメリカのオズボーン（A.F.Osborne）が広告会社で新しいアイディアを生み出すために考案したもので、商品企画、あるいは商品開発の分野で用いられてきた。後述するブレインストーミング（brain storming）もオズボーンによって考案されたものであるが、アイディア・チェックリスト法は"自由奔放"に発想するブレインストーミングと違い、既存のアイディアや商品に変化を加え、新しいアイディアや商品を生み出すための技法である。

　以下に掲げるチェックリストに答えることでアイディアを発案する。リストには、既存の考え方を刷新するためのキーワードが記されている。「適合」、「逆転」、「結合」等計9種類の項目がある。

アイディア・チェックリスト法

1．	他への転用（other uses）は？： 新しい用途はないか、別用途、新しい使い道や他分野への応用を検討する。
2．	他からの借用（adapt）は？： 真似できるものはないか、類似例などからアイディアを借用する。
3．	変更（Modify）したら？： 形・色・音・動き、用途など、何らかの要素を変更してみる。
4．	拡大したら（Magnify）？　高く・長く・強く・厚くしたら？： 拡大：大きさや重さ、頻度などを大きくしてみる。
5．	縮小（Minify）したら？　短く・軽く・小さくしたら？： 大きさや重さ、頻度などを小さくしてみる。
6．	代用（Substitute）したら？： 素材・製法・動力・スキームの一部などを別のものに置き換えてみる。
7．	入れ替え（Rearrange）たら？： 順序・因果・パターン・配置関係を相互に入れ替えてみる。
8．	逆転（Reverse）したら？： 上下・左右・表裏・前後関係などをひっくり返してみる。
9．	結合（Combine）したら？： 複数のアイディア・手段・目的・ユニットなどをくっつけてみる。

　このアイディア・チェックリスト法は、教育手法としても有用である。例えば、「流通」の学習で「お米の流通」を分析する時、次の手順で考察してみる。
　　① 生産者からみたらどうか？
　　② 卸売機関からみたらどうか？
　　③ 小売機関からみたらどうか？
　　④ 消費者からみたらどうか？
「貿易自由化」、「環境保全」、「治水」、「基本食糧安全保障」等の問題をクロスさせて様々な視点から考察してみることによって、新しい見方・考え方が身に付く。

(3) チームで働く力

　大学では、毎年３月、社会人としての活躍を願いつつ卒業生を社会に送り、４月には新入生を迎える。入学後かれらと接していくうちに、"社会的に孤立している"学生が多いことに改めて気付く。"友達がいない"、"両親ともあまり口をきかない"、"漫画ばかり読んでいる"、"人に会っても挨拶しない"、

"社会の出来事に関心がない"等々である。本書では不登校、ニート、オタク、フリーター等のキャリア発達上の問題を(若者のキャリア創造を願って)考察したが、社会人となると、これは問題である。職場や地域社会では、仕事の専門化や高度化が進展しており、個人として、また組織としての付加価値を創り出すためには、多様な人との協働が求められる。自分の意見を的確に伝え、意見や立場の異なるメンバーも尊重したうえで、目標に向け、ともに協力することが必要である。社会に出れば、そこは"協働の場"であり、チームで働く力が要る。

*ブレインストーミング法
「三人寄れば文殊の知恵」という諺がある。皆で考えれば、良い知恵、アイディア(idea：着想、知恵、思いつき、thought：考え、project：もくろみ、percept：知覚表象)が浮かぶかもしれないという意味である。アイディアを開発する技法の一つに、"ブレインストーミング(brain storming)"がある。「頭の中に嵐を起こす」という意味である。

ブレインストーミングは前述のように、1939年にアメリカのオズボーン(A.F.Osborne)が広告会社で斬新なアイディアを出すために考案したもので、従来から商品企画、あるいは商品開発の分野で用いられてきた技法である。討論(ディベート：debate, 討議：discussion, 論争：controversy, 討論会)や連想ゲームでもない「アイディアの収集技法」である。

このブレインストーミング技法は、キャリア教育の技法としても有用である。例えば、いろいろな事象がなぜ起こるのか、仮説をたてる際にどんなものが考えられるのか、広く着眼点を披歴し合う。結果として、自己の既成概念を打破できる。

　　　　　　　　ブレインストーミングの実践[注1]
　　　題目にそって
　　　　① ありとあらゆるアイディア
　　　　② 題目に直接関係のあること
　　　　③ 少しだけ関係のありそうなこと
　　　　④ 題目に直接関係のないこと

⑤　奇抜で他人が笑いそうなこと
等を思い浮かべる。

*KJ法

　KJ法は、文化人類学者川喜田二郎氏（東京工業大学名誉教授）がデータをまとめるために考案した手法である。KJとは、Kawakita Jiro のイニシャルに因んでいる。考案者の川喜田氏は、文化人類学の野外調査—フィールドワークを行った後で、集まった膨大なデータをいかにまとめるかを、試行錯誤の末、カードを使ってまとめていく方法を考えた。

　KJ法の手順は、以下のとおりである。
　①　まず、収集したデータをカードに記述する
　②　カードをグループごとにまとめる（島づくり）
　③　「島」を関連づけて図式化し、発表する
　④　レポート等にまとめる。

　川喜田氏は、KJ法がチームワークで研究を進めていくのに効果的な方法だと考えて『発想法』（1967年）[注2]を刊行し、普及を図った[注3]。

　実際、KJ法は各種の共同作業によく用いられ、「創造性開発」（または「創造的問題解決」）に有効であるといわれている。先に紹介した"ブレインストーミング(brain storming)"によって提案された様々なアイディアを"関連図"としてまとめ、後掲するPERT法を活用すると有用である。

*PERT法

　PERT（Program Evaluation and Review Technique）とは、工程計画・管理手法の1つで、仕事あるいは事業（プロジェクト）全体を構成する各作業の相互依存関係をネットワーク図にし、各作業の日程計画を作成するとともに仕事全体の所要時間を算出し、さらにクリティカルパス（critical path）[注4]を明らかにして所要時間の短縮を図る手法をいう。

　このPERTは、米国海軍の艦隊弾道ミサイル計画（ポラリスミサイル・システムの開発計画）の中で開発された手法である。米ソ冷戦下、ミサイル整備の格差解消を急ぐ米国海軍は、1957年末に特別プロジェクトオフィス

(SPO)にロッキード、ブーズ・アレン・アンド・ハミルトンからのメンバーなども含めて OR（Operation Research）チームを結成、同計画に参加する3,000人以上の要員の仕事を調整するために、スケジューリング・アルゴリズムの研究に着手した。チームの数学者らはグラフ理論を応用し、作業工程を各作業の開始日／終了日（結合点）とそれを矢線で結んだ図で表現した。ここから作業工程ごとの日数データを行列計算してクリティカルパスを導き出し、仕事全体の所要時間を計算するアルゴリズムを見出した。このプロジェクトでは同手法に基づく工程管理の結果、計画は2年近くも短縮されたと評価され、その価値が認められた。

　以後、軍事分野以外にも広く知られるようになり、土木建築の施工管理や製造業の生産計画に適用されるほか、研究開発、ソフトウェア開発、流通、販売、広告・マーケティング活動などのスケジューリングにも利用されている。

　PERT法の手順は、概ね以下のとおりである。
　① 各工程の作業（タスク）を明確にする
　② 各工程が完了するのに必要な所要時間を見積もる
　③ 工程の実行順序・工程同士の前後関係を明確にする
　④ 各工程をつなぎ合わせ、ネットワーク図を作成する（各工程の開始日、終了日が決まる）
　⑤ 仕事全体の所要時間を算出して、完了時期を明らかにする
　⑥ クリティカルパスを対象として、所要時間短縮を検討する

　このPERT法は、教育の分野でも極めて有用である。すなわち、先に紹介したブレインストーミング、KJ法と併用して演習すると、仕事・事業・プロジェクト、例えば学園祭を成功裡に運営するノウハウを習得することができる。

　一例を示そう。今、20名でキャンプに行くこととし、メンバーで企画、分担を決めることを以下のように進める。
　① まず、リーダーを互選し、日時、場所を決める。リーダーが司会をし、メモを取る人を指名する。そして、どのようなモノをもれなく準備しなければならないか、参加者全員でブレインストーミングをし、摘出する（次に示すように、多くの意見が出る）。

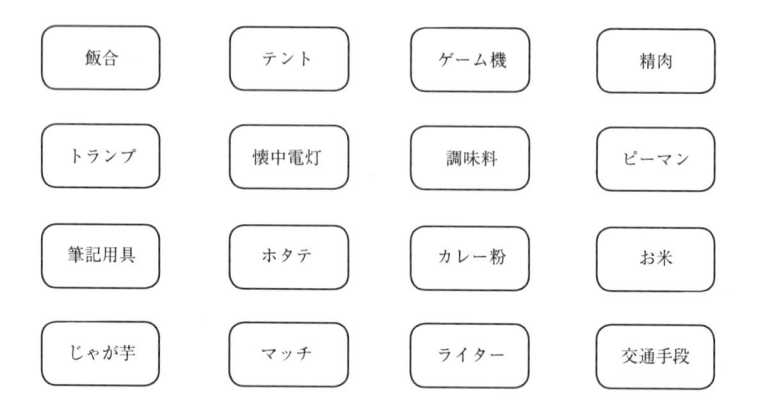

飯合	テント	ゲーム機	精肉
トランプ	懐中電灯	調味料	ピーマン
筆記用具	ホタテ	カレー粉	お米
じゃが芋	マッチ	ライター	交通手段

② 次にKJ法によって、摘出された意見のうち、"食事関連"、"キャンプでのイベント関連"、"テント・就寝関連"、"交通関連"等、関連あるカードを集め、"島づくり"を行う。そして、参加者全員で準備するために、"キャンプでの食事"係等の分担を決める。

③ そして、PERT法によって、いくつかの作業工程（ロードマップ）をスケジュールどおりに同期化（同時化）する。

＊ビジネスゲーム

ビジネスゲームとは、用意された企業の経営環境と内部情報をもとに、競争状態に置かれた各企業をチームとして構成し、経営上の意思決定の優劣を争うシミュレーション（模擬実験）である。

企業の実務を知らない学生に企業経営を"シミュレーション（模擬実験）"させることは、生産管理、マーケティング、HRM（Human Resource Management）、財務管理、戦略策定等の企業実務についての理解を深め、「企業」、「会社」、「経営」を肌で感じさせ、学習・研究への意欲を高めることが期待できる。実務に携わる社会人にとっても、総合的なマネジメントスキルの養成や競争戦略の模擬体験など、従来の講義形式では得られない魅力があり、MBAコース[注5]での普及も進んでいる。

ビジネスゲームは通常、次のようなステップで実施される。

① まず参加者を数チームに分け、各チームがある企業の経営陣を構成するものとし、各人は全般管理、企画、生産、販売などの職能を分担する。
② 市場状況と各企業の初期条件（資産、生産能力、売上高、従業員、コストなど）のデータを与える。各チームはそれぞれ独立して協議によりこれらのデータを分析し、そのうえで求められた各種の意思決定（生産量、価格、設備投資、資本調達など）を行って審判団に提出する。
③ 審判団は、あらかじめモデル化されているルールにしたがって、各チームの意思決定を評価し、経営業績を算出して各チームにフィードバックする。これで第一期が終了する。
④ 各チームは、この結果に基づいて第二期の意思決定を行う。以下、この手順を数期反復して、最終期の業績によって勝敗を決する。

意思決定の拙劣なチームは、途中で倒産することもありうる。このゲームは、総合的な経営上の判断を体験できる特色がある。生産、販売、財務などに特化して行うこともできる。

3．結び

本章を結ぶに当たって、本章「まえがき」で引用した「人間力戦略ビジョン—新しい時代を切り拓くたくましい日本人の育成— 〜画一から自立と創造〜」(2002．8．30　文部科学省)の「目指すべき日本人像」を再掲しよう。
　　1．自ら考え行動するたくましい日本人
　　2．「知」の世紀をリードするトップレベルの人材の育成
　　3．心豊かな文化と社会を継承・創造する日本人
　　4．国際社会を生きる教養ある日本人
世界は、グローバリゼーションが進展し、世界大の大競争の様相を呈している。もはや経済規模が時間の経過とともに大きくなり、国民全体にその果実が分配される時代ではない。国や地方公共団体の財政も破綻しかかっており、人々の生活も国等の他者に頼る、「高学歴」に頼るといった生き方はで

きなくなりつつある。今一度、国民一人ひとりが上掲の教育理念を基本に、社会が要請する能力を着々と蓄えていかなければならない。

巻末に、マイキャリアプラン・シート（例）を掲げた。自分の適性分析を行うことから始め、将来自分はどのようなキャリアを目指すのか、十分学び、研究して欲しい。そのため、どのような産業があるのか、日本標準産業分類も掲げた。ただ、産業も変遷する。将来どのような産業が隆盛になるのか、よく学び、研究して欲しい。

「教養」を深め、諸学問のものの見方・考え方を身に付けることは、偏見に陥らずにいろいろな角度からの「考え抜く力」を強くする。ボランティア活動に取り組むことや「保健・体育」をよく学ぶことは、精神衛生も含め「人生100歳」の将来に「前に踏み出す力」の体力・精神力の礎となる。公的資格にチャレンジしてもよい。合格すれば、自信がつくだろう。アイデア・コンテストに応募してみてはどうか。将来、社会的な発明に繋がるかもしれない。"ワクワク・ドキドキ"、多くの人が集まってブレインストーミング、KJ法、PERT法を試してみて欲しい。やがて巨大なプロジェクトに取り組む仕事に巡りあえて、非常なる喜び・達成感に浸れるであろう。

[注記]
1. 丸山顯徳編著『キャリアアップ 国語表現法』（九訂版）、嵯峨野書院、2009年。
2. 川喜田二郎 著『発想法 – 創造性開発のために』、中公新書、1967年
3. 「KJ法」は㈱川喜田研究所が商標登録し（商標登録第4867036号）、正規の教育・コンサルティングを行なうための認定を行っている。川喜田研究所から商標の使用許諾を受けずに「KJ法」を商標として使用している場合には商標権侵害になる。
4. クリティカルパス：critical path、最長経路、臨界経路。生産工程やプロジェクト等で、相互に従属関係（前工程が終わらないと次工程に進めない等）にある複数の作業のうち、開始から終了までをつなぐ時間的余裕のない一連の作業の集まりのこと。工程全体あるいはプロジェクト全体の所要期間やリードタイムを決定する。
5. MBA：Master of Business Administrationの頭文字をとった略語。一般に「ビジネススクール」と呼ばれる経営学の大学院（修士課程）修了者に与えられる学位のこと。そのビジネススクールで提供されるMBA教育プログラムの最大のポイントは、研究者育成ではなく、現役ビジネスパーソンの実践的スキルアップを目的とした教育内容にある。具体的には、マーケティング、ファイナンス、人的資源管理など経営実務に必要な専門知識とビジネスリーダー

として活躍できる論理的思考力などのスキルを身につけることができる。教育方法としては、実際の企業事例を素材に討議中心で授業を行い、「ケースメソッド」と呼ばれる手法を採用している大学院が多いのが特色といえる。

[参考文献]
1．山田雄一著『社内教育入門』、日本経済新聞社、1967年。
2．川喜田二郎著『発想法 —創造性開発のために—』、中央公論社、1967年。
3．小椋康宏編『経営教育論』、学文社、2000年。
4．富士ゼロックス総合教育研究所／日本能率協会マネジメントセンター編『人事・教育白書—自立型キャリア開発時代の到来—』、日本能率協会マネジメントセンター、1997年。
5．加藤昭吉著『計画の科学——どこでも使えるPERT・CPM』、講談社、1965年。
6．刀根薫著『PERT入門—日程計画の革命的手法—』、東洋経済新報社、1977年。
7．文部科学省・国立教育政策研究所編「職場体験・インターンシップに関する調査研究報告書」、国立教育政策研究所生徒指導研究センター、2007年。
8．Lynn Olson、渡辺三枝子・三村隆男（訳）、仙崎武監修『インターンシップが教育を変える—教育者と雇用主はどう協力したらよいか—』、雇用問題研究会、2000年。
9．渡部昌平著『高校・大学等における進路指導・就職支援マニュアル』、大学教育出版、2006年。
10．佐藤博樹・堀有喜衣・堀田聰子著『人材教育としてのインターンシップ—キャリア教育と社員教育のために—』、労働新聞社、2006年。

column 6　自殺者統計

（出所：2009年5月発表　警察庁統計資料。特定非営利活動法人
自殺対策支援センター　ライフリンク（Life Link）資料より。）

　日本の自殺者数は、1997年の2万4,391人から、1998年には3万2,863人へと急増し、高止まりした状態が続いている。2005年における自殺者数は、3万2,552人（警察庁統計）であり、交通事故死者数（2005年6,871人）の約5倍となっている。これは、1日あたり90人近くが自殺している計算になる。約16分に1人、日本のどこかで誰かが命を絶っていることになる。さらに、自殺未遂者は、少なくともその10倍はいるといわれる。

・世界の自殺率～世界の中の日本～

　日本の自殺率は、世界的に見ても高い水準にある。OECD諸国の中では第2位、G8の中では日本の自殺率はロシアに続き第2位となっている。これは、アメリカの2倍、イタリアやイギリスの3倍であり、WHOの発表でも、日本の自殺率は先進国の中でトップクラスだと報告されている。

・都道府県別自殺率

　全国的にみると、自殺率は1998年に急激に上昇し、以降8年間、高止まりの状況が続く。自殺率でみると全国1位は秋田県だが、自殺者数でみると東京都が一番多い。

・男女別・年齢別自殺者数

　自殺は、日本人の死因第6位になっている。20～45歳の男性、15歳～35歳の女性においては、死因の第1位である。日本では、中高年の自殺率が高く、自殺者全体の6割を占める。

・自殺の原因・動機

　平成20年中の自殺の原因・動機をみると、「健康問題」が48％と最も多いが、20代・30代・40代・50代の自殺の第一原因は、「経済・生活問題」である。「経済・生活問題」は、遺書がある自殺者のうち約3割の原因となっている。

おわりに

　これまで本文に書いてきたように、今日、グローバリゼーション（globalization）やICT（Information Communication Technology）革命が進展する変革期にあり、それらに伴って企業等の社会的組織や人々の価値観も変わりつつある。新興国経済（BRICs等）が勃興し、各国経済、そして各国企業間競争は、世界大競争（メガコンピティション：mega-conpitition）の様相を呈している。厳しい国際競争にあっては、"棚から牡丹餅（思いがけない幸運に恵まれること：windfall）" あるいは "親方日の丸（「親方」は日の丸、すなわち「国」を意味し、経費の節約意識等「会計」の要らない経営態度をいう。）" 式の "指示待ち人間" が通用するはずがない。
　そうした中、"キャリア（career）" という言葉が人口に膾炙されるようになった。
　一流大学を卒業し、一流会社に就職して真面目に勤め上げれば、将来幹部職に就けるかもしれないのに、地方の農地に移住して次世代型農業に取り組む人、「青年海外協力事業」に応募し、英語の教科書を持ってアフリカに赴く人等々、新しい「生き方」にチャレンジする人も多くみられるようになった。本書では、こうした状況を "キャリアの時代（era of career）"、またそうした今日的人間を "自律的キャリア創造人" と表現してみた。
　"キャリア（career）" とは何か。それは、個人の社会的役割の連鎖であって、社会的に生きるための能力蓄積過程である。そこにいう社会的役割は今日、職業人のみならず、家庭人、地域住民、国民・都道府県民・市民等現代に生きる日本人の持つさまざまな "顔" で担われ、行われる。
　筆者らが勤務する滋賀県彦根市でも、仕事のかたわら、環境問題に取り組んだり、郷土史を研究したりと、多くの "自律的キャリア創造人" が活動している。
　一方、近年、ニート（NEET:Not in Employment, Education or Training）、

フリーター、引きこもり、オタク等、社会と隔絶する、あるいは社会との関係を確りと持とうとしない青少年が増えてきた。換言すれば、"ライフキャリア（life career）"が中断、あるいはロスしている若者が増えている非常事態といえるであろう。文部科学省、経済産業省、厚生労働省、内閣府が相次いで「人間力」あるいは「社会人基礎力」研究会を立ち上げ、"キャリア教育"の指針（巻末に所載）を示したことにもその危機感が現れている。

　こうしたキャリアの中断、ロスの状況を克服し、新たなキャリアを創り上げていくことが"キャリア創造（career creation）"に外ならないが、これを成功裡に支援していくためには、そうした人々のキャリア発達状況を内面的にも、外形的にもよく理解しなければならない。

　悲観論ばかりが目立つ今日の日本社会であるが、"ワクワク・ドキドキ"するような新たなキャリア創造の道標がないかと問われれば、たくさんあるだろう。

　次世代型モノづくり、街づくり、環境修復・保全・美化、省エネ、観光、医療、福祉、IT、ベンチャー・ビジネス、伝統産業等々、一生を賭けて取り組んでみてはどうだろう。

　キャリアの中断や挫折を克服した人こそ、これまでの「受動的生き方」を捨て、"未踏の原野"にわけいるごとく、自律的キャリア創造人となり、新たなキャリア創造をしていただきたいと念願する。

謝　　辞

　2008年4月、学校法人 聖ペトロ学園 聖泉大学・聖泉大学短期大学部の清水傳雄 理事長は、同大人間学部に「人間キャリア創造学科」を新設された。"心理の分かるビジネス・パースン（business person、他者の心が分かる、痛みが分かる、気配りのできる企業人）"の育成がその設立の趣意であり、元・旧労働省事務次官としてのご見識をもって、人間学、心理学、社会学、経営学、そしてキャリア創造学を構想された。本書は、同学科設立趣意の実現の過程で構想された。したがって、同理事長のご"啓示"がなければ、生まれえなかった。ご指導に編著者一同お礼を申し上げなければならない。

　また、同学科の 井戸和男教授（元西武百貨店代表取締役専務・天理大学教授）には暖かなお人柄に触れつつ、「人間 キャリア創造論」に賛同され、熱心に激励していただいた。

　さらに同学科の向井嘉之教授（元北日本放送常務取締役）には、本書の企画・構成について、貴重なご助言をいただいた。お礼を申し上げる。

　本書の出版に当たっては、サンライズ出版株式会社代表取締役の岩根順子氏ならびに同社専務取締役の岩根治美氏に貴重なご助言をいただいた。お礼を申し上げる。

編著者
野　本　　　茂
李　　　　　艶

■本書・各章の編著者・執筆者一覧

　今日の閉塞感漂う日本社会、そして「明日への生きがい」を失っているかのような日本人にとって、自律的生き方を創造するための底本『人間　キャリア創造論』は重要であり、執筆する価値はあると企画し、章ごとに執筆依頼はしてみたものの、編集が完了するまでには、多方面の研究者に協力していただかなければならなかった。
　本書・各章の編著者・執筆者は、次のとおりである。

■編著者・執筆者一覧

野本　茂（のもと　しげる）
聖泉大学人間学部教授（人間キャリア創造学科長）（編著・第2章・第3章・第5章）

李　艶（リー　ヤン）
同教授（同　教授）（編著・第1章・第4章・特別寄稿1）

富　章（とみ　あきら）
同進路支援課長・独立行政法人 雇用・能力開発機構認定キャリアコンサルタント（第6章）

Olga Rarely（オルガ　ラレリー）
correspondent columnist（特別寄稿2）

Katsiaryna Mikhailouskaya（カシアリーナ　ミハイロスカヤ）
correspondent columnist（特別寄稿2）

塚本五二郎（つかもと　いつじろう）
一般社団法人 日本蘇生アライアンス 関西支部（第2章、キャリア関係資料）

清水　健次（しみず　けんじ）
滋賀県多賀町職員（マイキャリアプラン・シート例 作成）

　上記の他にも、多くの方から助言等のご協力をいただいた。本書の論述の文責は、すべて、編著者にあることをおことわりしておかなければならない。

資　　料

資料1

キャリア形成の現状と支援政策の展開
―個人の能力・個性がいきいきと発揮される社会を目指して―
(「キャリア形成を支援する労働市場政策研究会」報告書)(抜粋)

平成14(2002)年7月31日
厚生労働省発表

　経済社会環境が急激に変化し続け、予測のつかない不透明な時代となり、労働者、個人は一回限りの職業人生を、他人まかせ、組織まかせにして、大過なく過ごせる状況ではなくなってきた。すなわち、自分の職業人生を、どう構想し実行していくか、また、現在の変化にどう対応すべきか、各人自ら答えを出さなければならない状況となってきている。
　この意味において、「キャリア」(関連した職業経験の連鎖)や「キャリア形成」といった言葉が、労働者の職業生活を論ずるキーワードとなりつつある。こうした動きを単に時代の流れに対応させるための受動的なものと受け止めるのではなく、これを契機として個人主体のキャリア形成の動きを積極的に位置づけ、企業や社会の活性化を図る方向に向けていくことが重要である。
　このため、昨年策定された第7次職業能力開発基本計画においても、今後の職業能力開発施策の展開の中心に労働者のキャリア形成促進が挙げられている。
　しかしながら、「キャリア」や「キャリア形成」の意味や広がり、さらには、第7次基本計画を受けた「キャリア形成」支援を中心とする施策体系、展開の有り様については、未だ十分理解されているとは言い難く、改めて、これらの点について内容を明確にするとともに、その可能性を示す必要がある。
　このため、キャリア形成の現状と支援政策の在り方について、専門的な検討を行うことを目的として平成13年11月から、学識経験者や企業の実務経験者の参集を求め「キャリア形成を支援する労働市場政策研究会」(座長：諏訪康雄　法政大学教授)を厚生労働省職業能力開発局において11回にわたり、開催してきたところ、今般、その報告書がとりまとめられたので公表する。

要　　　旨

1. キャリア形成の意義

　「キャリア」とは、一般に「経歴」、「経験」、「発展」、さらには「関連した職務の連鎖」等と表現され、時間的持続性ないし継続性を持った概念として捉えられる。
　「キャリア形成」とは、このような「キャリア」の概念を前提として、個人が職業能力を作り上げていくこと、すなわち、「関連した職務経験の連鎖を通して職業能力を形成していくこと」と捉えることが適当と考えられる。
　これまで、長期安定雇用が保障される中、職業生活のあり方は基本的に企業まかせであった。学校教育も大企業への採用を目標に、成績・学校によって切り分け、社会的に一律かつ集団的な教育・就職システムや企業内システムが当然視されてきた。
　しかしながら、現在我が国労働者は、企業間競争が激化し、大企業といえども倒産のリスクを避けられず、誰しも突然失業する可能性や、技術革新の急激な進展やニーズの変化により、労働者が長年にわたって蓄積してきた職業能力が無になる可能性が生じる等の変化に直面している。
　こうした最近の環境変化は、これまでのシステムを根底から揺るがしつつあり、現在は、過度に集団的なシステムからより個人に配慮したシステムの構築への転換期に当たっている。

2. 世代別のキャリアのあり方
(1) 若年層のキャリア
　近年、若年無業者・失業者の急増、フリーターの増加、若年者の就業後の早期離職の増加等が生じており、若年者のキャリア形成上大きな問題となっている。

このため、学校教育の早い段階から生の職業に触れる機会の付与、フリーターのキャリア意識を高めるためのグループカウンセリング、企業が求める人材情報の学校や学生への開示、多様で良好な就業機会の整備等を行うことが必要である。企業の若年キャリアに係る役割も重要であり、インターンシップの実施等、今後は教育への進出も期待される。
　また、若年者の新たなキャリアの可能性として、ベンチャー企業やＳＯＨＯ等の起業も視野に入れ、そのための条件整備や教育の在り方を考えていくことも重要である。
(2) 壮年層のキャリア
　職業生活が大きな変化に見舞われる中で、個人が自立して適切に自らのキャリアを形成するためには、一定期間ごとにキャリアを棚卸ししつつ、今後の在り方を考えたり、勉強したりする機会を職業生涯の中に組み入れていくことが益々必要となる。自己啓発を行うための時間の確保の困難さや金銭面の問題、情報の少なさ、特に、企業の求める人材要件や能力を修得した後の処遇が明確でないこと等が、自己投資として能力開発に向かうことを躊躇させている。
　今後、社会人が高度な教育を受けられるようにするためには、企業側の送出しや受け入れ体制の確立、大学院等修了による専門的能力についての社会的な格付けの確立、大学側のカリキュラムの質の保障や社会人向けを含めた奨学金制度の整備等が必要である。
　近年の企業間競争の激化や急速な技術革新の進展、顧客ニーズの変化により壮年層の雇用やキャリアも不安定化し、絶えざる変化にさらされる。労働者個人として、キャリアを自分の知的財産として捉え、常に磨き、足りないものを補うような意識が必要であり、企業や社会も、個人の「失敗」を許容し「敗者復活」等を容認する環境を作る必要がある。
(3) 中高年齢層のキャリア
　中年層から高齢層になるにつれ、職業キャリアの蓄積によって形成された能力(知識・技術、判断力、洞察力、人的ネットワーク等)を生かした働き方をすることや、蓄積を後代に引き継いでいくことが重要である。
　また、個人のキャリアという点から、中高年齢期の働き方は、個人の健康、意欲、生活環境等に応じ、年齢や雇用形態にかかわらず、多様な働き方が柔軟に選択できるようにすることが理想である。また、高齢者が人生の先輩として、地域で、若年者指導や地域貢献等の活動をする機会をつくっていくことも重要である。

3．企業側から見た労働者のキャリア形成のあり方の変化
(1) 経営人事管理の新たな動向
　グローバル経済の中での企業間競争の激化や、ＩＴ化等の技術革新による需要や顧客ニーズの急激な変化が進む中で、企業は、事業の収益性、成長性、知識や技術の活用の観点から事業の見直しを進めており、「事業の選択と集中」がキーワードとなっている。
　また、こうした経営動向と併せ、市場変化に対応するための新たな企業組織として、プロジェクト方式等のフラット型組織への移行やカンパニー制の採用、分社化等の自立した組織への変革が模索されており、労働者のキャリアの在り方にも影響を与えている。
(2) 大企業を中心とする企業内の動向
　技術革新の急激な進展や需要・顧客ニーズの変化、知識経済の進展等に伴い、労働者の求められる能力は、あらかじめ割り当てられた職務への習熟から変化への対応や問題発見・解決能力が重視される傾向にある。そして、企業組織のフラット化や自立化の動きと併せ、労働者のキャリア形成については、全体として、企業主導から、次第に個人の主体性を重視する方向にある。
　キャリア支援という点で、企業が力を入れているのは、経営幹部層と早期退職層であるが、最近はこうした特定の層に限らず、社内の流動化促進や人材の活用のために社内公募制を導入するところが徐々に増えている。こうした社内公募制が機能するためには、職場の理解に加え、ポストの能力要件の明示、キャリア・コンサルティング制度、研修制度等との適切な組み合わせが不可欠である。
　能力開発については、企業主導の職階的な訓練から、個人の選択による訓練に重点が移っている。今後の能力開発の動向については、人材育成に力を入れる企業がある一方、外部の即戦力志向の企業も存在する。中長期的には、人材育成に力を入れる企業がさらに強くなる等、人材投資の姿勢により二極分化の可能性がある。

(3) 中小企業におけるキャリアの動向
　中小企業労働者の職業能力の発展やキャリア形成のあり方は、総じて様々な仕事の経験を通した実践力の蓄積であり、あらかじめ明確なキャリア意識に基づくものではない。
　また、中小企業の分野においては、職人のように企業を渡り歩きながら、能力形成を行い、独立開業する例に見られるように、自営と労働者のキャリアの区別は明確でなく、むしろ、混然一体となっている。
　中小企業労働者のキャリア支援については、能力開発や能力評価面での支援や企業を渡り歩くタイプのキャリア・アップについては、その道筋を見せる等の支援が必要であり、こうした点を中心に同業組合や中小企業団体によるサポートや社会的サポートを進めていく必要がある。
(4) 企業内のキャリア支援の実態
　約8割の企業が、従業員に、「従業員に求める能力」を知らせている。約7割の従業員が「会社・上司が個人に求める能力」を知らされている。こうした「能力」は、多くが「人事評価制度」を通じて知らされている。
　キャリア形成を従業員が主体的に考えているか否かについては、大半の企業が半分から1/4程度の従業員が主体的にキャリア形成を考えているとしているが、内容的には明確な形でキャリア意識を抱く者は少ない。
　キャリア相談を「十分」ないし「ある程度」受けることのできる労働者の割合は、34.3%。相談相手は、ほとんど上司、先輩、同僚となっている。
　自己啓発については、平成10年度は56.4%の労働者が実施している。
　社内公募制度を実施している企業は10.0%、今後実施を予定している企業は18.5%と、上昇傾向にある。
　能力開発のための休暇制度の活用については、半数強の企業が「既存の休暇を利用するように指導している」。特別な休暇を用意している企業は3.1%に止まる。

4. キャリア形成に係る政策展開
(1) 個人主体のキャリア形成支援の論拠
　今後、個人のキャリア形成支援策を進めるに当たっては、何故、自助にまで支援を行うかの論拠として以下の点が考えられる。
・労働移動が増大する中で、雇用のセーフティーネットの観点から、個人主体のキャリア形成支援を通じて、個人の雇用可能性を高めていく必要があること。
・技術革新等により変化が常に生ずる中で、能力のミスマッチの解消を図るためには、職業ニーズの動向と個人のキャリアを定期的に摺り合わせていく仕組みが必要であること。
　知識社会を迎える中で、新たな付加価値を生み出すためには、個々の労働者の自立した姿勢が必要であり、個人の取組みが企業や社会の活性化に直接影響する。
　働く意識においても職業は、自己実現を図るための手段という性格が強くなっており、こうした職業上の自己実現を通じた社会貢献を支援することは、豊かな社会の目標である。
(2) 教育・労働政策におけるキャリア準備支援
　生涯の職業キャリアを展望すると、教育施策と能力開発施策が密接な関連を持ちつつ、以下のような施策を講じるべきである。
(学校教育におけるキャリア準備)
・基礎学力や規律、マナーといった社会生活上の最低限のルールの修得
・総合学習の時間等を活用した職業に触れる場の設定
・学校における実践教育の強化
・フリーター等に対する追加的な教育や補習的な教育の実施
(就職システム)
・指定校制、学内推薦、一人一社制等の従来の一律の紹介システムの見直し
・学校におけるキャリア・コンサルティング技法の開発とそれを担う人材の育成
・学生仲間のネットワークを活かした学生による主体的な情報交換の場の設定
・企業が求める人材像や実際の職場に関する生の情報の開示促進
・講習等を通じた労働法規、保険制度、労働市場の状況等に関する知識の付与(無業者、失業者、

フリーター等への対応）
- キャリア・コンサルティング、能力開発や体験学習等の機会の付与
- 自発的な仲間同士による情報交換、簡単なカウンセリングを受けられるような場や仕組みの工夫
- ＳＯＨＯや起業等の多様な働き方によるキャリア形成の促進
- フリーターから社員や店長へのキャリア開発、フリーターが今後の職業生活のあり方を考える機会の付与等、使用者がフリーターのキャリア形成に関して実施すべき措置に関する指針の設定

(3) 労働者個人への支援
　労働者のキャリア形成を支援するためには、企業による支援の推進に併せて、以下のような直接、労働者個人に対する支援を行っていくことが必要である。
（キャリア・コンサルティングの提供）
- 公的なキャリア・コンサルティング機会の確保として、公共職業安定所や雇用・能力開発機構都道府県センターにおけるキャリア・コンサルティングの推進

（情報面の援助）
- 企業の経営方針やポストの能力要件、教育訓練方針等の情報開示や配置、昇進、昇格等の基準の明確化の促進
- 労働市場における職業情報インフラや共通言語による能力評価制度の整備による「能力の見える」労働市場づくり

（時間面の援助）
- 失効した年休等を能力開発やキャリア形成に活用できるような仕組みの検討
　　例えば、5年に一度休暇を取り、キャリアの棚卸し、今後のキャリアを見据えた能力開発を可能とする企業内の仕組みの設定
- 教育訓練を時間外に受けている日について優先的に時間外労働が免除されるような仕組みづくり

（金銭面の援助）
- 本人に対する直接の金銭的支援、教育訓練融資、能力開発促進税制の適切な組み合わせが課題となる。
- 教育訓練給付制度については、政策評価の徹底が必要である。
- 教育訓練融資については、我が国は社会的な格付けや処遇アップにつながるような教育資格制度や長期休暇制度を欠く状況で、融資を受けて、長期の勉強をする層は、現実に限られており、今後の検討課題となる。
　能力開発促進税制については、将来投資的な能力開発について年度主義の原則は実態にそぐわない。そこで、以下のような制度が考えられる。
- 現在の給与所得控除を実額控除との選択制にした上、必要経費の範囲を労働者の自己啓発経費にまで拡大する。
- 現行の税制とは別個に、人的投資促進等の観点から、新たに自発的な能力開発促進のための政策的な税額控除制度を設定する。

（多様な働き方の整備）
- 派遣、パート、有期労働、ＳＯＨＯ、自営、シルバー人材センター、ＮＰＯ等様々な働き方を自らの適性や状況に応じて選択可能にする。
- 働き方相互の間で不公平が生じないよう、公正なルールづくりや社会保険制度等の改革等が課題となる。

(4) 企業に対する支援（長期雇用型キャリア形成支援企業）
　これまでの日本型経営には、組織まかせによる個性の喪失、滅私奉公的働き方などの問題がある一方、チームワークの良さ、長期的観点に立った能力評価と人材育成、長期雇用の保障によるゆとりと企業風土・文化の熟成等多くの利点を備えている。
　こうした日本型経営を全く捨て去るのではなく、その利点を生かしつつ、成果主義、社内公募制をはじめ個人の主体性を尊重した新たな長期雇用型のキャリア支援企業モデルをつくっていくことが望まれる。
　具体的には、次の点がポイントとなる。
- 経営理念として、「人を大切にする」、「学習する組織を目指す」、「事業経営を通して社会貢献を果たす」等、個人や企業のあり方について明確な社会的位置づけをし、哲学を持っている。

- ①経営・人事管理の目標・方針、ポストに求められる人材要件等の内容の明確化やその従業員等への情報開示、②キャリア・コンサルティング制度、キャリアルートの複線化、社内公募制の導入等キャリア形成に配慮したシステム、③教育訓練休暇制度や自己啓発の仕組み等の制度が整備されている。

　上記のようなモデルの提示、指針による誘導、キャリアに係る情報の提供、相談や、助成金等の金銭的支援が企業支援の主な内容となる。

5．労働市場の構築
(1) 労働市場の枠組みの官民による形成

　我が国においては、これまで大企業を中心とする長期雇用システムのもとで内部労働市場が発展してきた反面、外部労働市場は未整備であった。特に、個人の主体的なキャリア形成のためには、前提として、能力評価制度、能力開発の受皿としての教育訓練制度、キャリア・コンサルティングシステム、職業等に係る情報システム等のインフラを利用しやすい形で整備していく必要がある。

イ．職業能力開発の受皿としての教育訓練システム

　我が国における社会人向け訓練の受皿の状況は、少なくとも国際的に高い水準にあるとは言えず、特に、大学・大学院レベルの高度なレベルの教育訓練機会は、かなり限られている。

　今後、知識社会の到来が予測される中で、高度な内容の教育訓練機会の創出をはじめ、民間を中心に社会人向けの教育訓練機会をどのようにつくり出していくかは大きな課題となる。

ロ．我が国における職業能力評価制度のあり方

　今後、我が国においても本格的に労働市場の枠組みとして、英国のＮＶＱ等を参考として、公的職業能力評価制度を整備する必要である。

　評価制度は、民間の事業主団体等により担われることが望ましい。しかし、現実問題として、こうした評価制度を民間団体が自主的に構築する動きは現在のところ十分なものではない。

　そこで、欧米諸国の方法を参考にして、適切に官民が協議・連携・役割分担を行いつつ、合同で職業能力評価制度を構築することが現実的である。

　評価制度の構築に当たっては、まず、評価制度の基礎として、知識・技能の内容を統一した共通用語で叙述することが必要である。次に、こうした共通用語で叙述された知識・技能をレベルに応じて格付けし、評価基準を作り、評価を行っていくことが求められる。

　次に、能力評価制度の構築にあたっては、自己診断や、能力の棚卸しができる簡易な評価の仕組みや必要性の高い分野から順次、整えていくことが重要である。

　さらに、職場で通用する実践的な職業能力を評価する観点から、
① 実務経験や実績をどう評価するかという点
② 単なる表面的なスキルだけでなく、知識、技能を生かすための判断力や洞察力等の経験によって裏打ちされた能力や長年のキャリアによって培われた職業に係る思考特性や行動特性(いわゆるコンピテンシー)をどう評価するという点が今後の課題である。

　こうした観点から、今後、ビジネスキャリア制度等のホワイトカラーの能力評価の仕組みについても見直し、整備する必要がある。

ハ．職業情報システム

　労働者が主体的にキャリア形成を行っていくためには、労働者個人が、職業に関する情報や教育訓練に関する情報など労働市場に関する情報に容易にアクセスでき、入手できる体制を整備することが重要である。

　今後、各機関の保有している情報を整理するとともに、労働者、企業、キャリア・コンサルタント、人材関係機関の活用、特に、労働者がキャリア形成を行っていく上で必要な情報を入手・活用できるよう、実践的な角度から職業ニーズ、労働市場動向、能力開発等に関する情報システムの構築を図っていく必要がある。

ニ．キャリア・コンサルティング

　個人のキャリア支援を行っていくためには、専門的なキャリア・コンサルティングが必要である。

　我が国では、アメリカのようなカウンセリングのノウハウや伝統がないことや受入れ側の国民も、ただちに高いレベル(大学院資格)のカウンセリングを求める需要がないことから、まず、

職業やキャリアに関する基本的、実践的な相談ができる人材をある程度の数養成し、企業内、需給調整機関、能力開発機関等に配置されることを目標とすることが適当である。
(2) 労働市場形成促進のための方策（能力の見える社会へ向けて）
　労働市場を機能させていくためには、とりわけ、その枠組みとして、能力評価制度が重要であり、能力評価制度が企業内外を通じて、労働者の能力を計る基準として、通用するようになると、本格的な横断市場の形成につながる。
　内外の労働市場において、共通用語で、能力を表現し、それを開示し合っていくことが必要である。
　また、こうした共通用語ができればそれをもとに
① 企業内において、ポストの能力要件、求人の能力要件、能力開発目標やキャリアルートを明確にし、開示する。
② 需給調整機関において、この共通用語を用いた求人・求職の能力要件の明確化が可能になる。
③ 能力開発機関において、能力開発の出来上がり像や教育訓練内容を明らかにし、開示する等、それぞれの関係者において能力要件明確化・開示運動を徹底していくことが望まれる。
　　加えて、労働者側についても、キャリア・コンサルティングや職業相談を行う際に、キャリアシート等をもとに、個人の職務経歴、実績や能力開発内容等を共通用語として記録することができれば、それが、能力パスポートとして、企業内外の相談、処遇、キャリア形成の基礎とすることができる。
(3) 民間団体等の役割
　労働市場の枠組みをつくるために、官のイニシアティヴが不可欠であるが、能力評価システムや職業情報システムは、技術革新やサービスニーズの変化に即応して更新されなければならない。そのためには、これらのシステムの運営については、現場の状況を把握できる業界団体や職能団体等の民間団体の役割が大きい。
　また、民間需給調整機関が、ＩＬＯ181号条約（民間職業仲介事業所条約）に反しない範囲で、労働者から手数料をとりつつ、労働者のエージェントとして活動することができれば、こうした労働者のキャリア形成という観点からも、労働市場の形成に潤滑油的な役割を果たすことができよう。

6．法的問題点
　労働上の諸問題、とりわけ、激しい環境変化に対応するためには、個人の財産である職業経験による能力の蓄積に着目し、その能力蓄積の展開、すなわち、職業キャリアを保障することが一つの法理（キャリア権）として考えられる。
　例えば、労働移動が活発化する中で、今後、長い職業人生の中で、必ず職務転換や転職・転社を経験せざるを得なくなるが、そうした場合においても、人々の職業キャリアが中断したり、ロスを生ずることなく、円滑に発展させる必要がある。さもないと、個々の労働者は勿論、使用者、さらには、社会全体も、職業能力の低下と人的資本の枯渇に直面することになりかねない。
　こうした観点から、個々人の職業キャリアの準備・形成・発展を保障していくことは、個々人にとって一社の雇用保障を超えて、広い意味での雇用可能性（エンプロイアビリティ）を高めるとともに、企業や社会が経済社会環境の変化に対応し、発展する上で重要な意味をもつものと考えられる。

7．まとめと提言
　基本的に豊かな長寿社会を迎えている我が国において、個人が社会の中で、それぞれに夢を持ち長い職業生涯を通じて、失敗・挫折と成功体験を繰り返しながら、それを実現できるような社会にすることが、キャリア形成支援の窮極の目的である。
　それぞれの関係者に対する期待として、次のことを提言する。
(1) すべての労働者、個人の主体的キャリア形成の支援とその実現
(2) 教育における実践とキャリア支援のすすめ
(3) 長期雇用型キャリア支援企業のすすめ
(4) 生涯にわたる多様なキャリアを可能とする社会の実現
(5) 能力の見える社会づくり

資料２

人間力戦略ビジョン

新しい時代を切り拓くたくましい日本人の育成
～画一から自立と創造へ～

平成14（2002）年8月30日
文部科学大臣　遠山敦子

目　標

1. 自ら考え行動するたくましい日本人
2. 「知」の世紀をリードするトップレベルの人材の育成
3. 心豊かな文化と社会を継承・創造する日本人
4. 国際社会を生きる教養ある日本人

上記の４つの目標を達成するため、以下の６つの施策を推進する。

1. 確かな学力の育成～国民の教育水準は競争力の基盤～
   - 基礎・基本を徹底し、自ら考える力の育成を図る学力向上アクションプラン
   - 教えるプロとしての優れた教師の育成・確保
   - 優秀な外部人材の活用
   - 特色ある学校、安心して学べる環境づくり
2. 豊かな心の育成～倫理観、公共心と思いやりの心～
   - 家庭の教育力向上（子育て支援）
   - 地域の教育力向上（異年齢交流）
   - 道徳教育の充実（ルールを守り、責任感・正義感を持つ）
   - 伝統・文化の尊重
   - 奉仕・体験活動や読書活動の推進
3. トップレベルの頭脳、多様な人材の育成～世界をリードする人材～
   - 科学技術創造立国の実現
   - 優れた研究教育拠点の形成
   - 専門職大学院（プロフェッショナル・スクール）の創設
4. 「知」の世紀をリードする大学改革～競争的環境の中で個性輝く大学づくり～
   - 国立大学の法人化など大学の構造改革の推進
   - 大学の質の保証と向上のための制度改革
   - 大学の教育機能の強化
5. 感動と充実
   - 文化芸術立国の実現
   - 生涯学習社会の実現
   - 子供の体力向上の推進と世界で活躍するトップレベルの競技者の育成
6. 新しい時代を生きる日本人
   - 世界から信頼される日本と日本人
   - 「英語が使える日本人」の育成
   - 「日本人の心」が見える協力と留学生交流の推進
   - ＩＴ、環境教育、男女共同参画社会を担う人材の育成

「人間力戦略」実現のための主要施策の例

確かな学力の育成
～ 国民の教育水準は競争力の基盤 ～

▼基礎・基本を徹底し、自ら考える力の育成を図る学力向上アクションプラン
　○ 個に応じた指導の充実、先進的取組みの推進
　　・学力向上フロンティア事業等
　　　　スーパーサイエンスハイスクール（「科学技術・理科大好きプラン」の一部として実施），
　　　　スーパー・イングリッシュ・ランゲージ・ハイスクール
　○ 少人数授業や習熟度別指導のための教職員定数改善計画の推進
　○ 全国的な学力調査の実施等による学力や教育課程の基準の評価システムの確立
　○ 障害のある児童生徒、一人一人の教育的ニーズに応じた教育の推進
　○ キャリア教育の充実
　○ 教科書において、学習指導要領に示されていない「発展的な学習内容」の記述を可能とする検定制度の改善
▼教えるプロとしての優れた教師の育成・確保
　○ 教員養成機能の強化（教員養成学部等の抜本的な再編統合等）
　○ 10年経験者研修の義務化
　○ 新たな教員評価システムの導入の促進
　○ 児童生徒への指導が不適切な教員の転職措置の創設
▼優秀な外部人材の活用
　○ 学校いきいきプランの推進
　○ 特別免許状や特別非常勤講師制度による社会人活用の促進
　○ 大学、研究機関等と教育現場とが連携して実施する、先進的な科学技術
　　・理科教育を支援（「科学技術・理科大好きプラン」の一部として実施）
▼特色ある学校、安心して学べる環境づくり
　○ 学校運営についての自己点検評価の実施、結果の公表の推進
　○ 地域が運営に参画する新しいタイプの公立学校（コミュニティ・スクール等）の実践研究の推進
　○ 学校施設の耐震化・老朽対策の推進
　○ 新たな課題に対応した施設整備
　　・バリアフリー化／最先端の情報環境／エコスクール、空調等
　○ 学校の安全管理の徹底、心のケアの充実
　○ 出席停止制度の改善やサポートチームの組織化などによる問題を起こす子どもへの適切な対応

豊かな心の育成
～倫理観、公共心と思いやりの心～

▼家庭の教育力の向上（子育て支援）
　○ 家庭教育に対する支援の充実
　　・親を対象とした家庭教育に関する学習機会の提供の充実、新家庭教育手帳の作成
　　・地域における子育て支援のためのネットワークの形成に対する支援の充実
　　・家庭教育の向上のための社会教育行政の体制を整備（平成13年社会教育法改正）
　○ 幼稚園における「預かり保育」等子育て支援の充実
▼地域の教育力の向上
　○ 週末等の子どもの多様な活動を支援（異年齢交流）
　○ 不登校児童生徒に対する地域ぐるみのサポートネットワークの整備
▼道徳教育の充実（ルールを守り、責任感・正義感を持つ）
　○ 幼稚園から高等学校までの道徳教育の充実

- ・「心のノート」の配布等
- ○ 児童生徒の心の相談に対応するためのスクールカウンセラーの充実
▼伝統・文化の尊重
- ○ 伝統文化に関する教育の充実
▼奉仕・体験活動や読書活動の推進
- ○ 学校教育法・社会教育法の改正による体験活動の促進
  - ・奉仕・体験活動を推進する体制整備の充実
- ○子どもの読書活動の推進に関する施策の充実

トップレベルの頭脳、多様な人材の育成
～世界をリードする人材～

▼科学技術創造立国の実現
● 「知の拠点」を支える教育研究環境の改善
- ○ 科学研究費補助金等の競争的資金の充実
- ○ 奨学金の充実
- ○ 博士課程学生、ポスドク支援の充実など優れた若手研究者の育成
- ○ 産学官連携を活用した研究人材育成、バイオインフォマティクス等新興分野の機動的な研究人材育成
- ○ 世界水準の教育研究成果の確保を目指した「国立大学等施設緊急整備5か年計画」の着実な推進

● 産学官連携の推進
- ○ 大学発ベンチャー創出の推進
- ○ 知的財産の創出・取得・管理・活用体制の強化に向けた「大学知的財産本部」の整備
- ○ 大学等を核とする知的クラスターの創出
  - ・地方自治体と大学との連携、協力の強化

▼優れた研究教育拠点の形成
- ○ 研究教育拠点形成等の重点的支援
  - ・21世紀COEプログラムの推進
  - ・特色ある大学教育支援プログラムの実施
- ○ 私学助成による重点的支援
- ○ 学生・若手研究者の海外武者修行の推進
- ○ 任期制・公募制の推進による研究者の流動化
- ○ 博士課程学生、ポスドク支援の充実など優れた若手研究者の育成【再掲】
- ○ 産学官連携を活用した研究人材育成、バイオインフォマティクス等新興分野の機動的な研究人材育成【再掲】

▼専門職大学院(プロフェッショナル・スクール)の創設
- ○ 法科大学院などの専門職大学院(プロフェッショナルスクール)制度の創設
- ○ 社会のニーズに対応した高度専門職業人の養成

「知」の世紀をリードする大学改革
～競争的環境の中で個性輝く大学づくり～

▼国立大学の法人化など大学の構造改革の推進
- ○ 非公務員型による弾力的な人事システムへの移行
- ○ 民間的発想のマネジメント手法の導入
- ○ 教育研究のパワーアップを図るための国立大学の再編・統合の推進
- ○ 競争的環境の強化(第三者評価による競争原理の導入)

▼大学の質の保証と向上のための制度改革
  ○ 大学の設置認可の抜本的改善
  ○ 新たな第三者評価制度の導入
  ○ 法令違反状態の大学に対する是正措置の導入
▼大学の教育機能の強化
  ○ 研究教育拠点形成等の重点的支援【再掲】
    ・21世紀COEプログラムの推進
    ・特色ある大学教育支援プログラムの実施
  ○ 私学助成による重点的支援【再掲】
  ○ 厳格な成績評価の導入の推進
  ○ ファカルティ・ディベロップメント(授業内容・方法の改善に向けた組織的な取組)などの一層の推進

感動と充実

▼文化芸術立国の実現
  ○ 文化芸術振興基本法に基づき、心豊かな社会の形成、地域の活性化に向けて施策を推進
    ・文化芸術創造プラン(新世紀アーツプラン)の推進
    ・「日本文化の魅力」発見・発信プラン
    ・文化財の活用と次世代への継承
    ・文化振興のための基盤整備
▼生涯学習社会の実現
  ○ 社会教育施設、文化施設等の活性化・高機能化
  ○ 社会人キャリアアップのための多様な学習機会の充実
  ○ 専修学校教育の振興
  ○ 社会経済の変化に対応した放送大学の教育機能の充実
▼子どもの体力向上の推進と世界で活躍するトップレベル競技者の育成
  ○ 子ども体力向上プラン(子どもの体力を向上させるための、学校・地域
    ・家庭等による総合的な方策を展開)の推進
  ○ ニッポン復活プロジェクト(仮称)による世界で活躍するトップレベル競技者の育成

新しい時代を生きる日本人

▼世界から信頼される日本と日本人
▼「英語が使える日本人」の育成
  ○「英語が使える日本人」の育成のための行動計画のとりまとめ
    ・優秀なALTの正規教員への採用等、ネイティブスピーカーの活用促進
    ・中学校・高等学校の全英語教員6万人を対象とした計画研修の実施
    ・高校生留学の推進
▼「日本人の心」の見える協力と留学生交流の推進
  ○ 我が国の知的資源を全面的に活用した、「日本人の心」の見える国際開発協力を推進するための知的インフラの構築
    ・初等中等教育分野等の協力強化のための「拠点システム」の構築
    ・大学における国際開発協力を促進するための「サポートセンター」の整備
    ・国際開発戦略研究センターの設置
  ○留学生交流の推進
    ・留学生相互交流の推進
    ・ポスト留学生受入れ10万人計画を含めた新たな留学生交流充実策の策定等

- ▼ＩＴ・環境・男女共同参画社会を担う人材の育成
  - ○ ＩＴを活用した教育及び学習の振興、人材の育成
    - コンピューター、校内ＬＡＮ等のＩＴ環境の整備、教育用コンテンツの充実、教員のＩＴ活用指導力の向上などによる教育の情報化の推進
    - 公民館、図書館等の社会教育施設、専修学校等におけるＩＴの積極的活用による生涯学習機能の強化
    - ＩＴ分野における人材の戦略的育成
  - ○ 環境教育の充実
    - 学校における環境教育の推進（「環境教育推進グリーンプラン」）
    - 青少年や成人を対象として、地域における環境教育を含め様々な課題に関する学習活動を支援
  - ○ 学校、家庭、地域における男女平等を推進する教育、学習の充実

資料3

人間力戦略研究会報告書

若者に夢と目標を抱かせ、意欲を高める
～信頼と連携の社会システム～（抜粋）

平成15（2003）年4月10日
人間力戦略研究会

［目次］

はじめに

人間力戦略研究会報告書
　Ⅰ．背景
　　1 経済社会環境の変化への対応
　　2 教育・雇用に関する構造問題

　Ⅱ．人間力の定義

　Ⅲ．問題の所在
　　1 人間力の現状
　　2 人間力低下の原因
　　（1）人間力低下の背景
　　（2）人間力低下の原因

　Ⅳ．政策提言
　　1 学校
　　（1）学習・就業意欲を高める
　　（2）学校が変わる
　　（3）教員が変わる
　　（4）制度が変わる（政府による枠組み作り）
　　2 家庭・地域
　　（1）家庭の教育力を高める
　　（2）地域の教育力を高める
　　3 産業（企業）
　　（1）人材を育てる
　　（2）学校・地域との連携を深める
　　4 雇用政策
　　（1）就業・起業を支援する
　　（2）キャリア形成を支援する

　Ⅴ．人間力向上に向けた戦略的な施策の推進
　　1 問題意識の共有化
　　2 学校、家庭、地域及び産業等の役割の明確化
　　3 各主体の連携強化
　　4 戦略的な対策の推進

　　　　　　　　は じ め に

- **本研究会の趣旨と目的**

　現在の日本では、社会のさまざまな側面において、沈滞感、閉塞感が漂っているといわれて久しい。とくに、産業界では、経済の長期停滞、雇用・労働の不振状態に対する危機感が高まっている。こうした現状に対して、経済の活性化、雇用の拡大をはかる政策が必要なことは論を待たない。実際、政府、民間企業を含めて、多くの提案がなされ、実行に移されているところである。
　しかし一方、それらと並んで、「教育」という側面からのアプローチが不可欠である。すなわち、社会の中で自立し、役割と責任を果たしながら、自分らしい生き方を追求する個人を育成することが、経済・社会の活性化の基盤ともなる。このような教育のあり方を考えるのに、従来の「学力」という用語では、議論が限定的になりすぎたり、混乱を招いたりする恐れがあった。
　そこで、最近しばしば使われる「人間力」という用語を中心に据えて、教育関係のみならず、経済・産業分野、労働・雇用分野からの有識者から成る研究会を構成することとなった。この委員会は、こうした趣旨で経済財政諮問会議において発案され、内閣府を担当部局として成立したものである。
　したがって、この研究会の目的は、人間力という概念を明確にしつつ、その現状を分析し、今後の社会・経済の発展に結びつくような政策提言を行っていくことにある。

- **本研究会の特色——教育界と産業界の接点となる議論**

　もとより、人間力の形成という問題は、社会における極めて大きな問題である。しかし、これまで、残念なことにわが国では、教育界と産業界には理念や価値観の大きな隔たりがあり、この問題を語り合う場が醸成されていなかったと言っても過言ではない。たとえば、産業界では、教育がしばしば「人材育成」と同義であるかのように語られることがある。企業の中で働く有能な人間を育てることが、産業界からの「ニーズ」であり、それを「人材の供給側」である教育界に期待することになる。
　一方、教育界、とくに学校教育の分野では、社会における「自己実現」を基本的な理念としているものの、現実には、教科学習を中心としたアカデミズムと、学校組織という枠という中での社会性の涵養に重きがおかれ、産業界からの要請に直接応えようとすることには抵抗感が強い。
　本研究会は、こうした現状をそれぞれの分野の委員が自覚しつつ、そこに対話の道を見出し、これからの教育の理念と、それを実現する環境を具体的に提案していこうとした点に大きな特色がある。幸いなことに、社会の中での「仕事」や「役割」を子どもたちが知り、それに向けて自らの生き方や学び方を考えていくという教育のあり方は、けっして自己実現という理念とも産業界の要請とも矛盾するものではないという、ほぼ共通の認識が得られた。この認識を軸にして、本研究会でまとまった主張は次のようなものである。

- **人間力をどうとらえるか——社会に生き、社会をつくる人間をモデルに**

　文部科学省は、近年の教育改革の中で、自ら学び、自ら考える力などの「生きる力」という理念を提唱してきた。「人間力」とは、この理念をさらに発展させ、具体化したものとしてとらえることができる。すなわち、現実の社会に生き、社会をつくる人間をモデルとし、その資質・能力を「人間力」として考える。本委員会の採用した人間力の定義とは、「社会を構成し運営するとともに、自立した一人の人間として力強く生きていくための総合的な力」ということになる。
　この定義は、多分にあいまいさを含んでいる。しかし、私たちは、人間力という概念を細かく厳密に規定し、それを普及定着させることをこの研究会の使命とは考えていない。人間力という用語を導入することによって、「教育とは、何のために、どのような資質・能力を育てようとするのか」というイメージを広げ、さらにそこから具体的な教育環境の構築が始まることにこそ意義があるのである。
　ところで、「人間力」をこのようにとらえるとすると、まず、そのモデルといえる「大人」は、どのように社会の中で生きているのであろうか。その側面は大きく三つに分けて考えることができる。

まず、第一は、「職業生活」という側面である。何らかの仕事をもち、それを遂行することは、個人が生きる糧となると同時に、経済・社会の維持・発展を基礎から支えるものとなっている。第二は、「市民生活」という側面である。すなわち、民主主義社会の一員として、社会的問題に関心をもち、直接・間接に政治に関わったり、地域活動や市民活動に参加したりするということである。そして第三は、「文化生活」という側面である。学校時代に留まることなく、自らの教養・知識・技能を向上させ、文化的活動に関わる意欲と能力をもっていることである。
　これらの側面から考えてみたときに、従来のわが国の子どもたちをめぐる教育の内容と環境は、けっして満足できるものであったとは思われない。とくに近年、「子どもたちの学習意欲が減退していること」、「就業意識の低い若者が増加していること」、「地域活動や政治参加への無関心が増大していること」などの実態を踏まえると、人間力の諸側面において危機的な状況に向かっているにも関わらず、有効な対策は十分に講じられていないように思われる。

- **人間力戦略の基本スタンス——社会の見える教育環境の構築**
　人間力をどのように育成していくかの戦略として、本委員会の基本的なスタンスは、現実の社会で大人がどのように生き、そこでは何が必要とされるのかを見せることによって、学ぶことの意義を子どもたちに伝えるような教育環境をつくっていくということである。とりわけ、成立の経緯から、本研究会は経済再活性化政策の一環として、「人間力」という広い概念の中でも、職業生活面に焦点をあてており、社会における「仕事」との結びつきを教育の中で示すことを重要な視点と考えている。
　前述したように、もとよりわが国の教育は現実の社会と乖離しがちであるという問題が指摘されており、「何のために学ぶのか」という目的意識を不明確にしたまま、一方では受験競争による外発的な動機から、他方では知的好奇心や教養といった教科の内在的価値から学習に向かわせようとしてきたということは否定できない。
　しかし、少子化により全体としては受験競争も緩和され、子どもの価値観や興味・関心も多様化した現在、これらの方法だけで学習意欲を喚起していくことには限界がある。むしろ、学ぶことの実質的な意義に立ちかえり、職業行動をはじめとして、社会生活を営むことを視野に入れた学びのあり方を、教育に携わる人々にも子ども自身にも考えてほしいというのが、今回の報告の基礎にある考え方である。
　実際、このような考え方に基づく教育の改革は、すでに各方面で始まっている。新学習指導要領で導入された「総合的な学習の時間」を利用して、あるいは、「開かれた学校づくり」というキーワードのもとでの地域との連携によって、最近の学校教育は社会との接点が多くなりつつある。私たちは、こうした動きを支持するとともに、さらに有効に展開するべきと考えている。これらは、保護者、地域、民間企業など、いわゆる学校の「外」からの協力という方向から、学校教育の改革・発展を図るものといってよい。
　また一方では、職業理解教育や市民教育といった、社会の中での活動を子どもたちに伝える教育を行うためには、民間企業や市民団体が主体的に教育の場を提供することも重要で、その役割は極めて大きい。すなわち、学校教育の改革だけにすべて頼ってしまうのではなく、自治体が連携の要となって、家庭、地域、市民団体、民間企業などが参画する教育環境づくりが不可欠である。政府としてもその推進や支援にぜひ力を注いでほしいと、私たちは願っている。
　かつて１９９０年代の半ばには、経済同友会による「合校」に見られるように、教育機能を学校、家庭、地域、企業などで分かち合っていくというモデルが提案されている。こうした先駆的な考え方を踏まえつつ、「社会の見える教育環境の構築」という視点に立って、多様性と公共性を兼ね備えたシステムに向けての提案を本研究会では積極的に行った。
　わずか５ヶ月という短期間での集中審議で扱うにはあまりにも大きな問題ではあったが、各方面からの委員から成る本研究会の報告が、今後の教育改革に携わる方々に何らかの参考にしていただけることを、委員一同としては期待している。また、最後になってしまったが、ご多忙の中ヒヤリングに協力してくださった有識者の方々にはあらためてこの場を借りて感謝したい。

２００３年４月１０日
内閣府「人間力戦略研究会」座長
市　川　伸　一

人間力戦略研究会報告書（本文）

Ⅰ．背景
1 経済社会環境の変化への対応
- 日本の経済社会は、今、大きな転換点にある。国内製造業の海外移転の増大や国際貿易に占める我が国輸出ウェイトの低下等にみられるように、我が国の産業競争力が９０年代初頭に比べ大幅に低下するとともに、新たな需要創造力も低下している。国民の生活水準は、国際的にはなお高水準にあるとみられるが、長引く景気の低迷と先行き見通しの不透明さもあって、国民の生活満足度は低く、将来への期待感も薄い等、総じて経済活力に乏しい。
- こうした停滞感を払拭し、我が国の経済、文化、社会の活性化と再生を図るため、平成１４年６月に「経済財政運営と構造改革に関する基本方針２００２」が閣議決定され、経済活性化戦略の一つとして、「人間力」の戦略的強化を図る必要性が指摘された[1]。
- また、経済構造の変化が進展するなかで、個々の人々が、経済・社会環境の変化に適切に対応し、社会において確固たる生活の基盤を得て十分な自己実現を果たすためには、それぞれの持てる能力を高め、その能力を最大限に発揮することが必要であり、このような観点からも、人間力の強化に向けた施策の必要性が高まっている。
- 「経済の活性化」と「一人一人の経済的・社会的な自立」は密接に関連し、相互に補完的な役割を持つものであり、人間力に関する施策の適切な推進により、相乗的な効果が期待されるものである。

2 教育・雇用に関する構造問題
- 他方、我が国においては、近年、教育・雇用に関する構造問題が急速に顕在化してきている。
- 「教育」においては、１９６０・７０年代の「受験戦争」激化、７０年代の「校内暴力」、８０年代の「いじめ問題」、９０年代の「不登校問題」から、９０年代後半には「学級崩壊」へと、相次いで問題が顕在化してきた。こうした中、従来の知識詰め込み型に陥りがちであった教育への反省から、より個性と創造性を重視した「ゆとり教育」への転換を軸とする教育改革がすすめられてきたが、９０年代末には、新たに「学力低下問題」が大きく議論されるようになった。
- 「雇用」においては、経済が停滞し、労働市場の流動化等雇用・就業構造の変化が進展する中で、中高年失業や雇用のパート化に加え、最近では若年失業やフリーター問題が顕在化・深刻化している。この結果、企業に対するロイヤリティの低下や熟練技能の維持・継承の困難化、及び専門意識の希薄化等全体としての人材・労働力の質の低下が懸念されるとともに、従来、我が国産業が「強み」としてきた「現場の（柔軟な）適応力」が、特に先端産業分野において、次第に衰えつつあることも指摘されている。こうした状況が改善されなければ、今後の経済・社会の基盤に深刻な影響が及ぶ可能性もある。
- さらに、都市化の進展に伴い、地域社会における相互の繋がりが弱まり、子どもの地域活動への参画機会が減少するなど、地域の教育力が低下している。また、家庭においても、少子化、核家族化等を背景に家庭の教育力が低下している。
- こうした状況を背景に、我が国においては、経済・社会システムのみならず、その根本をなす国民の基盤的な力である人間力が近年低下しつつあるのではないか、との問題提起がなされている。

Ⅱ 人間力の定義
- 人間力に関する確立された定義は必ずしもないが、本報告では、「社会を構成し運営するとともに、自立した一人の人間として力強く生きていくための総合的な力」と定義したい。
- 具体的には、人間力をその構成要素に着目するならば、
  ①「基礎学力（主に学校教育を通じて修得される基礎的な知的能力）」、「専門的な知識・ノウハウ」を持ち、自らそれを継続的に高めていく力。また、それらの上に応用力として構築される「論理的思考力」、「創造力」などの知的能力的要素
  ②「コミュニケーションスキル」、「リーダーシップ」、「公共心」、「規範意識」や「他者を尊重し

切磋琢磨しながらお互いを高め合う力」などの社会・対人関係力的要素
  ③ これらの要素を十分に発揮するための「意欲」、「忍耐力」や「自分らしい生き方や成功を追求する力」などの自己制御的要素
などがあげられ、これらを総合的にバランス良く高めることが、人間力を高めることと言えよう。
- また、人間力は、それを発揮する活動に着目すれば、
  ① 職業人としての活動に関わる「職業生活面」
  ② 社会参加する市民としての活動に関わる「市民生活面」
  ③ 自らの知識・教養を高め、文化的活動に関わる「文化生活面」
に分類される。
- 本研究会においては、経済の活性化の観点から、特に人間力の職業生活面を中心に検討を行うこととしたい。
- 人間力は、学校、家庭、地域及び産業等のそれぞれの場を通じて段階的・相乗的に醸成されるものであり、人間力強化のためには、学校、家庭、地域及び産業等という四者間の連携・協力が不可欠といえる。

Ⅲ．問題の所在
1 人間力の現状
- 人間力を定量的に把握することは必ずしも容易ではないが、若年層を対象とした。既存の調査やアンケート等によれば、以下の傾向がみられる。
① 基礎学力及び学習意欲：
(ⅰ) 基礎学力に関しては
- 国際機関[2]の調査によれば、我が国の生徒の成績は、国際的に高いレベルにあり、他の先進国と比較しても遜色はないとみられる。
- 文部科学省の調査[3]によれば、学習指導要領の目標・内容に照らした学習状況は、一部の教科を除きおおむね良好であったと評価されているが、過去の同一問題との比較では、正答率が低下している教科が少なくない。
(ⅱ) 学習意欲に関しては
- 小中学生の約8～9割は勉強が大切と認識しつつ、勉強が好きな者は約2～4割にとどまっており、学校の授業を理解できていない子どもも4割～6割となっている。また国際比較でみても、日本の小中学生の学習時間（宿題や自分の勉強をする時間）は少ない[4]。
- 小中高生とも、従来に比べ学校外の勉強時間（塾等も含む）が減少している[5]。また、中高生及び大学生が本を読まなくなっている[6]。
② 専門的な知識・ノウハウ等：
  企業に対する調査によれば、「新入社員等の技能・技術に関わる基礎知識が不十分」とする企業が約6割を占め、「5～10年前と比べて低下している」、とする企業が約5割を占めている[7]。
  また、新入社員等の能力に関しては、10年前と比べ「文章表現力」、「論理的思考力」、「コミュニケーション能力」等の能力の低下を指摘する企業が多い[8]。
③ 就業・社会参加意欲：
  大学卒業時に無業であった者の3割は在学中に就職活動をしていない[9]。また、フリーターのうち、学校を卒業後、正社員として就職しなかった者の4割が「正社員として仕事に就く気がなかった」としている[10]。
  また、若年者の社会参加意欲も希薄である。近年における地域の結びつきの低下に伴い、若年層の地域コミュニティや社会に対する参加意識が薄れているとの指摘もある。ボランティア活動や非営利組織（NPO）活動への関心は高まっているが、実際の参加は未だ一部の若者にとどまっている。
④ 目的達成意欲の低下：
  高い目標を持つと同時にそれを達成する意欲が低下している。日本の中高生は、外国（米国、韓国等）の生徒に比べて、自分に対する満足度が低く、将来に希望をもっている者の割合も低位にとどまっている[11]。

- 　以上の結果を勘案すれば、我が国の若年層において、人間力とりわけ学習意欲や就業意欲が「低下」している可能性が高い。
- 　なお、中高年層においても、情報リテラシーその他環境変化への適応の遅れは、むしろ若年層以上に厳しい状況にあり、若年層とは別の側面で人間力が低下している可能性があるが、両者を同一に論ずることは問題を拡大し、複雑化することから、本研究会においては若年者の問題に重点を置くこととしたい。

2　人間力低下の原因
（1）人間力低下の背景
- 　経済の発展に伴い、価値観やライフスタイルは多様化し、個性を尊重する社会へと変容している。企業においても、経済変化の迅速化と複雑化の下、専門性や創造性にあふれ、独自に問題解決を図ることのできる人材をより求めるようになっている。他方、教育システム等の社会システムについては、個性を重視する方向性を打ち出してはいるものの、こうしたニーズ変化に対して十分に対応しきれていない状況にはなく、社会のニーズとの間にギャップが生じている。
- 　また、人々が社会ニーズを十分に認知しないままに短期的に環境変化に適応する場合には、かえってこうしたギャップを拡大する場合もある。
　　例えば、近年の急速な情報化、IT化の進展により、若年層においては、ファミコン文化、メール文化への適応が急速に進み、口語・映像文化による活字文化の代替が進んだことから、かつての情報取得源としての書物や情報発信源としての手紙の地位が大幅に低下し、一層の読書離れや文章力低下を招いたとみられる。

（2）人間力低下の原因
- 　近年における若年層の人間力低下の原因としては、以下のような実態がある。
　①「夢もしくは目標の喪失」：
　　― バブル崩壊後の日本経済の低迷を背景に、就業機会が大幅に減少するとともに、リストラ、不祥事が蔓延している。就業による自己実現の可能性の低下や身近な大人の自信喪失、成功モデルの崩壊により、目指すべき目標像が見えにくくなっている。
　　― 先行き不透明感が高いため、依然として従来型成功モデルを追求する競争も一部では益々激化している。
　　― 他方で、少子化に伴い、一部の難関校を除けば進学が容易になり、高い目標を自ら設定して無理をするよりは、現行能力以内のレベルで満足しようとする傾向がある（但し、心から満足はしていない）。
　　― グローバル競争の下で「成果評価」重視が求められつつあるにもかかわらず、学校においては依然、「入り口評価」が主流。このため、入学難関校でも、入学後の勉学に対する意欲が低い。
　②「経済の成熟化」：
　　― 経済全体が豊かになり、定職に就かなくともある程度のレベルでの生活は可能なため、なぜ働かなければいけないか、わからない。
　　― 新卒労働市場が構造的に変化している一方、卒業後の進路を主体的に選択する能力を形成する環境が整備されていないため、何をしたいのか分からない。
　　― 価値観が多様化するなかで、個々人が自分自身の目標を見出すことができない。
　③「時代に対応した人材育成機会の不足」：
　　― 経済のグローバル化、就業形態の多様化等に伴い、健全に競争力を発揮できる人材が求められているが、そうした人材を育成するための教育機会は十分ではない。
　　― 仕事が高度化、複雑化すると同時に迅速な対応が重視される等、従来に増してリーダーシップが要求されるようになっているが、他方で若年者が社会活動や集団活動等に従事する機会が減少し、リーダーシップの育成機会が減少している。
　④「職業能力のミスマッチ」：
　　― グローバルな競争の活発化、技術レベルの高度化や情報化が進展する中、高度で専門的な能力や知識の重要性が高まっており、職業能力のミスマッチが拡大している。
　　― 特に、アルバイトや無業者、モラトリアム進学者などが増加しており、これらの人々は、職業スキルを身につける機会が少ないまま加齢するため、同世代の新卒就職者に比べ、職業能力

― の欠如がより顕著となる。
― また、職業観が確立していないこと、自分に期待されるものが分からないこと、現状での自分の能力の限界を知らないこと等若年労働者に特有の問題がこうした問題を助長していることも否めない。
― 他方、企業が求める能力も必ずしも明確ではない。

⑤「社会全体の規範力低下」：
― 刑法犯の4割以上、街頭犯罪の約7割が少年犯罪である。また、少年犯罪の悪化、粗暴化傾向が続いている。
― 犯罪を犯す少年の近年の特徴として、「罪悪感に乏しい」、「無表情で何を考えているかわからない」点が指摘されるとともに、「責任感、倫理観のない保護者」、「責任逃れの学校」、「地域社会の教育力の低下」等の問題点も指摘されている。
― 近年における大企業や規範的役割を担うべき人々による不祥事の頻発は、社会全体の規範力の低下、責任ある市民意識の低下を体現している。
― 家庭における家族関係も希薄化している。日本は、外国に比べ、「親を尊敬」する子ども、及び「子どもの成長に満足」する親の割合が極めて低い。

Ⅳ．政策提言

以上に見たように、人間力の低下傾向は、教育制度や雇用制度において、学校、家庭・地域及び産業等のそれぞれの主体が抱える諸問題と密接に関わっている。従って、人間力の強化のためには、それぞれの主体について以下の対策を推進していくことが必要である。

1 学校
（1）学習・就業意欲を高める

対策1．キャリア教育の積極的推進（短期・中期）

子どもや若年層の学習意欲を喚起し、学びへの回帰を促す必要がある。このため、多様かつ身近な成功モデルを示し、子どもに夢と希望を与えるとともに、働くことへの関心・理解を喚起し、学びの意義を再認識させることが重要である。例えば、キャリア教育の手法として「ジョブ・シャドウイング[12]」や「子ども参観日[13]」、「（身近な）ビジネス成功者セミナー[14]」、「ジュニア・インターンシップ[15]」、「リアルゲーム[16]」、「ドリカムプラン[17]」等の取組事例を参考に、きめ細かい進路相談を行うなどキャリア教育の充実に努めることが必要である。また、失業を経た就業経験等、やり直しに係る成功例をみせることも有益と考えられる。

また、キャリア教育については、児童、生徒、学生の発達段階に応じたキャリア教育の体系化を行った上で、このようなキャリア教育プログラムに基づいて実施されることが効果的である。

こうしたきめ細かいキャリア教育を実施するためには、父母や地域社会、産業界の協力も不可欠である。また、学校の取組を支援するため、「地域キャリアセンター[18]」を設置し、専門のキャリア・コンサルタント（企業OB等の活用も可）による指導・相談を行うことも有効であると考えられる。また、キャリア教育に関するスポンサーシップの活用の検討やホームページの充実を図ることも必要である。

対策2．進学経路の多様化／入試制度見直し（中期）

多様な進学経路を用意し、意欲さえあれば、再チャレンジや進路変更が容易にできる教育システムを構築することが重要である。また、実学を学ぶ進学経路が限られていることが、若年者の職業能力の不足を招いていることに鑑み、実学教育に係る進学経路を広げていくことが重要である。

具体的には、進学経路の複線化を促進するため、商業高校や工業高校などの専門高校からの大学進学や高等専門学校（いわゆる高専）から大学への編入学、大学相互間の編入学や単位交換、大学・専門学校における社会人の受け入れを促進する。この一環として、入学試験において、外部の専門検定機関が実施する試験を活用することも奨励すべきである。また、大学入学要件の資格試験化を含めた「入学試験制度」の見直しについても検討を行う。

【大学入学要件の資格試験化】
例えば、大学入試センター試験を科目毎に2段階程度の資格試験（1級、2級）とし、いずれも複数年の有効期間を設定とし、かつ、いつでも受験が可（年に2回程度実施）とする。大学側は、

入学希望者に対し、同資格試験の取得(1級又は2級)を義務付けるとともに、必要に応じ内申書審査、論文審査及び面接試験を行う。こうした制度により、1点、2点差による合否の格差を解消するとともに、やり直しのきくキャリア・パスが可能となる。

なお、こうした制度改革が学習意欲や学力の大幅な低下をもたらすこととならないよう、成績評価の厳格化についても併せて実施される必要がある。

対策3．大学生の学習インセンティブの強化(成績評価の厳格化)(短期)

同時に、大学においては、専門教育の最高学府として、質の高い教育を提供するとともに、成績評価の厳格化(ＧＰＡ制度[19]等)を図る。

ただし、成績評価の厳格化に際しては、大学院生を活用したＴＡ(Teaching Assistant)や外部機関の活用等によるレポート作成等の指導など、学生に対する各種の学習支援サービスも併せて充実するべきである。他方、成績評価の低い学生に対しては退学勧告[20]を行う等、学生の学習意欲を喚起・持続させる必要がある。また、現行ではマスプロ集合形式の講義型の授業が中心であるが、授業の目的に応じ、必要な宿題と予習を課すとともに、対話型の授業についても積極的な導入を図るべきである。

対策4．社会生活に対応した学習の実現(短期)

子どもたちの学習意欲を喚起するためには、子どもを取り巻く環境や時代の変化・社会状況を教育課程に的確に反映することが重要であり、社会でよりよく生きるために不可欠な知識等を学習内容に含めることも必要である。

例えば、国語科、情報科等においては、プレゼンテーション、ディスカッション、レポーティング、メディアリテラシーなどについての内容を指導の中で積極的に取り入れることが有効である。数学科においては、数学が自然科学や工学的応用はもとより、社会科学や人文科学の中でも有効に利用されていることも教えることなどの取組の一層の推進が考えられる。また、理科等においては、観察・実験の充実により実感を伴って自然科学を学習することに加え、産業技術や社会との関連を教えたり、ものづくり体験などを推進したりすることが考えられる。

また、問題解決的・実践的な学習を実施する必要があり、コンピュータを利用した3次元表示の教育用自然科学シミュレーション等(Computer-Assisted Education)やインターネットを利用した参加型教材の開発(日本版JASON Project[21]等)の推進を図るとともに、学生・生徒向けのロボットコンテスト等[22]の振興を図ることも必要である。

さらに、同時にリーダーシップの育成や職業理解の促進、社会規範意識を醸成するようなカリキュラムの工夫も必要である。このため、教育課程の基準を検討するにあたっては、教科教育関係者に加えて、応用分野の専門家、産業界、地域団体の代表等の意見を参考にし、幅を持ったカリキュラムづくりに努めるべきである。

対策5．高校・大学の連携の強化(中期)

生徒の進路選択意識を充実させたり、高度な学習に挑戦する意欲を高めたりするために、高校と大学等高等教育機関との連携をより一層進めることが必要である。例えば、高校生が大学レベルの授業を受けテストで認定されたものは、大学の単位を先行的に取得したとみなされ、取得単位数によっては、大学2年次への編入が認められるアメリカのＡＰ(Advanced Placement)制度等の検討も必要である。

(2)学校が変わる

対策1．開かれた学校づくり(中期)

学校評議員制度について、その設置を積極的に促進し、学校の状況に応じて段階的に学校評議員主体による学校毎の客観的な外部評価[23]を実施するとともに、その結果についても公表することを促すべきである。

学校と社会との信頼関係を構築するためには、保護者や地域住民が必要とする情報を確実に提供し、真に開かれた学校を実現する必要がある。このため、教育委員会は情報提供の内容・方法、評価項目・方法等に関するガイドラインを策定するなど、学校の積極的な取組を推進するべきである。

また、地域住民や保護者の多様な意見が反映されるよう、教育委員定数を拡充するなどにより、保護者に加え地域や産業界の代表等の参加が促進され、教育委員会の構成が多様なものとなるよう、地方公共団体に対して促すべきである。

対策2．教育成果の把握・評価(短期)

学校教育への信頼を確保する観点から、教育の成果を適切に把握・評価するため、個々の児童・

生徒における学習の状況を多様な観点から把握・評価する規準・方法について検討を更に行う必要がある。
　また、高校入試の調査書（その取り扱いについては各都道府県の判断に任されている。）の評定については、その客観性・信頼性を高めることが重要であり、絶対評価制度が定着するまでの当面の間においては、中学生の評定分布に関する客観的資料を中学校及び高等学校で共有するなど、各地方公共団体における客観性・信頼性を高める各種の取組を支援していくべきである。

|対策３．適正な進路選択に向けた情報提供の実施(短期)|
　高校、大学については、入学志願者に対する進路決定の重要な指標として、進学・就職等に関する相互に比較可能な、十分な情報提供を実施する必要がある。
　また、専門学校についても、入学志願者に対する進路決定の重要な指標として、大学と同様のレベルでの詳細な情報提供を実施する必要がある。

|対策４．「総合的な学習の時間」の適正な運用(短期)|
　「総合的な学習の時間」の運用は初期段階にあるが、豊かな社会参画の経験を通じて自己の生き方を考え、しっかりとした将来展望を持って誠実に努力し続けられるよう、児童・生徒を育成することが重要である。今後はそうしたねらいの達成に向けて、教育現場に対する十分な周知に努めるとともに、その効果について国、地方公共団体及び各学校において客観的評価を実施・公表する必要がある。

|対策５．学習時間等の柔軟な運用(中期)|
　地域住民や保護者の多様な意見を反映し、新学習指導要領以上の学習や各学校で編成する教育課程における授業時数の弾力化が校長の裁量で可能であることを現場に周知し、各学校の創意工夫を生かした特色ある学校づくりの取組を支援していくことが重要である。

（３）教員が変わる
|対策１．積極的評価の導入と処遇への反映(短期)|
　教員の資質の向上を図り意欲を高めるため、優秀な教員を対象とした表彰制度や処遇への反映制度を早急に実施すべきである。
　また、公立学校における教員の評価制度については、校長等現場における責任者の判断を尊重し、評価結果を適切に人事・配置・処遇にも反映させる制度が全ての地域において導入されるよう、積極的な取組が必要である。

|対策２．質の高い教員の育成・確保(中期)|
　教員の質的向上、能力・意欲のある教員の採用に向け、学校のハード・ソフト両面での環境整備に努める必要がある。また、民間企業研修の導入や一定枠以内での民間人の採用など、教員と一般社会との接点を一層増加させるような取組を進め、人間的に幅広い魅力ある教員を育てる必要がある。
　さらに、大学教員についても、教育能力を重視した採用や処遇の改善を行うとともに、授業の水準の向上を図るため、学生による授業評価[24]の実施、実名での結果の公表を促進するなど、客観的な教員評価制度の導入を検討したり、ＦＤ（Faculty Development[25]）や新任教員研修をさらに促進したりする必要がある。加えて、大学における教員の流動性・多様性を高めるため、教員の（海外も含めた）公開公募制や任期制の積極的導入、及び他大学出身者・経験者の登用などを推進することも必要である。なお、こうした制度推進のためには、転職に伴う年金のポータビリティー（年金資産の転職先への移換）の更なる拡充も必要である。

（４）制度が変わる（政府による枠組み作り）
|対策１．基礎学力の客観的把握・評価(短期)|
　基礎学力のみをもって人間力を評価すべきではないが、基礎学力の修得は、学校教育の基本的目的の一つであり、教育の成果としての基礎学力を継続的に把握・評価し、客観的データの集積を図るとともに、時代の要請に応じて、その内容を見直す必要がある。
　このため、全国的、総合的な学力調査をより定期的、体系的かつ継続的に実施するとともに、調査結果については、教育委員会や学校等へのフィードバックを含め、積極的に公表することが必要である。

|対策２．特色ある学校づくり(中期)|
　特色ある学校づくりの一環として、「目指せスペシャリスト[26]」制度、「サイエンス・パートナーシップ・プログラム[27]」制度を推進するとともに、スーパーサイエンスハイスクール指定校の（成

果を踏まえた)拡充、及び小中一貫校の試験的導入等についても検討する必要がある。
　また、「英語が使える日本人」の育成を目指し、スーパー・イングリッシュ・ランゲージ・ハイスクールの拡充や高校生の留学促進等により、英語教育、国際理解教育の充実に取り組むことも重要である。

対策３．新たな学校の創設等(中期)
　若年者の自発的な能力開発機会の一つとして、ロースクールやビジネススクール等の「専門職大学院」の設置を促進するとともに、その運営に当たっては、コーポレート・ユニバーシティ[28]との連携促進や講師派遣型の寄附講座の実施等により、企業との連携を強化する。また、情報や看護・福祉等、社会のニーズに対応して人材不足分野における専門家養成のための大学や学部・学科の設置を促進する。
　また、専門士の称号所持者に対し当該分野における更に高度な実務的教育を行うための教育機関「高度専門職学校(仮称)」(「高度専門課程」を有する専修学校)の設置等を検討するとともに、社会人の学習が容易となるよう、専門学校についても、通信教育制度の充実及び支援策を講ずる。

対策４．不登校児童生徒への支援(短期・中期)
　不登校児童生徒の増大に対応し、このような児童生徒の社会的自立に向けた支援を推進することが必要である。このため、不登校児童生徒への多様な支援の機会を確保するため、教育委員会は、不登校児童を対象として設置する「適応指導教室」における子どもの立場に立った適切な指導を推進する必要がある。また、不登校児童生徒の学習支援や進路形成への支援の観点から、フリー・スクール等の民間施設における取組の自主性や成果を踏まえつつ、学校や適応指導教室等の公的機関が民間施設と積極的な連携を図っていくことが望ましい。例えば、地域の実情に応じ、「適応指導教室」の相談・支援の実施に当たっては、一定の要件を満たすフリー・スクールを運営する地域団体等への委託を行うなど、積極的にフリー・スクールとの連携を図ること等も考えられる。

対策５．学校選択制の推進(中期)
　保護者と子どもの要請に対応し、校長や教員の意識改革を促し、特色ある学校づくりを促進する観点から、地域の実情等に応じて公立の小中学校における学校選択制(通学区域の弾力化)の導入を推進する。なお、同制度の導入に際しては、各々の学校が魅力ある学校となるよう、設置者は十分に配慮する必要がある。

2 家庭・地域

- 家庭においては、保護者は、家庭が子どもの教育の第一の現場であるとの認識の下、子どもが「責任ある市民」として自立できるよう、最大限の努力を行う必要があり、こうした保護者の取組を支援する必要がある。
- また、ゆとり感のない生活、過度に仕事中心の生活では、家庭教育の充実は望めないことから、保護者が、精神的にも物理的にもゆとりをもって家庭教育に当たることができるような、多様な働き方が可能な社会を実現する必要がある。
- さらに、子どもの市民教育を推進するには、家庭のみでは不十分であり、子どもにとって最初の社会体験を経験できる地域コミュニティの役割は大きい。少子化、核家族化や進学競争の下での遠距離通学等を背景に、地域コミュニティと子どもの関わりが希薄化しているが、「子どもは地域の財産」との認識に立って、自治体や地域団体(自治会、商店街、地域ボランティア団体、その他ＮＰＯ等)が、担当者を置いて、学校及び家庭と密接に連携して、子どもの教育に積極的に取り組む必要がある。

(1)家庭の教育力を高める

対策1．家庭教育支援の充実(短期)
　保護者は、心身ともに健康な子どもの育成に向け、規律正しい生活習慣の奨励、家族の対話や挨拶の励行、子どもとの相互理解の推進等に努めることが望まれる。また、こうしたしつけにあたっては、保護者が手本となり、子どもに「市民としての基本的マナー」を習得させることも望まれる。さらに、子どもの社会への関心を高め、「働くことの意義と必要性」を理解させるための家庭教育に努めるとともに、子どもの進路・将来を子供とともに真剣に考え、あるいは必要な助言を与えることにより、子供の自立を支援することが望まれる。
　こうした保護者の取組を支援するため、「子育て学習」の一層の充実とともに、「子育てサポーター」[29]

の活用促進を図る必要がある。また、保護者自身が楽しみながら、社会に参画していく力をつけることできるよう、「子育てネットワーク[30]」の形成・運営に対する情報提供等の支援の一層の促進が必要である。
　さらに、子どもが心身ともに健康に成長することができるよう、外遊びとスポーツ活動に関する環境整備を通じて家庭を支援する取り組みの一層の推進が必要である。

対策2．学校・地域活動への積極的参加（短期）
　保護者はPTA活動その他学校行事に積極的に参加し、学校と密接に連携して、納得できる教育を実現することが必要である。このため、学校やPTA等は、保護者との連携強化が可能となるように、例えば、平日夜間における学校・PTA会合の実施、土日における行事の実施等、連携のあり方を工夫することが必要である。
　また、保護者自身の率先したボランティア等社会活動への参加により、子どもが社会性を身につけるための環境を整えることが望ましい。このため、ボランティア休暇の普及を図ることが必要である。

対策3．家庭教育のための就業環境の整備（中期）
　企業は従業員が日々ゆとりある生活時間を確保できるよう、定時退社の奨励、有給休暇取得の促進等、ファミリーフレンドリーな組織経営に努めることが必要である。

(2) 地域の教育力を高める

対策1．地域の多様な教育プログラムの充実と子どもの参加促進（中期）
　地域活動への子どもの参加を促すため、地域団体等が学校と協力して作成した社会体験プログラムやリーダーシップ養成プログラム等魅力あるプログラムを開発・導入するとともに、こうしたプログラムへの参加を促進する「授業外学習ポイント制度」の導入を検討する。

【授業外学習ポイント制度】
　地方自治体やNPO、企業等が子ども向けに放課後や休日等に実施する選択学習プログラム（教科学習、文化・スポーツ、市民生活・社会参加、職業理解・職業体験に関するもの）を、教育委員会が認定し、認定されたプログラムを受講した子どもにポイントを付与し、取得ポイントを進学先・就職先への調査書等に添付することができる制度。

対策2．地域コミュニティ活動の支援（短期）
　地域団体等が行う青少年向けの地域コミュニティ活動に対し、自治体の指導・支援を強化する。また、自治体は学校と企業・地域団体をつなぐコーディネーターの育成や情報提供等に努める。

対策3 地域における学習支援サービスの充実（中期）
　近年の学力調査を踏まえ、家庭学習の時間や方法が学力の規定要因として重要であることが指摘されているが、家庭学習環境が十分整っていない児童・生徒を援助するために、図書館や児童館、公民館などに、個別学習指導の専門家や、一定の研修を受けた学習支援ボランティアや教職志望学生などを配置し、生涯学習に通ずるような自己学習力を育てる個別学習支援サービスを充実させる（地域コミュニティスクール）。

対策4．スポンサーシップの活用（短期）
　総合的な学習の時間や課外活動、地域コミュニティにおける活動等について、地域における民間企業等の積極的な支援が行われるよう、企業名を冠した支援・協力を推進する等、スポンサーシップの実践的な活用を図る。

3 産業（企業）
- 企業においては、景気の低迷や労働力市場の流動化を背景に、労働者の能力開発に関する予算や支援を縮小する動きもみられるところであるが、労働者の人間力の強化は、優秀な人材の確保、能力の発揮を通じ、経営の安定、競争力の向上にも資するものであり、企業としての積極的取組が必要である。
- また、我が国の貴重な資源である人材の強化に向け、学校・地域との連携についても、積極的な取組が必要である。

(1) 人材を育てる

対策1．人材ニーズの明確化（短期）
　企業は、就職を希望する若者による採用に向けた適正な能力開発が図られるよう、自社が求める人材の要件を具体的に示すとともに幅広く公表し、公表した要件にもとづく公正な採用に努める必

要がある。同時に、労働者が有する能力が適正に評価され、かつ企業を越えても適切なキャリア形成が可能となる職業能力評価制度の整備をはかることも重要である。また、中途採用についても、積極的に門戸を開くことが重要である。

対策2．人材の評価・処遇(短期)
　社員の能力の向上・発揮や優秀な人材の確保・維持を図るため、企業は昇進・昇給に関する要件を明確化し、専門職大学院等で培った能力を発揮する人材に対する適正な評価・処遇に努める必要がある。また、社員に対し、企業内でのキャリア・ルートや各ポストの能力要件の明確化を図るとともに、多様なキャリア・パスを提供するなど、社員のエンプロイアビリティを高めるための機会を提供する必要がある。

対策3．自立した人材の育成(短期)
　企業においては、リーダーシップにあふれた人材の育成のためには、若年者に対し、早くから「責任ある決断」やマネジメントを経験させることも必要である。また、職場のコミュニケーションの改善、若手社員の早期自立を図るため、先輩社員が指導・相談を効果的に行うメンタリング等の普及が望まれる。

対策4．組織経営の再検討(中期)
　技術レベルの高度化や情報化等の環境変化に対応して、社員の潜在的人間力を適切に発揮させ、企業競争力を強化するため、企業は、その全体最適を目指した組織設計と組織経営を図る必要がある。政府においても、そうした適切な組織改編を可能とするような支援制度の整備・提供を図ることが必要である。

(2) 学校・地域との連携を深める

対策1．キャリア教育への企業の参画(短期)
　ジョブ・シャドウイングやインターンシップ等のキャリア教育や授業外学習ポイント制度に対して、企業の積極的な協力が行われるよう、協力要請の強化や支援措置の整備等を検討する。
　また、企業が積極的に協力しやすい環境を整備するため、企業と学校、地域が協力して企業名を冠した社会活動等スポンサーシップの活用を積極的に検討する。

対策2．総合的な学習の時間への企業の協力(短期)
　企業は、総合的な学習の時間を活用した企業活動や社会事象等に関する学習において、見学・体験の場の提供や、関連資料や子どもとの質疑を通じた情報提供を積極的に行うことが必要である。

対策3．教育現場への人材派遣(短期)
　社会ニーズに対応した人材育成を図るため、産学連携を強化する。具体的には、企業による先端分野や成長分野における講師派遣への協力拡大や、寄付講座の設置等を積極的に推進する必要がある。また、大学等の就職支援策に対して、企業経験者や企業実務者を広く派遣する等により、大学等の進路指導の充実を図る。

対策4．産業と教育との交流強化(短期)
　教育委員会への産業界の代表の参加、商工会議所等の活動に対する教育関係者の参加等双方の交流を強化する。

対策5．産業界と大学の連携による人材育成(短期)
　イノベーションの促進による経済活性化が課題となっていることに鑑み、大学等高等教育機関において、技術経営(Management of Technology)など実践力重視の人材育成カリキュラム・教材等の開発を産業界と連携して行うことが重要である。

4 雇用政策

- 人間力の強化は、エンプロイアビリティ(労働市場価値を含んだ就業能力)の向上を通じ、個人が安定した職業生活を営むことを可能とするうえで重要な要素といえる。また、人間力の強化は、労働市場を活性化し、失業率の改善に資することとなることから、政府は雇用政策の観点からも人間力の強化を積極的に支援する必要がある。

(1) 就業・起業を支援する

対策1．若年者の総合的な雇用支援(短期・中期)
　地域の若年者に対する進学・就職指導、職業意識の啓発・職業理解の促進、キャリア形成に関する各種の相談・援助、職業訓練等の総合窓口としての機能を持つ「地域キャリアセンター」の整備

を検討する。また、若年者の希望、適性、能力を踏まえたキャリア・コンサルティングを推進するため、官民の職業紹介機関等の協力も得つつ、キャリア・コンサルタントの効果的な育成と、キャリアセンター、学校その他の教育訓練機関へのキャリア・コンサルタントの適切な配置、活用を促進する。

公共職業能力開発については民間活力を最大限に活かしつつ、効率化、重点化を図り、実践的な人材育成を行っていくことが必要である。また、職業能力開発の効果を高め、訓練の成果を就職に確実につなげるため、職業紹介との一体的な実施を促進することが必要である。

|対策2．若年者の雇用機会の拡大(短期)|

若年者の雇用機会を拡大するため、派遣就業終了後に派遣先への職業紹介を行う「紹介予定派遣制度」、試行就業を通じた実践的な能力の取得により常用雇用への移行を図る「トライアル雇用制度」について、制度の周知、助成制度の充実等を通じ一層の活用を促進する。

|対策3．起業支援の充実・強化(短期)|

若年者が雇用以外の働き方の選択肢として起業しやすい環境を整備するため、起業支援策を充実・強化するとともに、起業を志す者にとっても使いやすい図書館及び人的支援ネットワークの形成を図る。

(2)キャリア形成を支援する

|対策1．人材ニーズの把握と能力評価制度の整備(短期)|

産業界が発信する人材ニーズを的確に把握することができるよう必要な施策を講ずるとともに、労働者が有する能力が適正に評価され、かつ企業を越えても適切なキャリア形成が可能となる職業能力評価制度の整備を推進する。特に、経営やベンチャー、事業再生等に関連する高度専門人材については、産学の密接な連携の下、企業等の求める能力・スキルの体系化やスキル標準の策定、カリキュラム・教材の開発等に取り組む等、その効果的な育成のための環境整備を行う必要がある。

|対策2．離学者へのキャリア形成支援(短期)|

卒業後直ちに就職しなかった者や中途退学者などいったん学校を離れた者に対しても、適切な情報の提供や個別カウンセリング、企業実習、職業訓練サービス等の提供により、離学後のキャリア形成を促進する必要がある。

|対策3．自主的なキャリア形成努力への支援制度(中期)|

企業における「キャリアブレイク制度(教育訓練のための休暇制度)」の導入を奨励し、若年者が更なるキャリア発展のため休職して職業能力開発に専念できる環境作りを進める。

|対策4．退職金・年金制度等の見直しの検討(中期)|

キャリア形成と円滑な労働移動の促進を図る観点から、退職金税制の見直しを検討するとともに、転職によって年金制度が不利とならないよう、年金のポータビリティーの一層の向上を図ることが必要である。

また、若年労働者が大学・大学院等で学ぶ際の経済的負担を軽減するため、教育関連投資に関する減税制度の創設等を検討する。

V 人間力向上に向けた戦略的な施策の推進
1 問題意識の共有化

- 既に見たように、我が国経済を活性化し、かつ個々人の豊かな社会生活を実現するためには、人間力の強化が不可欠であるが、人間力の実態及び強化の方策に関する関係者の認識は必ずしも十分ではない。
- このため、これまで、学校、家庭、地域、産業等及び政府のいずれもが、人間力の低下傾向を感じつつも、自らの責任と役割を十分に認識せず、有効な対策を見出せないまま、状況を悪化させてきたとも言えよう。
- 人間力を構成する要素は多様であり、かつ各分野と密接に関係していることから、特定の分野のみの努力でこれを改善することは困難であり、相互の密接な連携が不可欠である。人間力の強化のためには、まず、これら関係者が協力して、人間力の実態を十分に把握し、それぞれが有効な強化策を講ずる必要性についての認識(危機感)を共有する必要がある。

2 学校、家庭、地域及び産業等の役割の明確化

- 人間力の実態を把握し、さらに強化するため、学校、家庭、地域及び産業等の主体がそれぞれ

有する責任と、果たすべき役割を明確化する必要がある。

3 各主体の連携強化
- 学校、家庭、地域及び産業の連携を強化するため、①教育委員会の充実、②学校評議員の設置推進、③これらへの幅広い関係者の参画、④地元産業界(商工会議所、商工会等)の対応体制の整備(担当の明確化等)、⑤インターネットその他を通じた学校―家庭、学校―地域・産業、家庭―地域・産業の連絡体制の整備等を図るとともに、政府の支援によるネットワークの整備と情報(体験等)の共有化を図ることが重要である。
- また、これら活動を活性化するためには、地方自治体による各主体に対する積極的な働きかけと支援が不可欠である。このため、例えば自治体は学校、家庭、地域 及び産業等の相互の参画・協力のための基礎となる出会いの場を生み出す仕組み作りを検討することが必要である。
- なお、国においては、こうした活動を積極的に支援、推進していく必要がある。その際、文部科学省、厚生労働省、経済産業省、その他関係府省の一層の連携強化が必要である。

4 戦略的な対策の推進
- 人間力強化のためには、上記のような体制整備に加えて、提言に盛り込まれた施策を下記の手順に基づき、戦略的に推進する必要がある。

(1) 人間力に関する継続的・体系的調査等に基づく客観的な分析・評価
(2) 政府による基本方針等の明確化
(3) 基本方針等に基づく各主体による積極的取組と、政府による必要な支援
(4) 各主体(特に学校、地域、産業、及び政府)による幅広い情報提供
(5) 各主体の取組に関する評価(自己評価、第三者評価、又は政府による評価等)とその公表、並びに具体例(特に成功事例)の豊富な提供
(6) 政府による支援策の適切な見直しと実施

* * *

各主体の連携のイメージ

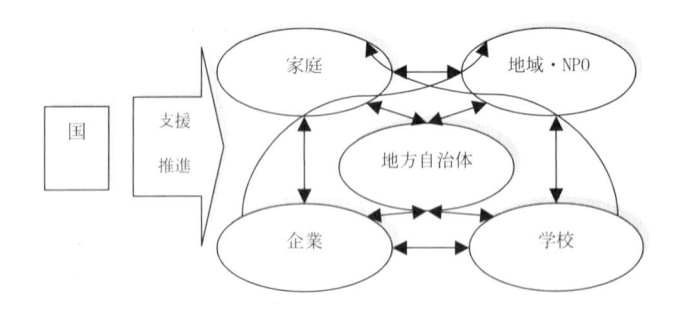

（注釈）
1 具体的には、「経済成長も、社会の安定も結局は「人」に依存する。（個々人が）能力と個性を磨き、人と人との交流・連携の中で相互に啓発されることを通じて、一人一人の持つ人間力が伸び伸びと発揮され、活力あふれる日本が再生する。人間力向上のために、一人一人の基礎的能力を引き上げるとともに、世界に誇る専門性、多様性ある人材を育成し、国としての知識創造力を向上させる。また、職場、地域社会等での交流や対話を深め、人を育む豊かな社会を構築する。」ことが求められている。
2 IEA（1999）．OECD/PISA（2000）
3 文部科学省「平成１３年度小・中学校教育課程実施状況調査」
4 文部科学省「平成１４年度文部科学白書」（平成１５年）
5 ベネッセ教育総研「第３回学習基本調査」（平成１４年）
6 全国学校図書館協議会「第４８回読書調査」（平成１４年）
7 大阪工業会「大阪工業会第１次アンケート」（平成１２年）
8 大阪工業会「大阪工業会第３次アンケート」（平成１４年）
9 日本労働研究機構「高等教育と職業に関する日欧比較調査・日本調査結果」（平成１１年）
10 リクルートリサーチ「アルバイターの就労等に関する調査」（平成１２年）
11 日本青少年研究所「新千年生活と意識に関する調査」（平成１３年）
12 ジョブ・シャドウイング：米国で行われているキャリア教育の一つで、学生が興味のある職業で働いている人に影のように密着し、職業の社会における役割、学業と実務のつながりを学んでいる。毎年２月に実施され、１００万人以上の学生が参加している。
13 子ども参観日：親と子の仕事に関する対話を促進し、子どもたちの職業観を育むために、親が働いている姿を子どもたちに見学させること。米国では、同様の取組として、毎年４月に、「National Take Your Child to Work Day」という行事が広く行われている。
14 ビジネス成功者セミナー：就業意欲、学習意欲を高めるために、ビジネスで成功した人に講演してもらうため、様々な成功モデルを紹介してゆく取組。
15 ジュニア・インターンシップ：高校生を対象とするもので、自己の職業適性や将来設計について考え、職業意識の育成をはかるため、高校在学中に自らの学習内容や将来の進路等に関連した就業体験をすること。
16 リアルゲーム：小学校高学年から高校生を対象としたキャリア教育・実社会理解のためのコンピューターゲーム。年齢別に６種類があり、オーストラリア政府が学校教育に導入しており、カナダ、アメリカでも普及している。
17 ドリカムプラン：福岡県立城南高等学校で実施されている、生徒自身の主体的な進路学習を支援する高校３年間を通じた組織的・体系的プログラムのこと。活動研究発表、弁論大会、ボランティア活動、体験活動、企業訪問、公開講座への参加などを行っている。
18 キャリアセンター：学校、企業、自治体が一体となって個人のキャリア形成を支援するシステムとして構想されるもの。インターンシップの推進、企業や求人に関する情報提供、就職・転職先の斡旋、就職 活動支援（応募書類作成、面接等）の役割を担うことが期待される。
19 ＧＰＡ制度（Grade Point Average）：授業科目ごとの成績評価を５段階（Ａ、Ｂ、Ｃ、Ｄ、Ｅ）で評価し、それぞれに対して、４・３・２・１・０のようにグレード・ポイントを付与し、この単位あたりの平均を出して、その一定水準を卒業等の要件とする制度。
20 退学勧告：福島県立会津大学では、学生の修学意欲の維持・再起を促し、順調な学習生活を支援すること又は進路変更のきっかけとすることを目的として、積極的な助言・指導と組み合わせた退学勧告制度を設けている。
21 JASON Project: 地球科学、生物学等について毎年異なるテーマ（熱帯雨林、火山、深海等）を通じて学習するアメリカの学際的教育プログラム。インターネットを利用して教室内で生徒がフィールドワークを体験できる。主催者はNPOの「JASON Foundation」でアメリカの大企業（Sun、Exxon Mobil等）がスポンサーとなっている。
22 ロボットコンテスト等：各種ロボットコンテスト、ホームページ作成コンテスト、文化庁メディア芸術祭（デジタルアート、アニメ等）の学生向けコンテスト等。
23 外部評価：東京都品川区教育委員会では、実効ある学校評価の実施を目的として、平成１４年

度から外部評価制度を導入している。外部評価者は保護者、地域住民、学識経験者等から成り、校長の推薦、教育委員会の委嘱により学校ごとの外部評価委員会を形成。最終的な外部 評価結果は教育委員会に報告される。
24 学生による授業評価制度：学生による授業評価はともすれば人気投票になりかねないことから、評価項目の検討及び評価結果の査定には慎重な対応が必要である。しかしながら、こうした懸念がありながらもやはり本制度を推す理由として、従来は欠けていた教育の受け手の満足度という視点があることを注記したい。なお、本制度は米国の大学においては既に広く一般的に実施されている評価手法である。
25 ＦＤ (Faculty Development)：教員が教育内容・方法を改善し、向上させるための組織的な研究・研修などの取組。
26 「目指せスペシャリスト」制度：専門高校の活性化の促進を図る観点から、先端的な取り組みを行っている専門高校を指定し、その取り組みを支援する文部科学省の施策。バイオテクノロジーやメカトロニクスなど先端的な技術・技能等を取り入れた教育や学習活動を重点的に行っている専門高校が対象となり、技能の修得法や技術の開発法、学校設定科目等のカリキュラム開発、大学・産業・研究機関等との効果的な連携方策（専門的講義や共同研究等）についての研究等を推進し、将来のスペシャリストの育成を図る。
27 「サイエンス・パートナーシップ・プログラム」制度：教育現場と大学、研究機関、民間企業等との連携により実施される、研究者・技術者を学校に招いて実施する「研究者招へい講座」や、大学・研究機関等において児童生徒が最先端の科学技術を体験・学習する「教育連携講座」、また、各都道府県教育委員会等や大学、研究機関等が連携して実施する「教員研修」についてその実施を支援し、その適切なあり方について調査研究を実施するほか、最新の科学技術に関する研究者の情報発信等を行っている文部科学省の施策。
28 コーポレート・ユニバーシティ：企業内大学。当該企業で働く上で必要な知識やスキルを体系的に提供。
29 子育てサポーター：子育てやしつけに関する悩みや不安を抱く親に対して、気軽に相談にのったり、きめ細やかなアドバイスを行う人のこと。
30 子育てネットワーク：地域の親、子育てサポーターや子育てサークルの代表者、学校、幼稚園、保育所等子育て関係者からなる、家庭教育支援の受け皿となる連携体制のこと。

資料4

社会人基礎力に関する研究会
― 「中間取りまとめ」 ―（抜粋）

平成18年1月20日

目次

はじめに

I. 職場や地域社会で求められる能力
 1. ビジネス・教育を巡る環境変化
 2. 職場等で求められる能力の明確化
 3. 取り組むべき課題

II. 社会人基礎力の内容
 1. 社会人基礎力の具体的な内容
 2. 社会人基礎力により実現されるメリット
 3. 社会人基礎力の位置付け

III. 社会人基礎力を土台とした企業・若者・学校の「つながり」
 1. 関係者の「つながり」を巡る状況
 2. 関係者の連携の強化に向けて

IV. どのような取組が求められるか？
 1. 産業界・企業に望まれる取組
 2. 若者に望まれる取組
 3. 教育機関に望まれる取組
 4. 家庭・地域社会に望まれる取組
 5. 政府に求められる取組

はじめに

　人は、職場や地域社会で自分の能力を発揮し、豊かな人生を送りたいという意欲を持っている。職場や地域社会で活躍するために必要な能力は、今まで大人になる過程で「自然に」身につくものと考えられており、あまり明確な定義は与えられてこなかった。しかし、近年、若者のコミュニケーション能力の不足が指摘されるなど、日本社会の中でこうした能力を身につける仕組みのはたらきが相対的に低下してきているように感じられる。

　こうした能力は、若者が様々な人々との接触の中で物事に取り組んでいく上で必要となるだけでなく、人が４０歳代、５０歳代となっても、それぞれの年齢や仕事の内容に応じて必要となる能力であろう。今日、職場や教育を巡る環境が変化する中、こうした能力に明確な定義を与え、意識的な育成の対象としてとらえることは大きな意味があると考えられる。社会全体として見ても、人口減少社会を迎える中、一人ひとりの能力を、職場や地域社会での活躍を視野に入れて、着実に高めていくことが重要となろう。

　本研究会では、こうした職場や地域社会の中で多くの人々と接触しながら仕事をしていくために必要な能力を「社会人基礎力」と名付け、その定義や育成・評価、活用のあり方等について、集中的な議論を行い、現時点での考え方の整理を行った。社会人基礎力の考え方が、若者や大人、企業や学校、地域社会等の間で共有されることは、人々がいきいきと活躍できる社会を創っていく上で一つの「鍵」となるのではないかと考える。

　今回の中間取りまとめを出発点として、社会の全ての関係者が率直な議論を行い、社会人基礎力の内容や育成についての議論を深めていくことを強く期待する。

２００６年１月

　　　　　　　　　　　　　　　　　　　　　　　社会人基礎力に関する研究会 座長 諏訪 康雄

Ⅰ．職場や地域社会で求められる能力

「働くこと」は人々の人生において大きな地位を占めており、社会に出るとき多くの若者は職場や地域社会で思うような活躍をし、豊かで充実した人生を送りたいと願っている。その実現のためには「職場や地域社会で求められる能力」を適切に身に付けることが必要となるが、90年代以降に生じた環境変化の下、「若者が社会に出るまでに身に付ける能力」と「職場等で求められる能力」とが十分にマッチしていないことが指摘されている。こうした問題は、近年の「若者が学校卒業後にスムーズに職場に定着できない」という問題（いわゆる「学校から職場への移行」の問題）の背景にもなっていると考えられる。

1．ビジネス・教育を巡る環境変化

　90年代以降のビジネス環境の変化を見ると、特に国内市場の成熟化やＩＴ化の進展が、企業の経営方針や職場で求められる活動に重要な影響を与えている。国内市場の成熟化は右肩上がりの成長を終焉させ、市場ニーズの多様化や商品サイクルの短期化をもたらした。また、ＩＴ化の進展は職場の単純な作業を機械化することを可能としている。こうした状況の下、現在の企業の現場では、急速に変化する市場ニーズへの対応に向けて、今まで以上に「新しい価値のある商品やサービスをいかにして創るか」が重要な課題として意識されてきている。

　また、教育環境の変化について見ると、家庭や地域社会の教育力の低下と、大学進学率の上昇が同時に生じていることに注意する必要がある。家庭については、子供・親・兄弟、祖父母、近隣の人と触れあう機会の不足が教育力低下の理由として指摘されている。一方、1990年には36％であった大学進学率が2004年には、ほぼ50％に達するまで上昇している。入試制度も多様化する中で、大学は従来に比べ、より多様な若者が集まる場となってきており、2007年の大学全入時代を迎え、その傾向は強まっていくものと考えられる。

2．職場等で求められる能力の明確化

　90年代以降のビジネス・教育環境の変化の中で、職場等で求められる能力はどのようなものとなっているのだろうか。これについて、本研究会における議論や、近年実施されている「企業が採用時に重視する能力」や「経営者が欲しいタイプの人材像」に関する調査の結果などを踏まえると、「人」、「課題」、「自分」をそれぞれ対象とした以下の3つの分野に属する能力が共通して挙げられるものと考えられる。

　　○　人との関係を作る能力
　　　（例）コミュニケーション能力、協調性、働きかけ力　等
　　○　課題を見つけ、取り組む能力
　　　（例）課題発見力、実行力、創造力、チャレンジ精神
　　○　自分をコントロールする能力
　　　（例）責任感、積極性、柔軟性

　こうした職場等で求められる能力については、人との接触の中で仕事に取り組んでいく上で必要な力であり、基礎学力などと並ぶ重要な能力として、従来から多くの人々や企業の間で意識されてきた。しかし、その能力の具体的な定義や育成のための方法等については、半ば「常識」のレベルの事柄と見られ、あまり明確にはされてこなかった。これは、上記のような能力が、子供が大人になるプロセスで、家庭や地域社会の中で「自然に」身に付けられるもの、との認識が一般的であったことが大きな理由であったのではないかと考えられる。

　しかし、90年代以降、企業の経営課題が「既存の成功モデルの踏襲」から「新しい価値の創出」に軸足を移すにつれ、上記のような人との接触の中で仕事に取り組む能力が必要とされる場面が増えてきている。例えば、現在の職場では、新しい価値創出に向けた課題の発見、関係者からのアイディアの収集、実現のための試行錯誤、といった活動がより多くの場面で必要となってきている。また、「多様な人々との協働」により、課題解決の糸口を探すような活動、すなわち、チームワークが求められる度合いも高まっている。人々がこうした活動に効果的に取り組むためには、従来十分意識されていなかった「職場等で求められる能力」をより明確にし、意識的な育成や評価を可能としていくことが必要である。

こうした観点から、職場で求められる能力を定義すれば、「職場や地域社会の中で多様な人々とともに仕事を行っていく上で必要な基礎的な能力」とすることが可能であり、社会の中で人と触れあうことを前提としていることから「社会人基礎力」と名付けることが適当である。
　職場等で活躍していく上で、社会人基礎力は必要な能力の一分野ではあるが、それがあれば十分というものではない。例えば、「基礎学力」（読み、書き、算数、基本ＩＴスキル等）や「専門知識」（仕事に必要な知識や資格等）は仕事をする上でも、大変重要な能力として理解されている。また、一個の人間として社会に出て活動するからには、「人間性、基本的な生活習慣」（思いやり、公共心、倫理観、基本的なマナー、身の回りのことを自分でしっかりとやる等）をきちんと身に付けていることがあらゆる活動を支える基盤となることは間違いないと考えられる。社会人基礎力は、こうした他の能力と重なりあう部分があるものであり、相互に作用し合いながら、様々な体験等を通じて循環（スパイラル）的に成長していくものと考えられる。
（職場や地域社会で活躍する上で必要となる能力について）
　　＊それぞれの能力の育成については、小・中学校段階では基礎学力が重視され、高等教育段階では専門知識が重視されるなど、成長段階に応じた対応が必要となる。

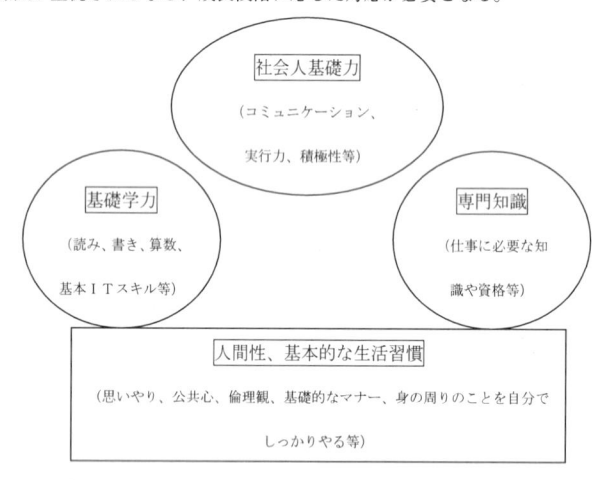

```
         社会人基礎力
      （コミュニケーション、
       実行力、積極性等）

  基礎学力            専門知識
（読み、書き、算数、   （仕事に必要な知
 基本ＩＴスキル等）     識や資格等）

       人間性、基本的な生活習慣
（思いやり、公共心、倫理観、基礎的なマナー、身の回りのことを自分で
              しっかりやる等）
```

３．取り組むべき課題
（１）若者における社会人基礎力のばらつきの拡大
　近年、企業において、職場等で求められる能力として社会人基礎力を重視する傾向が強まってきている。一方、若者の社会人基礎力の一般的な水準はどのようなものであろうか。
　若者の社会的な能力の水準を明確化することは容易ではないが、意欲、説得力、協調性といった「社会的強み」について測定を行った調査によれば、1997年から2005年の間に若者の「社会的強み」の水準は、全般的に低下してきている。また、本研究会では、「最近の若者を見ると、優秀な人は１０年前とは比較にならないほど優秀である一方、中間層を形成する６割位の人々の平均的水準は昔よりやや低下しているように見える。」といった意見が多数示された。こうした調査結果や指摘を踏まえれば、今日、若者の社会人基礎力の水準については、少なくとも個人間のばらつきが拡大する方向にあると考えられる。
　こうした動きの背景については、様々な要因が影響を与えていると考えられる。家庭や地域社会については、子供・親・兄弟、祖父母、近隣の人との触れあう機会の減少等により、その教育力の低下が指摘されている。また、経済産業省の調査では、大学時代に部活動やサークル活動に全く参加しない学生が約４割強存在することが明らかになっている。若者を取り巻く環境や友人との関係等の変化の下で、社会人基礎力の育成についてばらつきが拡大しやすい状況が生じているのではないかと考えられる。

こうした状況の下、企業の対応にも変化が求められつつある。従来、社会人基礎力のばらつきが小さかった時代には、一般に「学力」という指標と社会人基礎力の水準には相関関係があったことが指摘されている。このため、企業は採用段階において、数値化されやすい学力を評価することを通じて社会人基礎力もある程度評価することができた。しかし、近年、社会人基礎力と学力との相関関係が低下していることが指摘されており、企業も人材の育成や評価において、社会人基礎力を独立した要素として意識することが求められている。また、入社後の人材育成においても、社会人基礎力の観点から継続的に実施することの必要性が高まっている。

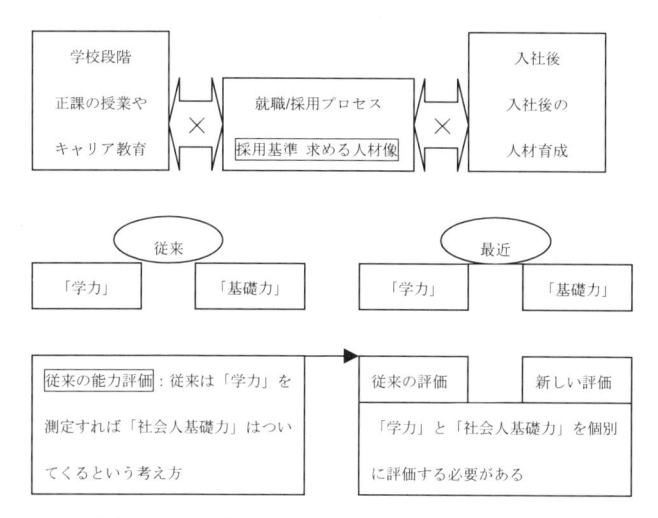

(学力と社会人基礎力の相関関係の変化)

```
  学校段階                               入社後
正課の授業や  ×  就職/採用プロセス  ×  入社後の
 キャリア教育      採用基準 求める人材像    人材育成

       従来                     最近
   「学力」「基礎力」        「学力」「基礎力」

従来の能力評価：従来は「学力」を     従来の評価     新しい評価
測定すれば「社会人基礎力」はつい   「学力」と「社会人基礎力」を個別
てくるという考え方              に評価する必要がある
```

　学校においては、従来、正課の授業で学力や専門知識を養成する中で、社会人基礎力を育成する効果も上げられていたと考えられる。しかし、若者の社会人基礎力のばらつきが拡大する中、従来同様の教育手法では効果が期待しにくくなっており、これに対応するため、キャリア教育やプロジェクト型授業等、従来以上に現実の課題の解決との関連付けを行った教育手法を導入する学校も出てきている。特に大学教育では、より多様な若者が参加するようになってきており、大学における社会人基礎力の育成について、改めて意識的な取組が必要となってきていると考えられる。

（2）社会全体による取組の必要性
　社会人基礎力は、個人が社会の中で豊かで充実した人生を送っていくために必要な能力である。人生においては、就職後の人事異動や転職等を通じて様々な仕事に出会うことになるが、社会人基礎力は、そうした仕事に積極的に取り組む上で共通の基盤となる能力と考えられる。こうした観点から、社会人基礎力の継続的な育成は、個人にとって極めて重要な問題となると考えられる。
　一方、我が国の内外における人材育成に関連する動きを見ると、新しい変化が生じてきている。こうした状況の下、我が国における社会人基礎力に対する取組について、個人のみならず、社会全体による対応を早急に実施していくことの必要性が高まっているものと考えられる。
　内外の動きについて、まず国際的な状況について見ると、先進国、途上国を含めた国際的な人材育成における競争が高まっていることが挙げられる。経済のグローバル化が進む中、「人材こそ経済発展の原動力」との認識が広がってきており、特に中国等を含めたアジア諸国においては、国家・企業・大学等による人材開発競争が極めて活発に展開されている。
　国内について見ると、人口減少社会の到来が見込まれる今日、個人一人ひとりの能力の育成が経済・社会全体の発展の観点からも重要となってきており、社会人基礎力はそうした能力育成における一つの重要な要素となるものと考えられる。他方、そうした状況にあるにもかかわらず、従来、

日本の人材育成を支えていた枠組みが必ずしも有効に機能しなくなってきているのではないか、との懸念も生じている。例えば、我が国は先進国の中でも有数の豊かさを実現したと言えるが、一方若者の間には「なぜ、働かなければならないのか。」といった、働くことの動機付けに関する疑問も生じてきている。また、近年、学校卒業後、正社員として働きたいとの意欲を持ちながら、非正規社員としての仕事に就かざるを得ない人も増えているが、こうしたケースでは、従来のオンザジョブ・トレーニングといった形で成長する機会を得ることが相対的に難しくなっているとの指摘がある。

従来、我が国の地域社会、学校、職場等の枠組みにおいては、そこでの様々な活動を通じ、社会人基礎力を含めた人材育成も図られていたものと考えられる。しかし、上記のような内外の変化の下、従来以上に社会人基礎力の育成の土台を強化していくことが必要となってきており、そのための「社会全体による新たな枠組みづくり」が早急に取り組まれるべき課題となっていると考えられる。

こうした「新たな枠組み」に取り組むに当たっては、我が国が社会人基礎力において依然優れた能力を持っていることを十分に認識し、その強みを伸ばしていくことが重要である。例えば、参加者が積極的に情報を共有しながら協力して課題に取り組んでいく、といった「チームワーク」については、内外から我が国の強みとして高い評価が与えられている。こうした強みを意識的に伸ばしていくことを通じて、社会人基礎力を今まで以上に高めていくことは十分に可能だと考えられる。

(3)取組が必要な課題

既に述べたように若者の社会人基礎力の水準を巡る状況は変化してきているが、若者が人生を通じて自分の夢を実現していくためには、社会人基礎力の育成が常に重要な課題となると考えられる。このため、その育成を学校、企業、地域社会等を含めた社会全体で長期的にサポートしていくことが、夢を実現できる社会を築いていく上での重要な取組となると考えられる。

社会人基礎力を重要視する傾向は、近年、先進国において相当程度共通するものとなってきている。欧米においても、90年代以降に社会人基礎力と共通する部分が多い「ソフトスキル」の重要性や、その育成のための大学等と産業界との連携の必要性等が指摘されており、例えば、米国ではソフトスキルの育成等をテーマとした産学連携(「21世紀スキルパートナーシップ」)を推進する動きが見られる。

社会人基礎力の育成に向けた取組を考える上では、企業・若者・学校等の関係者が、同じ目標に向けて協力して取り組む、ということを可能とする枠組みを作っていくことが不可欠である。従来、関係者の間には、社会人基礎力という共通の課題が明確化されておらず、またそれに対して連携して取り組むための枠組みができていなかった。このため、学校段階での教育、就職・採用段階での活動、入社後の人材育成といった各段階の間の連携が不十分であり、それぞれの場面での企業、若者、学校の活動や努力が十分につながったものとならず、結果として必要以上の社会的なコストを発生させていたものと考えられる。

今こそ社会人基礎力を企業・若者・学校等をつなぐ「共通言語」として明確に位置付け、これら関係者の連携を強化することを通じ、長期的な観点から社会人基礎力を育成していく新たな社会的枠組みを形成していくことが必要となってきていると考えられる。

こうした観点から、早急な取組が必要と考えられる事項を整理すれば、以下のような課題が挙げられる。

① 社会人基礎力の具体的内容の明確化

従来、「職場等で求められる能力」の具体的な内容を明確化する取組がなされておらず、企業、若者、学校の間で、採用、能力評価、人材育成等に関し議論するための共通の土台が形成されてこなかった。このため、例えば、若者と企業が「職場等で求められる能力」について、双方向の対話を行うことは決して容易ではない状況である。例えば、経済産業省の調査では約61%の大学生が「企業の採用基準が明確でない」と回答する一方、約73%の企業が「求める人材像」について「きちんと」又は「ある程度」伝わっていると回答しており、両者の間には大きな認識のギャップがあると考えられる。

このため、社会人基礎力の内容を具体的に分かりやすく示すことにより、企業、若者、学校等の関係者を結ぶことができる「共通言語」を作ることが重要である。

② 社会人基礎力を土台とした企業・若者・学校等の「つながり」の強化、育成と評価に向けた一貫した枠組み作り

社会人基礎力の育成は、学校から就職、入社後の職場での活動等を通じて、長期的、継続的に取

り組まれることが必要である。そのためには、社会人基礎力を共通言語として企業・若者・学校等のつながりを強化し、相互の人材育成等の取組が一貫した形で実施できる枠組みを作っていくことが重要である。
　こうした観点から、大学等の教育機関は企業との密接な対話等を通じて職場等で求められる能力を明確に認識することが重要であり、こうした取組を通じて学校段階での教育プログラムと企業等で求められる社会人基礎力とのつながりを強化していくことが必要である。また、企業においても、社員の継続的成長を促すことが不可欠であるが、従来、採用と入社後の人材育成のつながりは必ずしも十分であるとは言い難く、採用時の若手社員の情報が入社後においてその社員の能力特性等に応じた人材育成の実施のために役立てられることは少ないと指摘されている。企業においては、採用と入社後の人材育成を密接にリンクさせ、長期にわたって一貫した社会人基礎力の育成を図る取組が必要となっている。

（参考）米・英におけるソフトスキルの重視

1．米国
（1）SCANSレポートの策定（1992年）
　1980年代の国際競争力の低下を背景として、産業界から教育に対する強い懸念が示された結果、ジョージ・ブッシュ大統領のイニシアティブの下、1991年に教育に関する国家戦略が表明され、「SCANSレポート」が1992年に取りまとめられた。同レポートでは、職場で求められる能力を明確化するとともに、産学連携によりそうした能力を学校段階から養成していくこと等を提言している。
（2）21世紀スキルパートナーシップ（2002年）
　近年、米国企業の職場で「ソフトスキル」の重要性が指摘されており、特に、IT化等により業務の専門化や複雑化が進む中、付加価値が求められる仕事にはチームワークが重要との指摘が多く示されている。こうした中、2002年に、米国の教育に強い関心と懸念を有するIT企業等の主導の下、教育機関とともに「21世紀スキルパートナーシップ」が設立され、21世紀の職場で求められるスキルとして、以下の能力の育成に取り組む動きが展開されている。
　　① Information and communication skills
　　　：情報・メディアリテラシー、コミュニケーション力
　　② Thinking and Problem - solving skills
　　　：分析力、問題発見・解決力、創造力
　　③ Interpersonal and self - directional skills
　　　：協働力、自己規律力、責任感・協調性、社会的責任

2．英国
　産官学の有識者をメンバーとする政府の高等教育調査委員会において、今後20年間の高等教育機関のあり方全般についての検討がなされ、約90の提言（「Dearingレポート」）が1997年に策定された。同レポートでは、職場で求められる能力として、「コミュニケーション力」、「数学」、「ITスキル」に加え、近年の産業界で求められているスキルとして「チームワーキング」、「問題解決力」、「自己学習力」の必要性が指摘されている。また、こうした能力の育成のため、高等教育における就労体験の重要性や、産業界と高等教育機関との連携の強化の必要性等を提言している。

Ⅱ．社会人基礎力の内容

1．社会人基礎力の具体的な内容
（1）社会人基礎力を構成する主要な能力について

　社会人基礎力の具体的な内容を示すに当たっては、近年のビジネス・教育環境の変化を踏まえつつ、幅広い関係者から共通の理解を得られるよう、分かりやすく、焦点を絞ったものとすることが重要である。同時に、育成や評価の指標として活用していくためには、具体的なイメージがわくようなものとすることが求められる。こうした観点から、本研究会では集中的に議論した結果、社会人基礎力を構成する主要な能力について、以下の3つの能力に整理することとした。

① 「前に踏み出す力」（アクション）」～一歩前に踏み出し、失敗しても粘り強く取り組む力～
- 実社会の仕事において、答えは一つに決まっておらず、試行錯誤しながら、失敗を恐れず、自ら、一歩前に踏み出す行動が求められる。失敗しても、他者と協力しながら、粘り強く取り組むことが求められる。

② 「考え抜く力」（シンキング）」～疑問を持ち、考え抜く力～
- 物事を改善していくためには、常に問題意識を持ち課題を発見することが求められる。その上で、その課題を解決するための方法やプロセスについて十分に納得いくまで考え抜くことが必要である。

③ 「チームで働く力」（チームワーク）～多様な人とともに、目標に向けて協力する力～
- 職場や地域社会等では、仕事の専門化や細分化が進展しており、個人として、また組織としての付加価値を創り出すためには、多様な人との協働が求められる。自分の意見を的確に伝え、意見や立場の異なるメンバーも尊重した上で、目標に向けともに協力することが必要である。

　上記の3つの能力については、それぞれが社会人基礎力を構成する不可欠な要素であり、相互につながりの深いものであることから、一つのグループとして身に付けることが望まれる。なお、3つの能力が求められる度合いについては、業種や企業、業務の内容等によって異なるものと考えられる。

（社会人基礎力を構成する3つの能力）

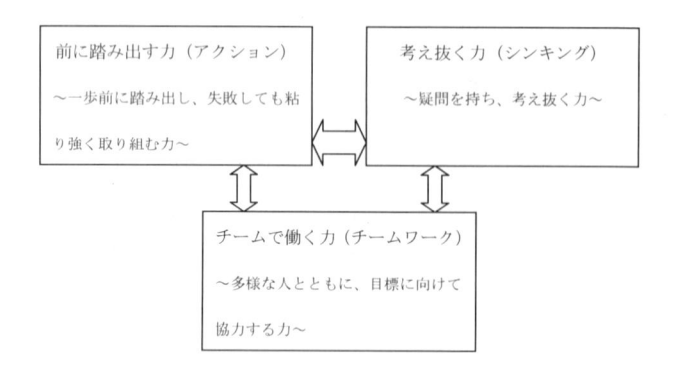

```
┌─────────────────────────┐    ┌─────────────────────────┐
│ 前に踏み出す力（アクション）│    │ 考え抜く力（シンキング）│
│                         │⇔│                         │
│ ～一歩前に踏み出し、失敗  │    │ ～疑問を持ち、考え抜く力～│
│ しても粘り強く取り組む力～│    │                         │
└─────────────────────────┘    └─────────────────────────┘
            ⇕                              ⇕
         ┌─────────────────────────────────────┐
         │ チームで働く力（チームワーク）      │
         │                                     │
         │ ～多様な人とともに、目標に向けて    │
         │ 協力する力～                        │
         └─────────────────────────────────────┘
```

（2）それぞれの具体的要素

　社会人基礎力の3つの能力については、その育成や評価を行っていく上で、それぞれの能力を構成する具体的要素について、個別に整理し、明確化することが有益である。
　本研究会では、「人」、「課題」、「自分」のそれぞれを対象とした個別の能力要素を抽出した上で、社会人基礎力の3つの能力との関係について議論し、以下のとおり整理することとした。

(社会人基礎力の能力要素)

分類	能力要素	内容
前に踏み出す力：アクション	主体性	物事に進んで取り組む力：例）指示を待つのではなく、自らやるべきことを見つけて積極的に取り組む。
	働きかけ力	他人に働きかけ巻き込む力：例）「やろうじゃないか」と呼びかけ、目的に向かって周囲の人々を動かしていく。
	実行力	目的を設定し確実に行動する力：例）言われたことをやるだけでなく自ら目標を設定し、失敗を恐れず行動に移し、粘り強く取り組む。
考え抜く力：シンキング	課題発見力	現状を分析し目的や課題を明らかにする力：例）目標に向かって、自ら「ここに問題があり、解決が必要だ」と提案する。
	計画力	課題の解決に向けたプロセスを明らかにし準備する力：例）課題の解決に向けた複数のプロセスを明確にし、「その中で最善のものは何か」を検討し、それに向けた準備をする。
	創造力	新しい価値を生み出す力：例）既存の発想にとらわれず、課題に対して新しい解決方法を考える。
チームで働く力：チームワーク	発信力	自分の意見をわかりやすく伝える力：例）自分の意見をわかりやすく整理した上で、相手に理解してもらうように的確に伝える。
	傾聴力	相手の意見を丁寧に聴く力：例）相手の話しやすい環境をつくり、適切なタイミングで質問するなど相手の意見を引き出す。
	柔軟性	意見の違いや立場の違いを理解する力：例）自分のルールややり方に固執するのではなく、相手の意見や立場を尊重し理解する。
	状況把握力	自分と周囲の人々や物事との関係性を理解する力：例）チームで仕事をするとき、自分がどのような役割を果たすべきかを理解する。
	規律性	社会のルールや人との約束を守る力：例）状況に応じて、社会のルールに則って自らの発言や行動を適切に律する。
	ストレスコントロール力	ストレスの発生源に対応する力：ストレスを感じることがあっても、成長の機会だとポジティブに捉えて肩の力を抜いて対応する。

2．社会人基礎力により実現されるメリット
（1）各主体におけるメリット
① 若者
　社会人基礎力を明確化することにより、職場や地域社会で求められる能力を、各成長段階において意識しながら身に付けることが可能となる。こうした能力を自ら評価することを通じて、自分の能力特性や適性に気付き、自らの成長を実感できる。こうした社会人基礎力の枠組みを活用することにより、自分の強みを相手が理解しやすい形でアピールすることが可能となる。
② 企業
　社会人基礎力の枠組みの活用により、各企業が求める人材像を、社外及び社内の人達により分かりやすい形で情報発信することができる。こうした情報の提供や開示を行う企業が、若者から「自らの成長を実現できる場所」として選ばれ、結果として多様な人材を確保できることとなる。

また、採用から入社後の人材育成まで一貫した枠組みを持つことにより、社内の人材育成の長期的・継続的観点からの実施や、若手社員の職場への定着を高めることができる。社員が年齢に応じた社内でのキャリアデザインを考えていく上でも、社会人基礎力の枠組みは有効であると考えられる。なお、近年メーカー企業等において、採用面接等を各事業部が行う等の「採用の分権化」の例も見られるが、こうした取組は採用時の専門知識等に着目した「短期的観点」による採用になりやすいとの指摘もある。社会人基礎力の考え方を社内で共有することにより、こうした場合においても「長期的な視野」に基づいた対応が行いやすくなると考えられる。
　企業としては、上記のような取組を通じ、採用と入社後の人材育成を長期的観点から密接につなぐことが可能となり、結果として、企業の人材育成能力を向上させることを通じ、グローバルな競争の時代に不可欠な「人的側面からの競争力」を高めることが可能になると考えられる。また、こうした長期的観点からの採用や人材育成を行うことにより、個人と組織がともに成長することを通じて「win-winの関係」をつくれるような企業が生まれ、そこにまた優秀な人材が集まっていきいきと働く、という好循環が期待できる。
③ 学校
　学校の正課の授業やキャリア教育の中で、「職場等で求められる能力」とのつがなりを持たせたカリキュラムを構築することができる。特に、社会人基礎力をベースとして、学校と若者、企業などが密接に対話することを通じ、学生のグループワーク等による大学の授業の効果的な実施や、産学連携による課題解決に向けた「体験」などを盛り込んだカリキュラムをつくることが可能となる。
　また、学校にも社会人基礎力の考え方が共有されることにより、企業が求める人材像を明確に理解し、若者の能力特性や適性に応じた人材育成や就職支援を行うことが可能となる。
（2）社会全体のメリット（「共通言語」としての役割）
　企業・若者・学校等の関係者が、社会人基礎力の枠組みを活用し、職場等で求められる能力や産学連携の在り方等についてお互いに情報を発信し合い、対話を深めることにより、関係者をつなぐ共通の認識をつくることができる。こうした形で、社会人基礎力が関係者の共通言語として理解され、関係者の取組がつながることを通じて「若者が社会に出るまでに身に付ける能力」と「職場等で求められる能力」とを十分に適合させるため、関係者が密接に協働することが可能となる。こうした協働を通じ、従来、関係者間のコミュニケーションが十分でないことにより発生していた、採用時や入社後の職場でのミスマッチなどの社会的コストを低減することも可能になると考えられる。

3. 社会人基礎力の位置付け

　社会人基礎力が、関係者による継続的な育成の取組や若者の自らに対する「気付き」のための枠組みとして有効に活用されるためには、その位置付けとして、以下の点に留意することが必要である。
（1）育成・評価が可能な能力である
　社会人基礎力は、職場や地域社会で求められる能力として意識的な育成や評価が可能な能力であり、若者の能力の特徴や適性に関する本人のこうした一連の取組は、近年教育の現場に積極的に導入されているＦＤ（ファカルティ・ディベロップメント：学生の学習を充実させるために、教育の教授内容・方法の改善への取組み）を推進する上でも有効であると考えられる。「気付き」や「成長」を促すものである。
（2）自己の強みを伸ばしアピールするための土台である
　業種や職種の内容に応じて社会人基礎力の個々の能力が求められる度合には違いがあり、個人は、自らの能力の特徴や強みを理解することが必要である。社会人基礎力は、個人の能力について平均値や総合点を求めるものではなく、個人の特徴や強みを評価し、効果的にアピールしていくための土台となるものである。
（3）各成長段階を通じて一貫した育成が必要である
　社会人基礎力は、人生の各段階において様々な体験を通じて育成されるものであり、家庭・地域社会、学校段階、就職後の様々な段階等、個人の各成長段階を通じて長期的かつ一貫した育成が必要なものである。
（4）学校教育の中で育成が可能である
　社会人基礎力は、学校教育のカリキュラム等と独立して個別に議論されるものではない。学校教

育の正課の授業における教養・専門教育やキャリア教育等の適切な実施を通じて育成が可能なものである。また、高等教育に限らず、小・中・高校の段階でも、若者が職場や地域社会で活躍するために必要な能力とは何かという問題意識に基づいた授業等を通じて育成していくことが可能である。
（5）家庭・地域社会による取組が可能である
　社会人基礎力の育成においては、家庭や地域社会による取組も大きな役割を果たしており、両方のつながりを強化することにより、その機能を高めることが可能である。

Ⅲ．社会人基礎力を土台とした企業・若者・学校の「つながり」

1．関係者の「つながり」を巡る状況

　第Ⅰ章で述べたように、社会人基礎力を継続的に育成・評価していくためには、企業・若者・学校等の関係者が社会人基礎力を共通言語として「つながり」を強化し、関係者の育成や評価の取組を一貫した形で連携させていくことが極めて重要である。
　一方、我が国の状況を見ると、学校段階、就職・採用段階、入社後の段階、といった個人が経験する成長の各ステージにおいて、以下に示すように、必ずしも社会人基礎力を土台とした連携が十分に行われているとは言えない状況が見られる。

（1）学校段階
　大学等の教育機関と企業等との間では、「職場等でどのような能力が求められているか」という観点から、従来十分な対話・情報交換が行われているとは言い難い状況であると考えられる。このため、学生にとって、学校のカリキュラムの中で社会人基礎力の必要性等についての気付きの機会を得ることは少ないと考えられる。
　学校と企業や地域社会との接点としては、小・中・高校段階ではキャリア教育、大学ではインターンシップ等も行われているが、実施すること自体が目的化しているケースも見られ、社会人基礎力を土台としたカリキュラムの設定や効果の測定が行われているケースは少ないと考えられる。また、正課の授業について、社会人基礎力の養成の観点から、その効果、実施手法や事後の成長評価のあり方等が議論されるケースも少ない。

（2）就職・採用段階
　就職・採用段階は、多くの企業、若者、学校が直接接触し合う場面であるが、従来社会人基礎力を共通言語として多様な関係者によるコミュニケーションや、必要な情報の発信・理解が行われているとは言い難いと考えられる。
　例えば、企業と若者の関係を見ると、「企業が求める人材像」といった情報が従来若者には十分理解されておらず、また若者も企業に対し自らの強みを自分の言葉で語るというケースは少ないと指摘されている。こうした相互対話の不足は、両者のコミュニケーションのための共通の土台が欠けていることが大きな原因の一つと考えられる。また、大学の就職支援部と企業の間も、十分な情報流通が行われているとは言い難いと考えられる。全国の大学就職部に実施したアンケート調査によると、「企業情報の収集・理解対策」が「順調である」と回答した大学就職部は約2割にとどまっている。
　他方、多量の就職関連情報がインターネットを通じて流通するようになる中、それが就職活動の早期化を促進しているとの指摘もあり、就職活動の負担の重さを指摘する学生も多い。企業と若者との直接的な接触機会・期間はむしろ縮小する傾向が生じており、相互の十分なコミュニケーションに基づく選択を行いにくくなっていることが指摘されている。こうした中、近年、大学生の「大手企業志向」は上昇傾向にあり、例えば、男子学生の約5割が大企業志向と回答している。この背景には学生の安定志向の高まりがある一方、一般的な情報量の多い大手企業が志向され、採用活動等に十分な人員や時間を割けない中小企業では学生との接触の機会も少なく、結果として「求める人材像」等を巡る意味のあるコミュニケーションを行うことも容易ではないことが指摘されている。

（3）入社後の段階
　企業においては、社会人基礎力を人材育成・評価の土台とすることにより、多様な人材がそれぞれの強みを発揮することを通じて社内の総合的な人材力の向上に大きな成果を期待できるとともに、社員の入社時における評価を入社後の職務や人材育成につなげていくことによる長期的観点からの対応が可能となる。

しかし、採用時と入社後の対応が適切に連携していない場合も多いことが指摘されている。例えば、大学新卒で入社した若手社員の入社後3年以内の離職率が上昇傾向にあるが、その原因として「採用時のミスマッチ」を指摘する企業が多く見られる。こうした問題の背景には、採用段階から入社後の職務配置や人材育成までの一貫したつながりがないことが原因の一つとして指摘されており、結果として、継続的な人材育成や人材の職場への定着が難しいと考えられる。社会人基礎力を土台として、採用時から入社後の様々な場面で企業と社員との対話が図られることは、両者の共通理解を通じて組織全体に積極的な効果を与えるものと考えられる。

2．関係者の連携の強化に向けて

企業・若者・学校等の関係者について相互の連携を強化していくことを通じ、社会全体で個人の能力を高めていくという新たな枠組みを形成していくことができる。そのためには、社会人基礎力を共通言語として、以下に示す各段階において、企業・若者・学校等が相互のコミュニケーションや協働を進めていくことが重要である。

（1）学校段階

学校段階における教育内容や就職支援が、職場等で求められる能力に十分に対応しながら展開されることが重要であり、そのためには、学校における正課の授業やキャリア教育等において、社会人基礎力を土台にした密接な産学連携を強化していくことが重要である。例えば、大学等におけるインターンシップについては、企業・若者・学校が参加する共同作業として活用できる場であり、若者の「気付き」や「育成」につながる体験を共同で作っていく観点から、社会人基礎力を共通言語として体験の評価を企業・若者・学校が共有していくことが考えられる。

また、こうした取組の関係者による「横のネットワーク」は、相互の取組を学び合える機会を提供するものとして有効である。

（2）就職・採用段階

企業と若者との対話を深める上では、企業と若者が社会人基礎力の枠組みを共有し、それを土台として相互に「求める人材像」、「自分の強み」を発信し合うことが大変重要である。そうした取り組みを通じ、若者による「企業の採用基準」の理解、企業による「若者の能力の特徴」の把握が、納得のいく水準で可能となる。

また、そうした対話を深めるためには、より接触機会・期間を増やすような工夫を行うことも効果的であると考えられる。例えば、近時、紹介予定派遣の活用により、若者と企業が面接から直ちに採用ということではなく、派遣期間を通じて双方の特徴を十分に理解し合い、納得のいく選択をしようという動きが、若者と企業の双方に見られる。また、学生が入社時期を一定期間遅らせることができる制度を導入する企業の例も見られる。

若者や学校等と、中小企業を含めた地域産業とのつながりを拡大することは、若者にとって、より自分の社会人基礎力の強みを活かせる職場を探すための選択肢が拡大することとなる一方、地域産業にとっても若手人材に接触する機会の増大につながることが期待される。このため、近時、地域産業が「仕事のやりがい」等に関して若者や大学等に対し積極的な情報発信を行う例も見られる。

【事例1】新しい就職ルートの例

人材派遣会社A社では、新卒者を2年間企業に派遣し、その後、本人及び企業が正社員となるかを決定する「新卒派遣」プログラム（「キャリアーラ」）を実施。2年間の派遣期間はA社の契約社員として雇用が保障されており、若者はその間に自分の適職を見定めることができる。

また、人材派遣会社B社では、フリーター等の就職経験の浅い者を対象に、働く上で基礎となる知識や経験に関する研修と、その後の企業への派遣を組み合わせたプログラム（「仕事大学校」）を実施。2ヶ月の研修期間と1年間の派遣労働を通じて、職場で求められる能力の育成と適職探しが可能となる。

【事例2】採用活動の柔軟化の例

大手電機メーカーC社では、2006年度採用において、より柔軟性の高い採用制度を実現するため、新たな採用制度（「FLEX ENTRY」）を導入した。

その柱としては、①採用シーズンのフレックス化（年4回に分けて採用を実施）、②入社時期のフレックス化（入社時期を最大2年後まで選択できるようにする）、③学校推薦制の廃止、④企業情報、採用情報の公開レベルの向上、⑤採用プロセスにおいて本人の希望と事業部のマッチ

ングを行い、採用予定(内々定)と同時に配属先を通知する、こととなっている。
【事例３】地域産業と大学との接点の強化の例(「３日間カバン持ち体験」)
　八王子市及び八王子市商工会議所が主催する「首都圏情報産業特区・八王子」構想推進協議会(サイバーシルクロード八王子)では、八王子地域に多数の大学が集積していることに着目し、2005年より、大学生が中小企業の経営者の「カバン持ち」を３日間にわたり経験する、という新しいスタイルのインターンシップを実施している。「カバン持ち体験」は、学生が企業の経営者の第一線での活躍を体験できるとともに、インターンシップ生の受入のために専属の人員を割けない中小企業にとっても、効率的な手法となっている。また、学生がインターンシップ後に、研修報告書を本協議会のＷＥＢ上のサイトに掲載することにより、地域の中小企業の魅力発信にもつながっている。

(３) 入社後の段階
　企業が多様な人材を確保し、企業に定着させていくためには、企業と社員が、採用から入社後の人材育成までを通じて一貫した枠組みに基づいて対話を重ねていくことが重要である。例えば、社会人基礎力の枠組みを活用し、採用時から入社後に求められる各能力の成長段階における具体的なイメージの設定を行うことによって、社員一人ひとりの能力特性、職務で求められている能力に応じた効果的な人材育成が可能となると考えられる。

Ⅳ．どのような取組が求められるか？

　社会人基礎力の育成・評価の枠組みをつくって行く上では、関係者は、以下の３点に留意することが必要である。
　① 関係者が自らの問題として取り組み、密接に連携すること
　② 個人の成長段階に応じ継続的な育成や評価の取組を行うこと
　③ 社会人基礎力を個人の能力特徴や適性への「気付き」を通じた「成長」につなげること
　社会人基礎力の取組を進めるためにそれぞれの関係者が以下のような取組を進めていくことが求められる。

１．産業界・企業に望まれる取組
(１) 社会人基礎力の枠組みを活用した「求める人材像」の情報発信
　○　企業が求める人材像について、社会人基礎力や各企業の経営方針・企業文化に基づき明確化し、情報発信することにより、多様な人材の確保や採用のミスマッチの防止にもつながると考えられる。
(２) 採用段階から入社後の人材育成までの「つながり」の強化
　○　社会人基礎力をベースに、採用段階から人材育成までを一貫した方針に沿って継続的な取組を行うことにより、社員一人ひとりの能力特性、職務で求められている能力に応じた効果的な人材育成が可能となり、企業への定着率を高めることにもつながると考えられる。また、例えば、各能力の成長段階を示す具体的なイメージの設定を行い、社員一人ひとりに示すことによって、社員による「気付き」の促進や効果的な人材育成が可能となると考えられる。
　○　採用段階から入社後の人材育成の「つながり」を強化する上では、採用段階において若者と企業とが社会人基礎力をベースとしたコミュニケーションを十分に行うことが重要である。また、それを可能とするよう若者と企業の接触機会・期間の拡大のための対応を行っていくことも有効であり、例えば、紹介予定派遣制度や学生が入社時期を一定期間遅らせることができる制度等を活用している例も見られる。採用活動のために人員や時間を十分に割けないといった課題を有する中小企業においては、こうした取組によって、若者との接触機会・期間を拡大することを通じ、社会人基礎力を土台とする対話を行うとともに、自らの特徴をアピールすることが可能になると考えられる。
　○　社会人基礎力の育成は、正社員だけではなく、パート社員や契約社員等を含めた職場で働く全員を視野に入れたものとすることが効果的であると考えられる。また、社員の子育て等の経験は、それを通じてより高い社会人基礎力の育成につながるものと考えられ、企業もこうした点を十分に評価することが重要である。

資料　*203*

（3）社会人基礎力の枠組みを活用したインターンシップ
- インターンシップは参加する若者と、受入れ先企業の双方にとって「気付き」のよい機会であるが、現状では、実施すること自体が重視され、その効果等が十分に評価されていないと指摘されている。
- 企業は社会人基礎力の枠組みを活用して、インターンシップでどの様な能力の「気付き」や「育成」につながるかを示すことが可能となり、また、終了後に、インターンシップを通じて若者の能力にどの様な変化があったのか情報を提供し、若者や学校と対話を行うことが望ましい。そのためには、企業・若者・大学等の関係者が共用可能な「フィードバック・シート」を導入することも一案である。

2．若者に望まれる取組
（1）社会人基礎力を活かした自己分析や能力アピールの実施
- 社会人基礎力について、若者は自らの問題として捉え、その向上や自己評価に取り組む必要がある。特に、社会人基礎力の枠組みに基づき、経済産業省が実施した調査では、大学生の約6割が入社時期を一定期間遅らせることができる制度の利用に関心を示している。
  自分の能力や適性の強みや弱みを分析し、それを踏まえた能力向上と自分の強みのアピールを行っていくことが望まれる。また、社会人基礎力は、就職段階の一時点においてのみ重要なものではないことから、人生の活動における各段階において、継続的に自己評価を行うことが望まれる。
- また、社会人基礎力の考え方を、自らの成長にとって適切な学校や就職先等を選択する上での評価基準として活用することが期待される。

（2）様々な「体験」への積極的な参加
- 職場や地域社会で求められる能力を各成長段階で気付き、身に付けていくためには、正課の授業に真剣に取り組むことが不可欠であることは言うまでもないが、「実体験」や「失敗」を経験し、それを評価するプロセスが重要である。
- こうした観点から、インターンシップ等の体験型のプログラムにも参加し、社会人基礎力の枠組みを活用しながら、経験と自己分析を行い、成長していくことが望まれる。

3．教育機関に望まれる取組
（1）大学の正課の授業の充実
- 社会人基礎力については、大学生の67％、大学就職部の86％が、「大学時代に積極的に学ぶべき」と考えており、正課の授業についても社会人基礎力の観点から取組の工夫を行うことが有効であると考えられる。
- 例えば、大学の正課の授業で、学生のグループワークを行うなど教授法の工夫により授業を効果的に実施する際に、その授業がどのような社会人基礎力の向上につながるかを明示することも一案と考えられる。
  こうした取組により、学生が正課の授業を学ぶ際に、社会人基礎力も意識して受講することが可能となる。

（2）インターンシップやプロジェクト型授業など産学連携の促進
- 若者が教育プロセスにおいて、社会人基礎力を含めて成長していくためには、大学等の教育内容と実社会の課題とを関係付け、チームでその解決に向け取り組む等の「体験」をしていくことが効果的と考えられる。そのため、例えば、企業や社会の実際の課題について、その解決策を検討する学習方法（Project Based Learning）を産学連携の下で導入していくことが望まれる。
- また、社会人基礎力の観点からインターンシップは有効なプログラムであるが、これを若者の能力特性等の「気付き」や「成長」の機会としてより効果的に利用するためには、既に述べたように、企業・若者・大学の間で、インターンシップを通じた若者の成長について対話することが望まれる。そのため、社会人基礎力をベースとした「フィードバック・シート」の活用など、今まで以上に実質的な産学連携を進めて行くことが重要である。
- 上記のPBLやインターンシップにおいては、「体験」の前後における若者の成長変化につ

いて、若者自らが「気付く」機会が必要であり、社会人基礎力の成長に関する評価を行う手法の開発・普及が求められる。
○ その上で、各大学が、社会人基礎力を含めた若者の能力特性等の「気付き」や「成長」につながる教育手法の取組を情報発信し、相互に学び合えるネットワークを作っていくことが重要である。

【事例４】プロジェクト型授業の例
慶應義塾大学SFC研究所IDビジネス・社会モデルラボ（慶應義塾大学湘南藤沢キャンパス）では、各種のテーマについて、産学連携研究と教育を融合させ、実際に企業内で取り組んでいる課題の解決を目指すという「プロジェクト型授業」を実施（例：「ＩＣタグを用いた顧客マーケティングの改善戦略」等）。委託元である企業の関係者と受託者である大学の教員・学生がチームを組んで１年間にわたり課題の解決に向けた検討を行い、取りまとめられた対応策については、企業側に対して説明がなされ、企業側から評価が実施される。
また、こうしたプロジェクト型授業を実施した際の教育効果の測定にあたっては、独自の評価手法を活用して学生の能力を測定し、若者の「気付き」や自己評価を促すとともに、その教育プログラムの効果を検証する取組を実施。

【事例５】効果的なインターンシップの例
武蔵野大学では、高知大学との共同事業により、学生だけのバーチャルカンパニー（「SPARKLE」）を設立。学生が自ら企画・運営・実施・検証することを通じて、実社会で働く上で必要とされる基礎的な能力を育成する取組を実施。
学生は会社運営を体験することを通じて、企業活動の流れや会社組織の仕組みを理解することができるなど、通常の参加型のインターンシップでは得られない貴重な経験を得ることができる。また、インターンシップの効果測定を実施することで、学生の能力向上についてアセスメントの充実を図っている。

(3) 地域産業と連携した効果的な就職サポートの実施
○ 大学がより多様な就職先を開拓し、その効果的な就職サポートを実施していくためには、中小企業を含めた地域産業との密接な連携を図ることが重要である。特に近時、地域の大学ネットワークが地域産業や経済団体等と連携してマッチングや研修等を実施する動きも出てきている。こうした取組は、地域産業の求人ニーズと若者を結びつける取組として効果的と考えられる。
○ また、就職・採用段階において、企業・若者・学校等の関係者の「つながり」の強化が求められる中で、若者や企業において新卒者や既卒者を対象とした紹介予定派遣の活用等も広がりつつある。
○ 大学において、従来の就職活動による正社員採用だけを「正当な就職ルート」と見なすことは、こうした実態に合っておらず、大学においても紹介予定派遣等の就職ルートについて適切に評価していくことが必要である。これに関連して、多くの大学では、「新卒時の正社員採用」のみを、就職率にカウントしていると指摘されているが、上記のような新しい就職ルートについても、就職率の対象に適切に含まれることを検討することが望まれる。

(4) 小・中・高校における社会人基礎力の育成を視野に入れた教育の実施
○ 小・中・高校の各段階においても、正課の授業やキャリア教育の中で、子ども達が学ぶことや働くことの意義を見いだし、そこでの「気付き」のプロセスの中で社会人基礎力を含めた能力を総合的に身に付けていくことが重要である。
○ こうした観点から、正課の授業についても工夫が期待される。また、キャリア教育については、学校と地域の産業界やＮＰＯ等との密接な連携の下、「職場の体験」や「課題の解決」等に関するプログラムを各成長段階に応じた形で実施することが有効であり、そのためには、関係者が一体となり、地域の特色を活かしたカリキュラムの作成及び実施が望まれる。

【事例６】社会人基礎力の育成につながる正課の授業の例（千葉県香取小学校の例）
佐原市立香取小学校では、児童が生活をしていく上で必要不可欠である「話す力・聞く力」を育成するために、児童がより良い人間関係を目指し「伝え合う力を高める」ことを目標とした授業づくりを実施。グループワーク等を通じ、「話し手を見ながら、最後まで聞くことができる」、「自分の話したいことをていねいな言葉で順序よく、話すことができる」といった目標に向けた実践を行う。その後、ふりかえりカードを用い、「観察」「気付き」のプロセスを踏むことで、「話す力・

聞く力」が効果的に育成されることを実証している。

4．家庭・地域社会に望まれる取組
(1) 家庭で望まれる取組
○　社会人基礎力の育成については、家庭が果たす役割も重要である。子どもにとって親は、一番身近な社会人であり、職場や地域社会で親がいきいきと活動する姿を子どもに見せるとともに、それをきっかけにして親子の間で働くことや仕事について話し合うことが大切である。社会人基礎力は、職場や地域社会で求められる能力を示すものであるとともに、その土台は、上記のような親子の間の対話や兄弟・近隣の人々との触れ合い等を通じても育成されるものである。
○　職場や地域社会が多様な人々によって構成されていることについて、子どもの理解を促していくための環境づくりも大切である。学校や地域社会での様々な活動に参加し、子どもが多様な人達と触れ合う機会をつくっていくことが求められる。

(2) 地域社会で望まれる取組
① 地方自治体
○　地域においては、若者が自らの能力を発揮し活躍できる地域社会の形成に向けて、社会人基礎力の育成に関する明確なメッセージが出されることが重要である。その際に、地方自治体が担う役割は大きく、地域の教育界、産業界等の関係者の連携を促進し、社会人基礎力の育成やそれが反映される就職プロセスの構築に向けて積極的な取組を進めていくことが期待される。
② 地域産業界、労働界、教育界
○　地域の産業界、労働界、教育界が連携し、学校の正課の授業やキャリア教育等の充実のために積極的に協力することにより、社会人基礎力に関する「気付き」や「体験」の場を提供していくことが重要である。
○　また、地域社会が若手人材を確保するためには、地域の産業界、労働界、教育界が連携した枠組みをつくっていくことが期待される。例えば、地域の経済団体が中心となって、既卒者を紹介予定派遣により地域企業に派遣し就職につなげる取組が見られる。こうした取組が効果を上げることが期待される。

【事例7】地域での連携による社会人基礎力の育成の例（山形県米沢工業高校の例）
　山形県立米沢工業高等学校では、地域のものづくり企業を担う新規人材の確保を狙いとして、米沢ビジネスネットワークオフィス（地域の産業界、行政、学校、金融機関、労働組合等が連携する地域活性化を目的とした組織）と連携した授業づくりを実施。校内に、ＩＴに特化した専攻科を設置し、インターンシップの長期化や在学中からの共同研究の実施を通じて職場で求められる能力の育成に取り組むなど、地域の産業界で即戦力として活躍できるよう実践的な教育を実施。

【事例8】地域の経済団体が実施する紹介予定派遣制度の例
　東京商工会議所は、人材ビジネス会社と連携し、紹介予定派遣制度の活用により会員企業に若者を就職させる事業（「東商ヤングジョブフィット」）を実施。就職先が未内定のまま卒業した学生や第二新卒、早期離職者などを対象として、紹介予定派遣の活用により若者を会員企業に派遣することを通じて、会員企業の若手人材の確保を強力にサポートしている。

③ ＮＰＯ等の民間団体
○　社会人基礎力に関する地域の取組が多くの関係者の参加によるムーブメントになるには、そうした関係者をつなぐコーディネーションの役割が重要である。教育とビジネスの双方に経験やノウハウを有するＮＰＯ等の民間団体が関係者の間をつなぎ、社会人基礎力の枠組みを活用した取組の地域での定着に向けた積極的な役割が期待される。

5．政府に求められる取組
　本研究会として、政府の各関係省庁が連絡会議の開催等を通じた密接な連携の下、以下のような取組を実施していくことを期待する。
(1) 企業・若者・学校等の関係者による議論・対話の喚起
① 社会人基礎力に関する掘り下げた議論の喚起
○　社会人基礎力が、若者を始め関係者をつなぐ「真の共通言語」となるためには、業種や企業

により重視される社会人基礎力について明確化し、また多くの関係者が議論を行う機会を作っていく必要がある。
○ このため、上記の社会人基礎力等に関する調査を実施し、情報発信していくことが望ましい。また、こうした調査結果を土台として、社会人基礎力の育成等に関する議論を掘り下げるため、シンポジウムを開催すること等により、関係者のネットワークの構築を促進する取組が期待される。
② 政府機関の採用や人材育成における社会人基礎力の活用
○ 政府機関においても採用や人材育成において社会人基礎力の考え方を積極的に活用することが望まれる。
（2）大学、小・中・高等学校における産学連携の推進
① 産学連携によるカリキュラムや評価手法に関する取組の促進
○ 大学教育では、正課の授業の充実とともに、社会や企業における実際の課題の解決策をチームで検討する学習方法（Project Based Learning）等の手法も有効であり、こうした産学連携による取組の促進が期待される。
○ また、こうした「体験」を含むカリキュラムについて、若者の成長に関する自己評価を可能とする手法の開発・普及が効果的であり、そのための産学連携による取組が期待される。
○ さらに、こうした学習やキャリア教育に携わる関係者をネットワーク化し、その取組を相互に共有し学びあえる枠組みをつくっていくことが期待される。
② 社会人基礎力の育成を重視したインターンシップやキャリア教育の促進
○ 社会人基礎力の育成に向けて、若者の「気付き」や「成長」につながるインターンシップやキャリア教育の推進が求められている。
○ その際、企業、学校、地方自治体、ＮＰＯ等の多様な関係者による協力体制が不可欠となるが、従来、関係者による現場レベルでの「敷居」は高く、共通の目的に向けて十分な連携が取られている状況とは限らない。政府としてもこうした関係者の連携強化に向けて、積極的な働きかけを行うことが期待される。
（3）地域企業と大学等のネットワークの強化
① 中小企業と大学との連携強化
　地域の大学と中小企業においては、お互いに接触機会が少なく、学生は「中小企業に関心はあるが情報が無い」という状況に置かれている。このため、ジョブカフェや地域の経済団体等が大学と中小企業との橋渡し役として、中小企業の魅力や人材ニーズに関する情報の発信や、学生と中小企業が直接対話する機会の創出などに取り組んでいくことが望ましい。
② 地域ネットワークによる効果的な就職サポートの実施
　大学と地域産業の就職ネットワークの構築については、近時、地域の経済団体等と複数の大学が協力し、新卒者とともに、既卒者（いわゆる第二新卒者）を対象として地域産業への就職に直結する就職サポートを提供していく動きがある。政府としては、こうした試みが納得感のある就職の実現にどの程度効果を上げているのか等について調査を行い、その結果を公表すること等を通じて地域ネットワークによる取組を促進していくことが期待される。
【事例9】地域の大学グループと産業界との連携による就職サポート
　東京都多摩地区の産官学連携組織、学術・文化・産業ネットワーク多摩は、若年既卒者向けに職業紹介や研修を実施。同組織に加盟する42大学・短大の卒業生や加盟11自治体に住む若者が原則、無料で利用できる。求人情報は加盟の29の企業・団体を中心に集め、卒業後も学生が地元にとどまることで多摩地区の地域活性化にも繋がっている。

資料5

日本標準産業分類

平成19年11月改定の日本産業分類を次に掲げる。ただし、小分類項目は割愛した。

大分類 A ： 農業、林業

- 01 農業
  - 010 管理，補助的経済活動を行う事業所（01農業）
  - 011 耕種農業
  - 012 畜産農業
  - 013 農業サービス業（園芸サービス業を除く）
  - 014 園芸サービス業
- 02 林業
  - 020 管理，補助的経済活動を行う事業所（02林業）
  - 021 育林業
  - 022 素材生産業
  - 023 特用林産物生産業（きのこ類の栽培を除く）
  - 024 林業サービス業
  - 029 その他の林業

大分類 B ： 漁業

- 03 漁業（水産養殖業を除く）
  - 030 管理，補助的経済活動を行う事業所（03漁業）
  - 031 海面漁業
  - 032 内水面漁業
- 04 水産養殖業
  - 040 管理，補助的経済活動を行う事業所（04水産養殖業）
  - 041 海面養殖業
  - 042 内水面養殖業

大分類 C ： 鉱業，採石業，砂利採取業

- 05 鉱業，採石業，砂利採取業
  - 050 管理，補助的経済活動を行う事業所（05鉱業，採石業，砂利採取業）
  - 051 金属鉱業
  - 052 石炭・亜炭鉱業
  - 053 原油・天然ガス鉱業
  - 054 採石業，砂・砂利・玉石採取業
  - 055 窯業原料用鉱物鉱業（耐火物・陶磁器・ガラス・セメント原料用に限る）
  - 059 その他の鉱業

大分類 D ： 建設業

- 06 総合工事業
  - 060 管理，補助的経済活動を行う事業所（06総合工事業）
  - 061 一般土木建築工事業
  - 062 土木工事業（舗装工事業を除く）
  - 063 舗装工事業
  - 064 建築工事業（木造建築工事業を除く）
  - 065 木造建築工事業
  - 066 建築リフォーム工事業
- 07 職別工事業（設備工事業を除く）
  - 070 管理，補助的経済活動を行う事業所（07職別工事業）
  - 071 大工工事業
  - 072 とび・土工・コンクリート工事業
  - 073 鉄骨・鉄筋工事業
  - 074 石工・れんが・タイル・ブロック工事業
  - 075 左官工事業
  - 076 板金・金物工事業
  - 077 塗装工事業
  - 078 床・内装工事業
  - 079 その他の職別工事業
- 08 設備工事業
  - 080 管理，補助的経済活動を行う事業所（08設備工事業）
  - 081 電気工事業
  - 082 電気通信・信号装置工事業
  - 083 管工事業（さく井工事業を除く）
  - 084 機械器具設置工事業
  - 089 その他の設備工事業

208

大分類 E ： 製造業

- 09 食料品製造業
    - 090 管理，補助的経済活動を行う事業所（09食料品製造業）
    - 091 畜産食料品製造業
    - 092 水産食料品製造業
    - 093 野菜缶詰・果実缶詰・農産保存食料品製造業
    - 094 調味料製造業
    - 095 糖類製造業
    - 096 精穀・製粉業
    - 097 パン・菓子製造業
    - 098 動植物油脂製造業
    - 099 その他の食料品製造業
- 10 飲料・たばこ・飼料製造業
    - 100 管理，補助的経済活動を行う事業所（10飲料・たばこ・飼料製造業）
    - 101 清涼飲料製造業
    - 102 酒類製造業
    - 103 茶・コーヒー製造業（清涼飲料を除く）
    - 104 製氷業
    - 105 たばこ製造業
    - 106 飼料・有機質肥料製造業
- 11 繊維工業
    - 110 管理，補助的経済活動を行う事業所（11繊維工業）
    - 111 製糸業，紡績業，化学繊維・ねん糸等製造業
    - 112 織物業
    - 113 ニット生地製造業
    - 114 染色整理業
    - 115 綱・網・レース・繊維粗製品製造業
    - 116 外衣・シャツ製造業（和式を除く）
    - 117 下着類製造業
    - 118 和装製品・その他の衣服・繊維製身の回り品製造業
    - 119 その他の繊維製品製造業
- 12 木材・木製品製造業（家具を除く）
    - 120 管理，補助的経済活動を行う事業所（12木材・木製品製造業）
    - 121 製材業，木製品製造業
    - 122 造作材・合板・建築用組立材料製造業
    - 123 木製容器製造業（竹，とうを含む）
    - 129 その他の木製品製造業（竹，とうを含む）
- 13 家具・装備品製造業
    - 130 管理，補助的経済活動を行う事業所（13家具・装備品製造業）
    - 131 家具製造業
    - 132 宗教用具製造業
    - 133 建具製造業
    - 139 その他の家具・装備品製造業
- 14 パルプ・紙・紙加工品製造業
    - 140 管理，補助的経済活動を行う事業所（14パルプ・紙・紙加工品製造業）
    - 141 パルプ製造業
    - 142 紙製造業
    - 143 加工紙製造業
    - 144 紙製品製造業
    - 145 紙製容器製造業
    - 149 その他のパルプ・紙・紙加工品製造業
- 15 印刷・同関連業
    - 150 管理，補助的経済活動を行う事業所（15印刷・同関連業）
    - 151 印刷業
    - 152 製版業
    - 153 製本業，印刷物加工業
    - 159 印刷関連サービス業
- 16 化学工業
    - 160 管理，補助的経済活動を行う事業所（16化学工業）
    - 161 化学肥料製造業
    - 162 無機化学工業製品製造業
    - 163 有機化学工業製品製造業
    - 164 油脂加工製品・石けん・合成洗剤・界面活性剤・塗料製造業
    - 165 医薬品製造業
    - 166 化粧品・歯磨・その他の化粧用調整品製造業
    - 169 その他の化学工業
- 17 石油製品・石炭製品製造業
    - 170 管理，補助的経済活動を行う事業所（17石油製品・石炭製品製造業）
    - 171 石油精製業

資料 209

	172	潤滑油・グリース製造業(石油精製業によらないもの)		209	その他のなめし革製品製造業
	173	コークス製造業	21		窯業・土石製品製造業
	174	舗装材料製造業		210	管理,補助的経済活動を行う事業所(21窯業・土石製品製造業)
	179	その他の石油製品・石炭製品製造業		211	ガラス・同製品製造業
18		プラスチック製品製造業		212	セメント・同製品製造業
	180	管理,補助的経済活動を行う事業所(18プラスチック製品製造業)		213	建設用粘土製品製造業(陶磁器製を除く)
	181	プラスチック板・棒・管・継手・異形押出製品製造業		214	陶磁器・同関連製品製造業
				215	耐火物製造業
	182	プラスチックフィルム・シート・床材・合成皮革製造業		216	炭素・黒鉛製品製造業
				217	研磨材・同製品製造業
	183	工業用プラスチック製品製造業		218	骨材・石工品等製造業
	184	発泡・強化プラスチック製品製造業		219	その他の窯業・土石製品製造業
	185	プラスチック成形材料製造業(廃プラスチックを含む)	22		鉄鋼業
				220	管理,補助的経済活動を行う事業所(22鉄鋼業)
	189	その他のプラスチック製品製造業		221	製鉄業
19		ゴム製品製造業		222	製鋼・製鋼圧延業
	190	管理,補助的経済活動を行う事業所(19ゴム製品製造業)		223	製鋼を行わない鋼材製造業(表面処理鋼材を除く)
	191	タイヤ・チューブ製造業		224	表面処理鋼材製造業
	192	ゴム製・プラスチック製履物・同附属品製造業		225	鉄素形材製造業
				229	その他の鉄鋼業
	193	ゴムベルト・ゴムホース・工業用ゴム製品製造業	23		非鉄金属製造業
				230	管理,補助的経済活動を行う事業所(23非鉄金属製造業)
	199	その他のゴム製品製造業		231	非鉄金属第1次製錬・精製業
20		なめし革・同製品・毛皮製造業			
	200	管理,補助的経済活動を行う事業所(20なめし革・同製品・毛皮製造業)		232	非鉄金属第2次製錬・精製業(非鉄金属合金製造業を含む)
	201	なめし革製造業		233	非鉄金属・同合金圧延業(抽伸,押出しを含む)
	202	工業用革製品製造業(手袋を除く)		234	電線・ケーブル製造業
	203	革製履物用材料・同附属品製造業		235	非鉄金属素形材製造業
				239	その他の非鉄金属製造業
	204	革製履物製造業	24		金属製品製造業
	205	革製手袋製造業		240	管理,補助的経済活動を行う事業所(24金属製品製造業)
	206	かばん製造業			
	207	袋物製造業		241	ブリキ缶・その他のめっき板等製品製造業
	208	毛皮製造業		242	洋食器・刃物・手道具・金物類製造業

	243	暖房装置・配管工事用附属品製造業
	244	建設用・建築用金属製品製造業(製缶板金業を含む)
	245	金属素形材製品製造業
	246	金属被覆・彫刻業, 熱処理業(ほうろう鉄器を除く)
	247	金属線製品製造業(ねじ類を除く)
	248	ボルト・ナット・リベット・小ねじ・木ねじ等製造業
	249	その他の金属製品製造業
25		はん用機械器具製造業
	250	管理, 補助的経済活動を行う事業所(25はん用機械器具製造業)
	251	ボイラ・原動機製造業
	252	ポンプ・圧縮機器製造業
	253	一般産業用機械・装置製造業
	259	その他のはん用機械・同部分品製造業
26		生産用機械器具製造業
	260	管理, 補助的経済活動を行う事業所(26生産用機械器具製造業)
	261	農業用機械製造業(農業用器具を除く)
	262	建設機械・鉱山機械製造業
	263	繊維機械製造業
	264	生活関連産業用機械製造業
	265	基礎素材産業用機械製造業
	266	金属加工機械製造業
	267	半導体・フラットパネルディスプレイ製造装置製造業
	269	その他の生産用機械・同部分品製造業
27		業務用機械器具製造業
	270	管理, 補助的経済活動を行う事業所(27業務用機械器具製造業)
	271	事務用機械器具製造業
	272	サービス用・娯楽用機械器具製造業
	273	計量器・測定器・分析機器・試験機・測量機械器具・理化学機械器具製造業
	274	医療用機械器具・医療用品製造業
	275	光学機械器具・レンズ製造業
	276	武器製造業
28		電子部品・デバイス・電子回路製造業
	280	管理, 補助的経済活動を行う事業所(28電子部品・デバイス・電子回路製造業)
	281	電子デバイス製造業
	282	電子部品製造業
	283	記録メディア製造業
	284	電子回路製造業
	285	ユニット部品製造業
	289	その他の電子部品・デバイス・電子回路製造業
29		電気機械器具製造業
	290	管理, 補助的経済活動を行う事業所(29電気機械器具製造業)
	291	発電用・送電用・配電用電気機械器具製造業
	292	産業用電気機械器具製造業
	293	民生用電気機械器具製造業
	294	電球・電気照明器具製造業
	295	電池製造業
	296	電子応用装置製造業
	297	電気計測器製造業
	299	その他の電気機械器具製造業
30		情報通信機械器具製造業
	300	管理, 補助的経済活動を行う事業所(30情報通信機械器具製造業)
	301	通信機械器具・同関連機械器具製造業
	302	映像・音響機械器具製造業
	303	電子計算機・同附属装置製造業
31		輸送用機械器具製造業
	310	管理, 補助的経済活動を

資料 *211*

		行う事業所(31輸送用機械器具製造業)
	311	自動車・同附属品製造業
	312	鉄道車両・同部分品製造業
	313	船舶製造・修理業，舶用機関製造業
	314	航空機・同附属品製造業
	315	産業用運搬車両・同部分品・附属品製造業
	319	その他の輸送用機械器具製造業
32	その他の製造業	
	320	管理，補助的経済活動を行う事業所(32その他の製造業)
	321	貴金属・宝石製品製造業
	322	装身具・装飾品・ボタン・同関連品製造業(貴金属・宝石製を除く)
	323	時計・同部分品製造業
	324	楽器製造業
	325	がん具・運動用具製造業
	326	ペン・鉛筆・絵画用品・その他の事務用品製造業
	327	漆器製造業
	328	畳等生活雑貨製品製造業
	329	他に分類されない製造業

大分類F ： 電気・ガス・熱供給・水道業

33	電気業	
	330	管理，補助的経済活動を行う事業所(33電気業)
	331	電気業
34	ガス業	
	340	管理，補助的経済活動を行う事業所(34ガス業)
	341	ガス業
35	熱供給業	
	350	管理，補助的経済活動を行う事業所(35熱供給業)
	351	熱供給業
36	水道業	
	360	管理，補助的経済活動を行う事業所(36水道業)
	361	上水道業
	362	工業用水道業
	363	下水道業

大分類G ： 情報通信業

37	通信業	
	370	管理，補助的経済活動を行う事業所(37通信業)
	371	固定電気通信業
	372	移動電気通信業
	373	電気通信に附帯するサービス業
38	放送業	
	380	管理，補助的経済活動を行う事業所(38放送業)
	381	公共放送業(有線放送業を除く)
	382	民間放送業(有線放送業を除く)
	383	有線放送業
39	情報サービス業	
	390	管理，補助的経済活動を行う事業所(39情報サービス業)
	391	ソフトウェア業
	392	情報処理・提供サービス業
40	インターネット附随サービス業	
	400	管理，補助的経済活動を行う事業所(40インターネット附随サービス業)
	401	インターネット附随サービス業
41	映像・音声・文字情報制作業	
	410	管理，補助的経済活動を行う事業所(41映像・音声・文字情報制作業)
	411	映像情報制作・配給業
	412	音声情報制作業
	413	新聞業
	414	出版業
	415	広告制作業
	416	映像・音声・文字情報制作に附帯するサービス業

大分類H ： 運輸業、郵便業

42	鉄道業	
	420	管理，補助的経済活動を行う事業所(42鉄道業)
	421	鉄道業
43	道路旅客運送業	
	430	管理，補助的経済活動を行う事業所(43道路旅客運

		送業)		490	管理,補助的経済活動を行う事業所(49郵便業)
	431	一般乗合旅客自動車運送業		491	郵便業(信書便事業を含む)
	432	一般乗用旅客自動車運送業			
	433	一般貸切旅客自動車運送業	大分類Ｉ	：	卸売業、小売業
	439	その他の道路旅客運送業	50	各種商品卸売業	
44	道路貨物運送業			500	管理,補助的経済活動を行う事業所(50各種商品卸売業)
	440	管理,補助的経済活動を行う事業所(44道路貨物運送業)		501	各種商品卸売業
			51	繊維・衣服等卸売業	
	441	一般貨物自動車運送業		510	管理,補助的経済活動を行う事業所(51繊維・衣服等卸売業)
	442	特定貨物自動車運送業			
	443	貨物軽自動車運送業		511	繊維品卸売業(衣服,身の回り品を除く)
	444	集配利用運送業			
	449	その他の道路貨物運送業		512	衣服卸売業
45	水運業			513	身の回り品卸売業
	450	管理,補助的経済活動を行う事業所(45水運業)	52	飲食料品卸売業	
				520	管理,補助的経済活動を行う事業所(52飲食料品卸売業)
	451	外航海運業			
	452	沿海海運業		521	農畜産物・水産物卸売業
	453	内陸水運業		522	食料・飲料卸売業
	454	船舶貸渡業	53	建築材料,鉱物・金属材料等卸売業	
46	航空運輸業				
	460	管理,補助的経済活動を行う事業所(46航空運輸業)		530	管理,補助的経済活動を行う事業所(53建築材料,鉱物・金属材料等卸売業)
	461	航空運送業		531	建築材料卸売業
	462	航空機使用業(航空運送業を除く)		532	化学製品卸売業
				533	石油・鉱物卸売業
47	倉庫業			534	鉄鋼製品卸売業
	470	管理,補助的経済活動を行う事業所(47倉庫業)		535	非鉄金属卸売業
				536	再生資源卸売業
	471	倉庫業(冷蔵倉庫業を除く)	54	機械器具卸売業	
				540	管理,補助的経済活動を行う事業所(54機械器具卸売業)
	472	冷蔵倉庫業			
48	運輸に附帯するサービス業			541	産業機械器具卸売業
	480	管理,補助的経済活動を行う事業所(48運輸に附帯するサービス業)		542	自動車卸売業
				543	電気機械器具卸売業
				549	その他の機械器具卸売業
	481	港湾運送業	55	その他の卸売業	
	482	貨物運送取扱業(集配利用運送業を除く)		550	管理,補助的経済活動を行う事業所(55その他の卸売業)
	483	運送代理店			
	484	こん包業		551	家具・建具・じゅう器等
	485	運輸施設提供業			
	489	その他の運輸に附帯するサービス業			
49	郵便業(信書便事業を含む)				

資料 213

			卸売業				606	書籍・文房具小売業
		552	医薬品・化粧品等卸売業				607	スポーツ用品・がん具・娯楽用品・楽器小売業
		553	紙・紙製品卸売業				608	写真機・時計・眼鏡小売業
		559	他に分類されない卸売業				609	他に分類されない小売業
	56	各種商品小売業				61	無店舗小売業	
		560	管理，補助的経済活動を行う事業所(56各種商品小売業)				610	管理，補助的経済活動を行う事業所(61無店舗小売業)
		561	百貨店，総合スーパー				611	通信販売・訪問販売小売業
		569	その他の各種商品小売業(従業者が常時50人未満のもの)				612	自動販売機による小売業
	57	織物・衣服・身の回り品小売業					619	その他の無店舗小売業
		570	管理，補助的経済活動を行う事業所(57織物・衣服・身の回り品小売業)	大分類Ｊ	：	金融業、保険業		
					62	銀行業		
		571	呉服・服地・寝具小売業			620	管理，補助的経済活動を行う事業所(62銀行業)	
		572	男子服小売業					
		573	婦人・子供服小売業			621	中央銀行	
		574	靴・履物小売業			622	銀行(中央銀行を除く)	
		579	その他の織物・衣服・身の回り品小売業		63	協同組織金融業		
						630	管理，補助的経済活動を行う事業所(63協同組織金融業)	
	58	飲食料品小売業						
		580	管理，補助的経済活動を行う事業所(58飲食料品小売業)			631	中小企業等金融業	
						632	農林水産金融業	
		581	各種食料品小売業		64	貸金業，クレジットカード業等非預金信用機関		
		582	野菜・果実小売業					
		583	食肉小売業			640	管理，補助的経済活動を行う事業所(64貸金業，クレジットカード業等非預金信用機関)	
		584	鮮魚小売業					
		585	酒小売業					
		586	菓子・パン小売業					
		589	その他の飲食料品小売業			641	貸金業	
	59	機械器具小売業				642	質屋	
		590	管理，補助的経済活動を行う事業所(59機械器具小売業)			643	クレジットカード業，割賦金融業	
		591	自動車小売業			649	その他の非預金信用機関	
		592	自転車小売業		65	金融商品取引業，商品先物取引業		
		593	機械器具小売業(自動車，自転車を除く)					
						650	管理，補助的経済活動を行う事業所(65金融商品取引業，商品先物取引業)	
	60	その他の小売業						
		600	管理，補助的経済活動を行う事業所(60その他の小売業)					
						651	金融商品取引業	
		601	家具・建具・畳小売業			652	商品先物取引業，商品投資業	
		602	じゅう器小売業					
		603	医薬品・化粧品小売業		66	補助的金融業等		
		604	農耕用品小売業			660	管理，補助的経済活動を行う事業所(66補助的金融	
		605	燃料小売業					

214

	661	補助的金融業，金融附帯業
	662	信託業
	663	金融代理業
67		保険業（保険媒介代理業，保険サービス業を含む）
	670	管理，補助的経済活動を行う事業所（67保険業）
	671	生命保険業
	672	損害保険業
	673	共済事業・少額短期保険業
	674	保険媒介代理業
	675	保険サービス業

大分類 K ： 不動産業、物品賃貸業

68		不動産取引業
	680	管理，補助的経済活動を行う事業所（68不動産取引業）
	681	建物売買業，土地売買業
	682	不動産代理業・仲介業
69		不動産賃貸業・管理業
	690	管理，補助的経済活動を行う事業所（69不動産賃貸業・管理業）
	691	不動産賃貸業（貸家業，貸間業を除く）
	692	貸家業，貸間業
	693	駐車場業
	694	不動産管理業
70		物品賃貸業
	700	管理，補助的経済活動を行う事業所（70物品賃貸業）
	701	各種物品賃貸業
	702	産業用機械器具賃貸業
	703	事務用機械器具賃貸業
	704	自動車賃貸業
	705	スポーツ・娯楽用品賃貸業
	709	その他の物品賃貸業

大分類 L ： 学術研究、専門・技術サービス業

71		学術・開発研究機関
	710	管理，補助的経済活動を行う事業所（71学術・開発研究機関）
	711	自然科学研究所
	712	人文・社会科学研究所
72		専門サービス業（他に分類されないもの）
	720	管理，補助的経済活動を行う事業所（72専門サービス業）
	721	法律事務所，特許事務所
	722	公証人役場，司法書士事務所，土地家屋調査士事務所
	723	行政書士事務所
	724	公認会計士事務所，税理士事務所
	725	社会保険労務士事務所
	726	デザイン業
	727	著述・芸術家業
	728	経営コンサルタント業，純粋持株会社
	729	その他の専門サービス業
73		広告業
	730	管理，補助的経済活動を行う事業所（73広告業）
	731	広告業
74		技術サービス業（他に分類されないもの）
	740	管理，補助的経済活動を行う事業所（74技術サービス業）
	741	獣医業
	742	土木建築サービス業
	743	機械設計業
	744	商品・非破壊検査業
	745	計量証明業
	746	写真業
	749	その他の技術サービス業

大分類 M ： 宿泊業、飲食サービス業

75		宿泊業
	750	管理，補助的経済活動を行う事業所（75宿泊業）
	751	旅館，ホテル
	752	簡易宿所
	753	下宿業
	759	その他の宿泊業
76		飲食店
	760	管理，補助的経済活動を行う事業所（76飲食店）
	761	食堂，レストラン（専門料理店を除く）

	762	専門料理店
	763	そば・うどん店
	764	すし店
	765	酒場, ビヤホール
	766	バー, キャバレー, ナイトクラブ
	767	喫茶店
	769	その他の飲食店
77		持ち帰り・配達飲食サービス業
	770	管理, 補助的経済活動を行う事業所(77持ち帰り・配達飲食サービス業)
	771	持ち帰り飲食サービス業
	772	配達飲食サービス業

大分類N ： 生活関連サービス業、娯楽業

78		洗濯・理容・美容・浴場業
	780	管理, 補助的経済活動を行う事業所(78洗濯・理容・美容・浴場業)
	781	洗濯業
	782	理容業
	783	美容業
	784	一般公衆浴場業
	785	その他の公衆浴場業
	789	その他の洗濯・理容・美容・浴場業
79		その他の生活関連サービス業
	790	管理, 補助的経済活動を行う事業所(79その他の生活関連サービス業)
	791	旅行業
	792	家事サービス業
	793	衣服裁縫修理業
	794	物品預り業
	795	火葬・墓地管理業
	796	冠婚葬祭業
	799	他に分類されない生活関連サービス業
80		娯楽業
	800	管理, 補助的経済活動を行う事業所(80娯楽業)
	801	映画館
	802	興行場(別掲を除く), 興行団
	803	競輪・競馬等の競走場, 競技団
	804	スポーツ施設提供業
	805	公園, 遊園地
	806	遊戯場
	809	その他の娯楽業

大分類O ： 教育、学習支援業

81		学校教育
	810	管理, 補助的経済活動を行う事業所(81学校教育)
	811	幼稚園
	812	小学校
	813	中学校
	814	高等学校, 中等教育学校
	815	特別支援学校
	816	高等教育機関
	817	専修学校, 各種学校
	818	学校教育支援機関
82		その他の教育, 学習支援業
	820	管理, 補助的経済活動を行う事業所(82その他の教育, 学習支援業)
	821	社会教育
	822	職業・教育支援施設
	823	学習塾
	824	教養・技能教授業
	829	他に分類されない教育, 学習支援業

大分類P ： 医療、福祉

83		医療業
	830	管理, 補助的経済活動を行う事業所(83医療業)
	831	病院
	832	一般診療所
	833	歯科診療所
	834	助産・看護業
	835	療術業
	836	医療に附帯するサービス業
84		保健衛生
	840	管理, 補助的経済活動を行う事業所(84保健衛生)
	841	保健所
	842	健康相談施設
	849	その他の保健衛生
85		社会保険・社会福祉・介護事業
	850	管理, 補助的経済活動を行う事業所(85社会保険・社会福祉・介護事業)
	851	社会保険事業団体
	852	福祉事務所

853	児童福祉事業	
854	老人福祉・介護事業	
855	障害者福祉事業	
859	その他の社会保険・社会福祉・介護事業	

大分類Q ： 複合サービス事業

- 86 郵便局
  - 860 管理，補助的経済活動を行う事業所(86郵便局)
  - 861 郵便局
  - 862 郵便局受託業
- 87 協同組合(他に分類されないもの)
  - 870 管理，補助的経済活動を行う事業所(87協同組合)
  - 871 農林水産業協同組合(他に分類されないもの)
  - 872 事業協同組合(他に分類されないもの)

大分類R ： サービス業(他に分類されないもの)

- 88 廃棄物処理業
  - 880 管理，補助的経済活動を行う事業所(88廃棄物処理業)
  - 881 一般廃棄物処理業
  - 882 産業廃棄物処理業
  - 889 その他の廃棄物処理業
- 89 自動車整備業
  - 890 管理，補助的経済活動を行う事業所(89自動車整備業)
  - 891 自動車整備業
- 90 機械等修理業(別掲を除く)
  - 900 管理，補助的経済活動を行う事業所(90機械等修理業)
  - 901 機械修理業(電気機械器具を除く)
  - 902 電気機械器具修理業
  - 903 表具業
  - 909 その他の修理業
- 91 職業紹介・労働者派遣業
  - 910 管理，補助的経済活動を行う事業所(91職業紹介・労働者派遣業)
  - 911 職業紹介業
  - 912 労働者派遣業
- 92 その他の事業サービス業
  - 920 管理，補助的経済活動を行う事業所(92その他の事業サービス業)
  - 921 速記・ワープロ入力・複写業
  - 922 建物サービス業
  - 923 警備業
  - 929 他に分類されない事業サービス業
- 93 政治・経済・文化団体
  - 931 経済団体
  - 932 労働団体
  - 933 学術・文化団体
  - 934 政治団体
  - 939 他に分類されない非営利的団体
- 94 宗教
  - 941 神道系宗教
  - 942 仏教系宗教
  - 943 キリスト教系宗教
  - 949 その他の宗教
- 95 その他のサービス業
  - 950 管理，補助的経済活動を行う事業所(95その他のサービス業)
  - 951 集会場
  - 952 と畜場
  - 959 他に分類されないサービス業
- 96 外国公務
  - 961 外国公館
  - 969 その他の外国公務

大分類S ： 公務(他に分類されるものを除く)

- 97 国家公務
  - 971 立法機関
  - 972 司法機関
  - 973 行政機関
- 98 地方公務
  - 981 都道府県機関
  - 982 市町村機関

大分類T ： 分類不能の産業

- 99 分類不能の産業
  - 999 分類不能の産業

資料6

マイキャリアプラン・シート(例)

平成　年　月　日現在

ふりがな		学籍番号		性別	写真貼付
氏名				男・女	
生年月日	昭和　平成　　年　　月　　日生（満　　歳）				

所属学部・学科名	学部　　　　　　　　　　　　学科

現住所	ふりがな 〒　－ 電話　　－　　－　　　　携帯　　－　　－ e-mail（携帯またはパソコン）
連絡先	ふりがな 〒　－ 　　　　　　　　　　　　　　　電話　　－　　－

年　月	卒業高校名
／	

免許・賞罰		取得年月日	平成　年　月
			平成　年　月
			平成　年　月
			平成　年　月
			平成　年　月

自己PR

10年後の自分

学業以外から得たもの（アルバイト等）

今までで一番感動したこと

趣味

周囲の人はあなたのことをどのように評していますか

得意なこと	自己評価（1～5）	補足説明

卒論・研究テーマ及び研究内容（指導教員名：　　　　　　　）		
得意科目	理由	

課外活動	
クラブ・サークルなど（役割・担当なども記載）	
心に残るエピソードなど	

卒業後の進路	
進路	具体的な業界等
大学院	
自営	
就職	
第一志望職種	
第二志望職種	
その他	

マイキャリア・チェックシート

大学教育課程	人間力	社会人基礎力	公的資格	業務遂行能力
☐	☐ 行動力	☐ 主体性	☐ 表計算	☐ 総務力
☐	☐ リーダーシップ	☐ 働きかける力	☐ データベース	☐ 経理力
☐	☐ 経験力	☐ 実行力	☐ ホームページ作成検定	☐ 経営企画力
☐	☐ 持続力	☐ 課題発見力	☐ 日本語ワープロ検定	☐ 管理力
☐	☐ 適応力	☐ 計画力	☐ パソコン検定	☐ 事務力
☐	☐ 自己コントロール力	☐ 創造力	☐ 漢字検定	☐ 企画・発案力
☐	☐ プレゼンテーション力	☐ 発信力	☐ 中国語検定	☐ 人事力
☐	☐ 受容力	☐ 傾聴力	☐ TOFLE	☐ 財務力
☐	☐ 共感的理解力	☐ 柔軟性	☐ 日本語能力検定	☐ 法務力
☐	☐ チャレンジ精神	☐ 状況把握力	☐ 日本語文書処理技能検定	☐ 広報力
☐	☐ バイタリティー	☐ 規律性	☐ ピアヘルパー	☐ 語学力
☐	☐ 発想力	☐ ストレスコントロール力	☐ 福祉住環境コーディネーター	☐ 交渉力
☐	☐ 想像力	☐	☐ ホームヘルパー	☐ 文書作成力
☐	☐ 総合的判断力	☐	☐ 簿記検定	☐ 営業力
☐	☐ 論理的分析力	☐	☐ ファイナンシャルプランナー	☐ 販売力
☐	☐	☐	☐ 販売士	☐ 自己管理力
☐	☐	☐	☐ 経営学検定	☐ 購買力
☐	☐	☐	☐ 秘書検定	☐ 秘書力
☐	☐	☐	☐ 実用英語技能検定	☐
☐	☐	☐	☐ TOEIC	☐
☐	☐	☐	☐ 心理学検定	☐
☐	☐	☐	☐ ビジネス日本語能力テスト	☐
☐	☐	☐	☐ 色彩検定	☐
☐	☐	☐	☐ カラーコーディネーター	☐
☐	☐	☐	☐ ITパスポート その他取得希望資格	☐

人間 キャリア創造論
Career Creation

2010年8月8日発行

編著者 野本 茂・李 艶

著 者 富 章・塚本五二郎
Olga Rarely・Katsiryna Mikhailouskaya
清水 健次

発 行 サンライズ出版株式会社
〒522-0004 滋賀県彦根市鳥居本町 655-1
TEL 0749-22-0627 FAX 0749-23-7720

©Shigeru Nomoto, Yan Li 2010 Printed in Japan 定価はカバーに表示しています。
ISBN978-4-88325-425-5 C0036 乱丁本・落丁本は発行元にてお取り替えします。